MEMÓRIAS DE UM
HISTORIADOR DE DOMINGO

BORIS FAUSTO

Memórias de um historiador de domingo

1ª reimpressão

COMPANHIA DAS LETRAS

*Grafia atualizada segundo o Acordo Ortográfico da
Língua Portuguesa de 1990, que entrou em vigor no Brasil em 2009.*

Capa
warrakloureiro

Foto de capa
Boris Fausto com os filhos Sérgio e Carlos.
Ubatuba, década de 1960. (Arquivo pessoal.)

Preparação
Maria Cecília Caropreso

Revisão
Marina Nogueira
Angela das Neves

Dados Internacionais de Catalogação na Publicação (CIP)
(Câmara Brasileira do Livro, SP, Brasil)

Fausto, Boris
   Memórias de um historiador de domingo / Boris Fausto.
— São Paulo : Companhia das Letras, 2010.

   ISBN 978-85-359-1775-8

   1. Fausto, Boris   2. Intelectuais brasileiros   3. Memórias
autobiográficas I. Título.

10-11114   CDD-920

Índice para catálogo sistemático:
1. Intelectuais brasileiros : Memórias autobiográficas 920

A Cynira, com carinho, *in memoriam*

Sumário

Introdução

Este livro, de certo modo, é uma continuação de *Negócios e ócios: histórias da imigração*, publicado em 1997 pela Companhia das Letras. Por que "de certo modo"? Porque se, de um lado, o texto tem uma linha de continuidade com o anterior, ao trazer uma narrativa biográfica que conserva a maneira de contar, de outro ele abandona, ou deixa em segundo plano, muitos temas que estiveram presentes e foram centrais no primeiro livro: a história dos judeus sefardis, da minha família e, obviamente, episódios da infância e da adolescência. Trata-se, pois, de dois livros que podem ser considerados autônomos, embora uma história de vida não possa ser seccionada. De algum modo, se, como diz Augusto Comte, "os mortos governam os vivos", também a infância interfere poderosamente nas outras fases da existência, como é de senso comum.

Terminei o primeiro livro no momento em que entrei na Faculdade de Direito, aos dezenove anos, e na ocasião justifiquei esse corte prematuro com o fato de que a história, ao chegar àquele ponto, começava a se aproximar do presente. E o presente para um historiador — assim eu encerrava —, por mais que se diga o contrário, é sempre um terreno pantanoso. Nele resolvo entrar agora, transcorridos vários anos, esperando não me afogar em um lamaçal, mas recordar momentos de vida que possam ultrapassar o limite dos sentimentos pessoais, situados na esfera privada, e retratem algo que combine o universo privado e o público, como um fragmento significativo de "tempos idos e vividos".

No texto, faço considerações sobre algumas instituições, sem pretender, nem de longe, julgá-las segundo uma medida inflexível. Diria, pelo contrário, que a mirada é individual, produto de um olhar específico. Outros terão olhares diferentes ou até opostos ao meu. Além disso, as instituições mudam no correr dos anos e qualquer apreciação sobre elas, quase sempre, não é definitiva.

Essa ressalva vale também quando me refiro às pessoas — uma das maiores dificuldades para quem escreve uma autobiografia que chega a anos mais recentes. Como falar de pessoas sem algumas vezes parecer agressivo, sem atingir seus melindres ou de seus ciosos descendentes? Por outro lado, que sentido teria povoar linhas e linhas, com retratos edulcorados de personagens, cortando simplesmente arestas ou apreciações desfavoráveis? Opto por um caminho intermediário, tratando de evitar a agressividade, sem no entanto cair na tentação de escrever uma história cor-de-rosa.

Também o risco do narcisismo espreita quem se atreve a escrever suas memórias. A própria iniciativa indica uma inclinação a expor-se, a autorreferir-se, embora a autorreferência possa ir do elogio a si próprio, num extremo, ao masoquismo, no outro. Tanto é assim, que muita gente com uma história de vida das mais interessantes prefere silenciar e levá-la, finalmente, para o túmulo. Gosto daqueles que deixam depoimentos, sobretudo quando se trata de pessoas com alta dose de humor, revelada já no título de seus livros: *Memórias de um carcomido, Meus primeiros oitenta anos, Quando eu era vivo*, este último, título das memórias de Medeiros e Albuquerque, publicadas, por desejo expresso, após sua morte. Certo de que o risco é real, tratei de reduzi-lo, evitando a história, por certo falsa, de um autêntico vencedor. Creio ter uma mistura de "vencedor" e de "perdedor", como acontece com quase toda gente.

A narrativa referente à minha mulher, Cynira, merece um relevo especial. Ela resultou de uma longa convivência de quase cinquenta anos e de conversas de várias semanas para conhecer mais detalhadamente fatos de seu passado. Como se trata de um relato em segunda mão, devem existir infiltrações minhas em suas recordações e sentimentos, embora eu tenha me esforçado em traduzi-los da melhor forma possível. Seja como for, a história de Cynira me parece mais interessante do que a minha e se a introduzi numa narrativa em que, de um jeito ou de outro, sou o personagem principal, é pela relutância de Cynira em pôr ela própria sua história no papel.

Por último, assinalo que, provavelmente, cometi equívocos ao narrar alguns episódios, mesmo porque quase sempre evitei conferir dados com outras pessoas, pela convicção de que as "invenções da memória" fazem parte de qualquer relato autobiográfico.

1. À sombra das Arcadas

Começo onde parei no livro anterior, em 1948, e dou alguns passos que me levam para dentro da faculdade do largo de São Francisco. Não poderia me decepcionar com a velha Academia, pois a escolha, menos que uma escolha, era mais uma exclusão de outras duas carreiras também prestigiosas: a de engenharia, com a qual não tinha a menor afinidade, e a de medicina, pelo horror às autópsias e às efusões de sangue. Quanto à Faculdade de Filosofia, não tinha sequer informação de sua existência.

Provenho de uma família de imigrantes, cujo esforço para manter-se e progredir na nova terra fora notável, mas que não poderia orientar nenhum de seus jovens descendentes na esfera profissional. Quem meteu uma colher no assunto foi o autodidata Jacques Rousselle — amigo preferido de meu pai, Simon —, apoiando minha escolha: "Borrizinho é muito papudo e deve mesmo virar advogado, mas advogado criminal; para comercial não serve". Meu pai tratou de conversar com os conhecidos do mundo dos negócios cafeeiros, tentando recolher opiniões sobre a carreira de seu filho, que eles mal conheciam. Tive uma conversa irritante com um senhor húngaro — o dr. Biro —, homem de boas maneiras, mas peremptório, que mal ouviu as minhas razões e sentenciou numa frase tão telegráfica quanto definitiva: "Direito *non*, engenheiro técnico sim, Suíça".

O ingresso numa faculdade tradicional, para um filho de imigrantes, era portanto um índice de integração na vida brasileira, apesar das incertezas. O contraste era nítido na comparação com jovens provenientes de "gente da terra", inserida em sólidas carreiras profissionais. Convivi de perto e me tornei amigo de um advogado, Paulo Costa Manso, cuja família é constituída de juristas, magistrados, servidores da Justiça, entre os quais destaco o pai de Paulo, o ministro Costa Manso, do Supremo Tribunal Federal. Entre os amigos do Paulo, corria a história de que na casa do ministro as regras de comportamento tinham por base os artigos do Código de Processo Civil. Por exemplo, quando, à mesa, um dos filhos não se conformava que a mãe se recusasse a lhe dar mais um pedaço de torta de morangos, dirigia-se ao pai não para choramingar, mas para interpor o recurso adequado às circunstâncias: uma apelação, um agravo de instrumento ou, quem sabe, um agravo de petição.

Revejo o que escrevi, há mais de uma década, em *Negócios e ócios* sobre minhas primeiras sensações ao ingressar na Faculdade de Direito. Não se entra no prédio do largo de São Francisco como se entra num prédio qualquer. As arcadas da entrada, o pátio retangular, as escadas de mármore que conduzem aos andares de cima, os elevadores destinados aos professores, as salas a que os alunos raramente têm acesso são elementos de um quadro, impresso na memória.

Ao mesmo tempo, integram o passado as sensações negativas, provocadas pelo trote, pela literatice, pela pouca atração proporcionada pelo ensino. Entre a escrita de um livro e de ou-

Faculdade de Direito do largo de São Francisco, na saída do cortejo fúnebre do senador Cesar Lacerda de Vergueiro, São Paulo, 1957

tro, as sensações permanecem as mesmas, com algumas ressalvas. É certo que vagavam pelas Arcadas alguns poetastros alcoólatras, eternos alunos, frequentadores dos botequins do largo de São Francisco, tentando transfigurar-se em algum dos poetas românticos do século XIX; de preferência, aquele menino — Álvares de Azevedo — morto tão cedo, cujos versos o modernismo injustamente depreciou.

Mas dentre os frequentadores assíduos dos botequins — um punhado de alunos, convém ressalvar — havia um ou outro menos dado a pretensões literárias, sempre com uma boa história para contar. Eu os acompanhava de quando em quando, no seu ritual diário: sentavam-se num tamborete colado ao balcão e, quando a cachaça era servida, lançavam ao solo uma pequena dose, sentenciando: "A primeira é pras almas". Uma única vez experimentei aquele álcool cujo fogo rastejou pela minha boca e desceu goela abaixo, derramando-se no estômago. Bastou a experiência e talvez dela tenha nascido meu desprazer pela "caninha", como se dizia antigamente, ingerida com ou sem moderação.

O trote foi um desastroso cartão de visitas de ingresso na faculdade. Há quem pense de forma diversa, tome como brincadeira o que não é brincadeira e suporte humilhações abrandadas pela alegria de ingressar na faculdade, ou aceite essas humilhações na expectativa do revide, no ano seguinte, quando se passa de "bixo" a veterano. Da minha parte, não tinha dúvidas de que seria aprovado no vestibular nem desejava infligir vexames em quem quer que fosse. Queria apenas ser deixado em paz.

Porém, não quero passar a impressão de que eu era um rapaz sisudo, incapaz de brincadeiras infames, embora, nem de longe, com a violência do trote. Uma delas tinha como cenário o pátio da faculdade, centro de encontro dos alunos. Um hábito comum era ler os jornais de pé, encostando-se num dos pilares das arcadas. Quando alguém estava mais enfronhado na leitura, um gaiato chegava de mansinho, acendia um fósforo e tocava fogo na parte de baixo do jornal. As pequenas labaredas iam subindo até que a vítima percebia o cheiro de fumaça e o fogo crescendo, enquanto o autor da façanha, rodeado por alguns colegas, espreitava a chegada do momento principal. Aí, a vítima reagia sempre com o mesmo gesto de espanto, atirando o jornal para longe e só num segundo momento respondia, com os palavrões de praxe, às gargalhadas gerais. Eu gostava muito de participar da brincadeira, naturalmente quando atuava como incendiário.

Como contei em *Negócios e ócios*, consegui em parte fugir

aos piores episódios do trote graças à colaboração de amigos como Haroldo de Campos e José de Castro Bigi. Ambos vinham avisar, a mim e ao Augusto — irmão do Haroldo —, num encontro nas imediações do largo de São Francisco, na praça do Patriarca, como estava o clima nas Arcadas, se alguma violência maior andava sendo tramada, se os gritos cavernosos de "É hoje, calouro" eram para valer ou simples intimidação.

Não exagero ao falar de violência e dou dois exemplos de façanhas comandadas por alguns sádicos, que vão muito além do cabelo raspado, do corpo pintado, das roupas colocadas pelo avesso e que têm nítida conotação sexual. Uma delas consistia em selecionar um grupo de calouros, trancá-los numa sala, ordenar que baixassem as calças e a cueca e se pusessem de costas para serem avaliados pela qualidade de seus traseiros. Eles recebiam notas de 1 a 10, escritas a tinta, na respectiva região. A outra façanha consistia num ritual de castração, praticado no subsolo em que ficava o Centro Acadêmico XI de Agosto. Os sádicos agarravam um calouro ao acaso, colocavam seu saco na caçapa de uma mesa de sinuca e preparavam uma tacada fatal, que acabava não se realizando.

Felizmente, graças aos anjos da guarda, sofri um trote suave, consideradas as circunstâncias. Lembro-me apenas de uma passeata de calouros saindo do largo de São Francisco, uns amarrados aos outros. A tropa de esfarrapados, conduzida aos berros pelos veteranos, seguia pela rua São Bento, quando vi parado na calçada um crítico literário bem conhecido na época, Carlos Burlamaqui Kopke. Eu me voltei para o Augusto e sussurrei: "Olha o Kopke". Se narro essa insignificância, é porque lembrar dela me intriga e me leva a uma pergunta: como a memória retém de forma nítida (vejo o Kopke de terno azul, bem-composto, com um sorriso levemente irônico nos lábios) um momento tão circunstancial e apaga outros — quem sabe mais importantes — para sempre? Ou será que esse fato, na aparência irrelevante, tinha um significado maior, como algo que restituía o melhor da minha individualidade — o menino com algum vínculo com figuras intelectuais, negando assim a reles condição de "bixo"?

Sigamos, porém, a farândola, que percorreu a rua São Bento e chegou à praça do Patriarca, de onde José Bonifácio, assentado no centro dela em um pedestal, foi mais tarde injustamente deslocado. A praça ficou para trás, fomos no rumo do Viaduto do Chá e entramos pela rua Barão de Itapetininga — na época uma via de lojas elegantes que era símbolo do "Novo Centro", enquanto o Centro Velho, formado pelas ruas do Triângulo, vivia sua inexorável decadência. Desembocamos, afinal, na praça da República e ali fomos batizados no lago de águas turvas, em meio a assustados peixinhos vermelhos.

Se for necessário um argumento de autoridade para apoiar minha indignação contra o trote, que aliás, periodicamente provoca vítimas fatais, lembro um depoimento do professor Miguel Reale sobre sua experiência com a "brincadeira", ao ingressar na faculdade em 1930. Nas palavras de Reale, "a década de trinta não foi época de esplendor na história das Arcadas, e minhas decepções foram se acumulando até culminar em atos de desencanto, mas não de repulsa. Sofri um trote estúpido, quando me obrigaram a beber meia garrafa de aguardente, lançando-me vestido no lago artificial da praça da República, um dos mais belos logradouros paulistanos".*

Enquanto escrevia estas linhas, relembrando as violências do trote, fiquei me perguntando se não haveria outra faceta dos alunos da Faculdade de Direito — a sátira e a crítica política — que

---

* Miguel Reale, *Memórias – vol. 1 – Destinos cruzados*. São Paulo, Ed. Saraiva, 1986, p. 43.

Pátio interno da
Faculdade de Direito

as demais grandes faculdades não possuíam. Digo isso porque, graças à gentileza de um colega de turma, Renato Frota Pinheiro, recuperei uma convocação para a peruada do ano em que entrei na faculdade — uma "peruade existencialiste", escrita num misto macarrônico de português e francês.

Nos primeiros anos da década de 1950, os alunos da Faculdade de Direito refletiam as transformações sociodemográficas pelas quais passara a cidade e o estado de São Paulo. Era evidente a presença de jovens com sobrenomes estrangeiros, em contraste com as turmas mais antigas, em que os sobrenomes brasileiros predominavam nitidamente. Estava também em curso um processo de democratização, abrangendo muitos rapazes da classe média em ascensão e certo número de moças. Estas começavam a saltar do sonho privado dos bons casamentos e das tarefas exclusivas do lar para uma vida profissional, embora várias tenham se casado, deixando de lado outras pretensões. Na minha turma, ingressante em 1949, dos 136 alunos aprovados 25 eram do sexo feminino; ou seja, cerca de 20% do total, em contraste com os dias de hoje, quando os dois sexos se equilibram na composição das turmas.

Alunos e alunas das Arcadas vestiam-se com formalidade. Os rapazes envergavam terno e gravata, segundo os usos e costumes da casa, pois não havia regra escrita que os obrigasse ao que hoje seria um inusitado sacrifício. A propósito, lembro-me de uma cena em que foram protagonistas o colega João Villalobos e o professor Ernesto Leme, comercialista, mas que ministrou para a minha turma um curso de economia política cujos luminares eram dois vetustos economistas franceses do século xix, João Batista Say e Bastiat. Villalobos sentou-se na sala de aula em mangas de camisa e, com ar displicente, puxou um cigarro. Antes que a nuvem azulada de fumaça se elevasse a grandes alturas, Ernesto Leme interrompeu sua preleção e ponderou ao aluno que aquelas não eram maneiras de se vestir e de se comportar. Villalobos não se intimidou. Invocou o exemplo da Faculdade de Filosofia, que também cursava, onde ninguém o censuraria pelo traje e por fumar em sala de aula. Exemplo provocador, porque para alguns professores a Filosofia era tida, na área de ciências humanas, como reduto de comunistas. O jovem aluno foi convidado a sair do recinto e não sei se voltou à faculdade. Ao rever essa cena, que me pareceu na época exemplo de atraso, constato que o professor Ernesto Leme, tão tradicional no traje e nas maneiras, era, quem sabe, muito atual ao proibir o fumo, embora suas razões se devessem aos bons modos e não à saúde.

Não pretendo percorrer toda a lista dos professores que tive na faculdade. Correria o risco de cansar o leitor e a mim mesmo, e por isso me concentro nas figuras mais sugestivas. De saída, lembro alguém que não foi meu professor, mas era personagem central, todos os anos, de uma cena carnavalesca, que, na época, me parecia muito constrangedora. O professor chamava-se Brás de Souza Arruda, conhecido entre os alunos como Arrudinha, catedrático de Direito Internacional Público e autor, entre vários outros, de um livro com um título curioso: *O direito internacional na era atômica*, publicado por uma editora de Curitiba. A cena consistia de uma espécie de aula inaugural, em que os alunos festejavam o Arrudinha com confetes e serpentinas, e um deles discursava, saudando o mestre. Numa das cerimônias a que assisti, o discursador era Renato Consorte, futuro ator de prestígio, que proferiu um bestialógico hilariante, inventando palavras e frases inteiras, destituídas de sentido. Os professores não costumavam se referir àquela cena embaraçosa e com a qual era difícil lidar. Só me lembro de uma exceção. Certa vez, em sala de aula, diante da insolência de um aluno que, dialogando com um colega, não conseguira conter uma gargalhada, um dos professores fez uma sucinta observação: "Moço, contenha-se; palhaço nesta casa só existe um!".

Revendo hoje a cena da "aula inaugural", tendo a encará-la com outros olhos, como um momento de carnavalização contrastante com a sisudez das aulas inaugurais, fossem elas bem ou mal expostas. Uma cena de inversão da ordem, das identidades, como diria o antropólogo Roberto da Matta ao analisar o carnaval brasileiro.*

Destaco agora a figura do professor Antônio Carlos Cesarino Junior, titular da cátedra de Legislação Social, na minha época uma área desvalorizada por muitos professores e alunos. Não

---

* Roberto da Matta, *Carnavais, malandros e heróis*. Rio de Janeiro, Zahar Ed., 1979.

me parece por acaso que a cátedra não mereceu a designação de Direito do Trabalho ou de Direito Social (a mudança só viria a ocorrer mais tarde), mas de simples Legislação Social. Cesarino foi um mestre notável, por suas aulas, pelo esforço para renovar a formação dos alunos, iniciando-os na prática jurídica. Esse esforço de renovação vinha de longe, dos tempos em que fora professor catedrático de história no Ginásio do Estado de Campinas, onde nasceu, em 1906. Sua família, sem ser rica, fazia parte da elite negra da cidade. O bisavô, Antonio Maria Cesarino, livre de condição, fundou em 1860 o primeiro internato para meninas: o Colégio Perseverança, onde D. Pedro ii se hospedou por ocasião de uma visita a Campinas. A família posteriormente passou por dificuldades financeiras — o avô foi carteiro, o pai bedel do Colégio do Estado, onde Cesarino, como vimos, viria a ser professor, mas a "perseverança", inscrita no nome do colégio do ancestral Antonio Maria permaneceu como a marca da família.*

O aspecto da história de vida de Cesarino que me sensibiliza mais de perto é o preconceito que vinha de longe e o acompanhou pelo fato de ser mulato. A respeito disso, ele fala melhor do que ninguém: "O Ginásio do Estado era selecionado. Quando entrei, encontrei muita oposição, não só durante o concurso, como depois de empossado, nomeado. Havia alguns que me olhavam atravessado — pela cor também, é claro. O Paulo Decourt é um que nunca me aceitou!".** Nas Arcadas, sua cor produzia um efeito de estranheza, naquele ambiente de brancos e de mestiços disfarçados de branco.

---

* Daniela do Carmo. "Uma família da elite negra na perspectiva de gênero". Em <http://www.fazendogenero7.ufsc.br>.
** Irene Maria Ferreira Barbosa, *Enfrentando preconceitos: um estudo da escola como estratégia de superação de desigualdades*. Campinas, Centro de Memória da Unicamp, 1997.

O professor
Cesarino Júnior

Quanto aos alunos, havia uma sensibilidade contraditória com relação ao professor Cesarino. Sua façanha, chegando a catedrático da faculdade do largo de São Francisco, tornava-o um personagem especial, digno de respeito.

Mas não faltavam também alusões à sua cor, seja pela menção raivosa ao "preto", quando alguém se via apertado nas provas de Legislação Social, seja por outras formas de expressão, temperadas pelo humor. Quando Cesarino fez uma incursão na política, como fundador do Partido Democrata Cristão (PDC) em São Paulo, e candidatou-se a deputado federal, surgiu um slogan, lembrado por muitos anos: "Não vote em branco; vote em Cesarino".

O curso de Legislação Social não me atraía. Na minha mente radical, as normas trabalhistas, a regulação de dissídios coletivos, a categoria abstrusa de "hipossuficiente" aplicada à classe universal eram uma parafernália saída da cabeça de Getúlio Vargas e de seus ministros para abafar a luta de classes. Cesarino não se limitava às aulas teóricas. Aconselhava os alunos a fazer um estágio no Instituto de Direito Social, criado por ele. Quem não fazia o estágio sujeitava-se a uma arguição minuciosa, por ocasião da prova oral. Nunca frequentei o estágio da cadeira e me esforcei para fechar média, evitando uma difícil arguição no exame oral. Com duas notas 7, escapei do risco.

Recordo também outro mestre mulato, desprezado pelos alunos e creio que também por alguns professores. Era o professor Pinto Pereira, e seu bedel trancava a porta da sala para evitar a circulação de alunos, que entravam e tratavam de sair tão logo assinavam a lista de presença. À porta, do lado de fora, os atrasados costumavam cantar uma musiquinha, dedicada ao mestre: "Pinto Pereira sem cabeleira / Abre essa porta se não dá sujeira". Como substituto, ele ministrou à minha turma o curso de Direito Constitucional. Em suas memórias, o professor Miguel Reale amplia o alcance dessa substituição, ou melhor, dessas substituições. Ao narrar a entrada de Pinto Pereira para dar continuidade a um curso de Direito Internacional público no lugar de Brás Arruda, diz ele que o substituto seria o livre-docente Pinto Pereira, "mulato espigado e erudito, que era uma espécie de coringa, chamado a prelecionar qualquer matéria, nos impedimentos ou faltas dos catedráticos".*

Miguel Reale foi meu professor de Introdução à Ciência do Direito, no primeiro ano do curso, e de Filosofia do Direito no último ano. Ele era natural de São Bento do Sapucaí, pequena cidade encravada na Serra da Mantiqueira, nas proximidades da

---

* Reale, *ob. cit.*, p. 49.

O professor Miguel Reale, em sua mesa de trabalho

famosa e outrora bela Campos do Jordão e das cidades do sul de Minas. De ascendência italiana, estudou no Colégio Dante Alighieri e, como vimos por uma breve referência, ingressou na Faculdade de Direito em 1930. Não seria necessário repisar sua carreira como jurista, filósofo do direito e autor de um grande número de projetos de legislação, avultando, dentre eles, sua menina dos olhos — o Código Civil, aprovado em 2002. Prefiro explorar uma vertente menos conhecida, ou seja, seus contratempos nas Arcadas, as mesmas Arcadas que, por fim, iriam consagrá-lo. Reale prestou concurso para a cátedra de Filosofia do Direito em setembro de 1940. Foi preterido no concurso em favor de outro candidato, em quem votaram os dois membros da casa, integrantes da banca. Só logrou obter a cátedra no ano seguinte, após recurso ao Conselho Federal de Educação. Poucos anos mais tarde, em meados de 1943, quando reassumiu a cátedra de que estivera afastado por um tempo, o Centro Acadêmico xi de Agosto decretou uma greve para forçar sua renúncia. Reale era acusado de fascista, por ter sido um dos dirigentes da Ação Integralista Brasileira (aib) nos primeiros anos da década de 1930. Naquele ano de 1943, a Segunda Guerra Mundial estava em curso, o Brasil entrara no conflito e os alunos da Faculdade de Direito viviam um clima de ardor patriótico e de luta pela democracia. A greve só terminou quando o professor Reale fez uma declaração pública dizendo que não era mais integralista, pois, de 1937 em diante, o integralismo fora superado pelos fatos.* Recuando um pouco no tempo — o leitor logo verá por quê —, lembro que Reale, recém-formado, integrou-se à revolução paulista de 1932. Vestiu farda, mas não chegou a lutar nas trincheiras, por ter caído enfermo. Lendo suas sugestivas memórias, fiquei sabendo que ele foi colega de um jovem cuja história me chamara a atenção, ao dar com seu túmulo no cemitério israelita da Vila Mariana. Era o judeu húngaro José Preisz, combatente voluntário na revolução de 1932, a quem me refiro em *Negócios e ócios*. Essa história triste e fascinante me atraiu principalmente por ser um indicador do clima de revolta reinante em São Paulo e na Faculdade de Direito contra Getúlio Vargas, a ponto de despertar no jovem Preisz "os brios feridos da gente paulista". A ele dediquei um artigo publicado na *Folha de S.Paulo*, com o título de "As rosas amarelas", e um poema que saiu numa revista norte-americana de estudos judaicos com o título de "1932 (Ou: Pro Brasilia Fiant Eximia)". Confesso que gostei dele, quando o reli agora, passados muitos anos:

---

* O episódio da greve contra o professor Reale é narrado em Cassio Schubsky (coord.) e outros, *A heroica pancada. Centro Acadêmico xi de Agosto: 100 anos de lutas*. São Paulo, Instituto Brasileiro de Memória Jurídica e Social, 2003. Para o episódio do concurso, ver Reale, *ob. cit.*, p. 149 e segs.

Na Vila Mariana dorme esticado
O moço judeu.
Na terra seca
na terra molhada
na noite sem sonhos.
Continua moço
Continua menino.
Menino judeu? Não te numeraram
a carne.
Não aspiraste o gás
depressa.
A bala te jogou no capim
ralo
em Lavrinhas
Queluz
Ou na Frente Sul.
Eretz Israel
Promessa distante.
Mais perto
a guerra paulista:
a heroica pancada
a folha dobrada
a versalhada
(enquanto se vai morrer).

De Preisz a Waldemar Martins Ferreira, o passo é menor do que se poderia imaginar, porque o professor foi um dos líderes da revolução de 1932. Catedrático de Direito Comercial, ele encarnou o liberalismo paulista, com suas virtudes e defeitos. Desempenhou uma carreira política coerente, que começou na Liga Nacionalista (1917) e chegou à fundação da União Democrática Nacional em 1945, passando por seus ancestrais: o Partido Democrático (1926) e o Partido Constitucionalista (1934). Foi preso e exilado após a "guerra paulista" e retornou ao Brasil quando o governo anunciou eleições para a Assembleia Constituinte em maio de 1933. Após o golpe do Estado Novo, perdeu a cátedra de Direito Comercial e partiu mais uma vez para o exílio.

Fui aluno de Waldemar Ferreira durante três anos de curso. Os alunos o chamavam popularmente de Vavá, embora suas atitudes não revelassem o menor traço de populismo. Vestido com ternos sóbrios, como todos os professores, destacava-se por ostentar invariavelmente uma gravatinha-borboleta. Expunha com facilidade, sem grandes arroubos de retórica, que a disciplina, de resto, não comportava, com um sotaque interiorano proveniente de sua cidade natal, Bragança Paulista. De quando em quando, buscava uma interação com a classe, preferindo as meninas, sentadas nas primeiras fileiras da sala de aula.

Ao terminar a sustentação de um ponto de vista ou de uma interpretação legal, costumava indagar em tom afável: "Que lhe parece, menina?". Uma vez ou outra a colega dava uma resposta coerente, mas quase sempre, perdida em sonhos que não nos cabe perscrutar, ficava calada e sem graça. Vavá, então, seguia em frente, como se nada tivesse acontecido.

Autor de uma extensa obra, escrevia seus livros à mão, sem fazer correções, em grandes jatos de escrita, segundo me contou, cheio de admiração, um colega que era seu sobrinho. Textos escritos em linguagem empolada, que o tornaram célebre entre os discípulos, forjando frases do gênero "o comércio que por mar se faz, de marítimo o nome se lhe dá". Desconfio, mas não posso afirmar, que Jânio Quadros, formado em 1939, foi aluno de Vavá e, se dele não hauriu o molde político, impregnou-se das frases rebuscadas.

Cheguei a ler para os exames alguma coisa de sua extensa bibliografia, mas não fui além disso. Talvez a culpa fosse minha e

*Uma das raras
fotos do professor
Waldemar Ferreira,
sem a proverbial
gravata-borboleta*

não do livro, ou quem sabe fosse dos dois. O texto não era atraente e, quanto a mim, considerava o comércio apenas como um dos avatares da exploração capitalista.

O curso de Direito Processual Penal era ministrado no último dos cinco anos de estudo e tinha como catedrático o professor Joaquim Canuto Mendes de Almeida. Ele fizera carreira no Ministério Público e viria a ser, no início dos anos 1960, procurador-geral da Justiça. Canuto tinha uma peculiaridade política: era getulista, filiado ao PTB e, se não me engano, foi candidato a senador por São Paulo. Faltava muito e, como sua aula era a última da sexta-feira, suas faltas eram particularmente bem recebidas. Não que suas exposições chegassem a ser aborrecidas, mesmo porque eram temperadas pelo humor. Na primeira aula do curso, mandava os alunos pegarem papel e lápis e solenizava a indicação de uma bibliografia indispensável para o curso: "Tomem nota: o melhor livro de processo penal se chama *Código de Processo Penal*". Além de engraçado, o conselho não deixava de ser de grande valia. Era como se ele dissesse: Vejam primeiro o que diz a lei antes de enfrentar qualquer questão jurídica.

Canuto era tido como boêmio inveterado e fã da música popular brasileira. "Primeiro é preciso julgar pra depois condenar", sentenciava, lembrando a canção "Segredo", de Herivelto Martins e Marino Pinto. E depois completava: "O que lá fora é samba, aqui é princípio de direito".

Sempre considerei o estudo do processo civil um campo aborrecido do direito, embora não seja tolo a ponto de pôr em dúvida sua importância prática. Durante três anos, tive como professor da matéria o catedrático Siqueira Ferreira, que além de titular da cadeira era médico, com consultório na praça da Sé, se a memória não me falha. Quase não me lembraria de sua figura, não fosse uma peculiaridade que lhe dava destaque: Siqueira era famoso por impedir que qualquer aluno fechasse média, ou seja, tivesse média sete nos dois exames escritos. No máximo, os alunos tiravam seis e sete, ou o inverso, nas duas provas escritas. Essa peculiaridade não era questionada, mesmo porque seria impossível insurgir-se contra ela.

A interpretação corrente era de que o professor Siqueira Ferreira não se dava ao trabalho de ler provas escritas em caligrafias tão diversas, algumas de difícil compreensão, preferindo avaliar o aluno cara a cara, no calor da hora, diante de uma pequena audiência daqueles que aguardavam para ser chamados. Em certo dia do exame oral, chegou a vez do Arruda, tipo curioso que fugia aos moldes comuns do alunato. Calvo, com uns raros fios de cabelo que só serviam para realçar a calvície, muito magro, desleixado no vestir, o Arruda escrevia versos e tentava se aproximar dos colegas apreciadores da literatura.

Tão logo ele se sentou, vacilante, na cadeira que ficava em plano inferior à cátedra, Siqueira Ferreira dardejou: "Então, 'seu' Arruda, o senhor engoliu essa história de que o Siqueira não lê prova? Pois o Siqueira lê prova, sim!". E para comprovar, leu um trecho de uma das provas escritas do Arruda em que ele, em meio ao fraseado das interpretações, dizia apoiar-se no grande processualista mexicano Mario Moreno. Gargalhadas gerais na sala, triunfo de Siqueira Ferreira, pois todos sabíamos quem era Mario Moreno, celebrado cômico do cinema mexicano, conhecido como Cantinflas.

Não me lembro com certeza do desfecho da prova oral, mas tenho a impressão de que o Arruda, atirado às cordas, conseguiu dar algumas respostas e acabou sendo aprovado por um professor que era, afinal de contas, mais compreensivo do que se imaginava.

Lamento, mas nunca entendi bem o que o professor Alexandre Correia queria ensinar aos quase imberbes calouros com seu curso de Direito Romano. Não cheguei a vislumbrar, assim, a importância de um tema cujo conteúdo deu origem à ordem jurídica de tantos países do mundo ocidental. Só restaram algumas máximas em latim na minha memória, boas para *épater* interlocutores e nada mais. É isso o que lamento, e não os terrores provocados pelo mestre, chamado de Xandoca pelos alunos. O terror começava na arguição do exame vestibular e se prolongava pelas aulas do primeiro ano. Hoje até simpatizo com a figura atemorizante, uma *persona* de voz fanhosa, rosto impenetrável, sapatos sem meia. Segundo se dizia, Alexandre Correia, morador de Santo Amaro, fazia um longo percurso até o largo de São Francisco, montado em sua bicicleta. Que diriam esses murmuradores, se vissem professores eméritos de Oxford chegando a seus magníficos colégios a bordo desse modesto veículo, cujas virtudes começam hoje a ser recuperadas?

Faço uma ressalva às observações negativas sobre meu interesse pelo conteúdo das matérias e pelo estilo dos professores, lembrando o ensino de Direito Penal. Tomei gosto pelo tema com as aulas do professor Basileu Garcia, um mestre de origem modesta, nascido no interior de São Paulo, que foi também jornalista e promotor público. O Direito Penal me parecia, como obviamente me parece, parte necessária das sociedades contemporâneas de qualquer natureza e, além disso, as aulas se abriam para uma perspectiva histórica. Basileu não era um professor carismático, nem eu concordava com suas ideias conservadoras, mas admirava a seriedade, o cuidado da exposição, as apostilas sob sua responsabilidade, que não eram propriamente apostilas, e sim a base dos livros que publicaria mais tarde. Advoguei pouco na área do crime, mas nunca esqueci os princípios básicos do Direito Penal, índice da qualidade do professor e de meu gosto pelo tema que iria recuperar mais tarde, no plano da história.

Na área administrativa da faculdade, as figuras mais significativas eram o secretário e os bedéis. Um mistério cercava a secretaria, situada no fundo de um corredor, com um funcionário sempre à porta para impedir a invasão dos impertinentes. Nunca penetrei na secretaria e raras vezes vi o secretário, que era tido por todos, alunos e creio que professores também, como um homem poderoso, de quem muito dependia, para o bem e para o mal, o funcionamento da instituição.

Aparentemente, no polo oposto da hierarquia administrativa da faculdade, situava-se o bedel. Só aparentemente, pois esse personagem desempenhava um papel relevante no cotidiano dos alunos. Dotado de um molho de chaves, com as quais abria e fechava as portas de qualquer sala, tinha ainda o controle da frequência, pois era ele quem passava entre as fileiras de alunos um grosso livro de capa preta que devia ser assinado, com letra legível.

Os bedéis tinham a ver com a corrupção, por uma infração penal que pouca gente levava a sério, consistente de pagamento de uma módica quantia fixa para que esses servidores autorizassem o aluno corruptor a assinar o livro após o término da aula. A cena ocorria, geralmente, após a primeira aula do dia, ministrada nas primeiras horas da manhã. Sempre justifiquei a infração pela incidência da legítima defesa, nos estritos termos do Código Penal. De fato, me parecia legítimo deixar de frequentar tão cedo uma aula aborrecida e aproveitar um pouco mais as horas de sono. Em tudo isso, o curioso é que, se alguma norma legal obrigava uma frequência mínima às aulas, nunca se soube de alguém punido por transgredi-la. Creio que ninguém conferia os livros de presença, e a preocupação com as assinaturas talvez fosse gerada por alguns bedéis com o intuito de assegurar as transações.

A imagem dos bedéis desapareceu da minha memória, com exceção de duas figuras. Edgard era um mulato magro que andava pelos corredores fazendo trejeitos e que costumava elogiar a beleza de certos alunos. A orientação sexual de Edgard era tão evidente, tão caricata, que muitos colegas garantiam que ele se divertia à custa da gente, fazendo teatro, pois fora da faculdade já o tinham visto em companhias femininas, com outro perfil.

Muito diferente de Edgard era o Luís Bottini. Baixinho, parrudo, contava histórias que eu gostava de ouvir, pois, nos fins de semana, o bedel apitava jogos do Campeonato Paulista e outros de menor prestígio. Ele se dizia incorruptível — não tenho por que desmenti-lo — e me contou uma história mesclada de humor e indignação. Num jogo entre veteranos do Brasil e da Argentina, no Pacaembu, ao validar um gol dos brasileiros, foi interpelado por uma frase contundente, proferida por um craque portenho: "*Eh, referí (referee), cuanto ganas por gol?*".

Em certas aulas, Bottini atuava como uma espécie de vigilante de internato. Era prática comum entre os alunos sentar-se junto à porta dos fundos da sala de aula e, depois de assinar o livro de frequência, sair discretamente, rumo ao pátio ou à rua. O bedel-árbitro não tolerava essa prática ofensiva a suas funções e quase sempre trancava a porta para impedir a evasão. Às vezes, esquecia-se de cuidar da porta, o que dava lugar a uma cena cômica, com o aluno tratando de escapulir e Bottini, lépido, tentando barrar-lhe o caminho, com o molho de chaves tilintando na mão.

2. A política intra e extramuros

Em outubro de 1950, ocorreram as eleições presidenciais, em que Getúlio Vargas derrotou o candidato da UDN, o brigadeiro Eduardo Gomes. No comando do país por cerca de quinze anos, entre 1930 e 1945, pela primeira vez Getúlio chegava ao poder pelo voto direto. Muitos colegas sofreram uma profunda decepção (outras viriam) com o triunfo do "caudilho dos pampas", e pelos corredores da faculdade ouviam-se frases indignadas do gênero "O povo não sabe votar" ou "É preciso acabar com o voto obrigatório".

Da minha parte, embora não fosse getulista, criticava o traço elitista dessas afirmações e me confortava, ancorado na minha opção coerente e marginal, por ter votado em João Mangabeira, candidato do Partido Socialista Brasileiro (PSB), que obtivera apenas cerca de 10 mil votos.

A maioria dos alunos era formada por antigetulistas e simpatizantes da União Democrática Nacional (UDN), na linha das tradições liberais e antipopulistas da faculdade. Essa percepção

O brigadeiro Eduardo Gomes, candidato à Presidência pela UDN e derrotado nas eleições de 1945 e 1950

é confirmada por alguns fatos e particularmente pela greve de resistência à entronização do professor Miguel Reale na cátedra de Filosofia do Direito. O episódio ocorreu em 1943, em pleno clima de repulsa a Getúlio e ao nazifascismo, embora o ditador já se inclinasse pelos aliados no curso da Segunda Guerra Mundial. A simpatia pela UDN não se traduzia numa organização consistente. Organizados eram os membros da Juventude Universitária Católica (JUC) e os poucos comunistas. A JUC tinha estreitas relações com o Partido Democrata Cristão (PDC) e se inseria numa posição democrática de centro, com tintas sociais, sob a influência de figuras como Jacques Maritain e Alceu de Amoroso Lima (Tristão de Ataíde). No que se referia ao comportamento individual, os princípios da Igreja Católica eram regra de ouro na JUC e, entre eles, um se destacava por sua distância dos costumes imperantes: a preservação da castidade até o casamento. Ela não

*Getúlio Vargas em foto
tirada durante
seu segundo mandato
(1951-53)*

era penosa para as moças católicas, educadas desde cedo à sua observância, com o reforço de uma sociedade conservadora que dividia as mulheres em sérias, biscates e putas. Mas chocava-se com os desejos dos rapazes, cuja virgindade era alvo de chacotas.

Entre nós, a iniciação sexual e a competição nas façanhas sexuais eram parte do amor-próprio e da identidade masculina. Essa circunstância levava a rapaziada a uma permanente tensão entre expectativas e realidade, originando-se daí histórias fantasiosas de proezas eróticas extraordinárias. Sem ignorar os jogos sexuais que iam mais longe e estacavam na preservação sagrada do hímen, as oportunidades que se abriam aos jovens de classe média eram contadas: as empregadas de casa ou da vizinhança, e as putas de todo gênero. Era, pois, muito difícil para os jovens jucistas manter a regra da castidade e, se não posso afirmar quantos a rompiam indo expiar a culpa e buscar o perdão nos confessionários, conheci vários simpatizantes da JUC que só não entravam na organização por reconhecer o ímpeto de seus impulsos e a "fragilidade" de seus corpos.

Lembro-me, com nitidez, de três figuras da JUC: Chopin Tavares de Lima e meus colegas de classe Darcy Passos e Plínio de Arruda Sampaio. Chopin era o mais velho, uma figura jesuítica, de calculadas e escassas palavras. Tido como extremamente hábil na política de bastidores, tinha forte voz no capítulo, ou seja nas decisões do grupo da JUC. O brilho ostensivo se concentrava sobretudo no Darcy, filho de um advogado falencista, inteligente, cabelo sempre em desordem, cuja agitação materializava-se nas unhas roídas. Mais sereno, Plínio, filho de um rigoroso promotor público, formava com Darcy uma dupla muito unida, em que, na avaliação dos alunos, destacava-se este último. Curiosamente, a vida pública de Plínio teve maior duração do que a de Darcy, e com uma circunstância incomum: a partir de uma posição de centro, encaminhou-se para a esquerda, ou seja, para o PT, e para além do PT depois que se decepcionou com o partido.

O catolicismo e seus preceitos repressivos não me inspiravam a menor simpatia. Mas algo me aproximava da JUC: o espírito de fraternidade e de solidariedade que transpirava nas conversas individuais, nos encontros e festas. Era raro encontrar essa atmosfera em outros ambientes, sobretudo entre os comunistas, que viam com maus olhos o "sentimentalismo". Mas nem todos se comportavam assim. Figuras mais flexíveis e mais interessantes eram, por exemplo, Ênio Sandoval Peixoto, Agenor Parente e Raimundo Pascoal Barbosa.

Agenor Parente, nascido no Ceará, fez parte de um dos escritórios de advocacia trabalhista mais importantes — se não o mais importante — de São Paulo, chefiado pelo militante e dirigente comunista Rio Branco Paranhos. Os méritos de Rio Branco Paranhos, de Parente e de outros advogados do escritório são dignos de lembrança, por sua luta em defesa dos direitos dos trabalhadores e de perseguidos políticos.

Conheci Ênio Sandoval Peixoto quando criança, numa estância do interior paulista em que passava as férias com a família. Ênio era um rapaz atraente, sempre cercado pelas meninas, a quem divertia contando histórias ou projetando, com a sombra das mãos em movimento, figuras de pássaros e animais nas paredes do hotel durante os serões noturnos. Garoto apaixonado por uma ou algumas daquelas meninas mais velhas do que eu, admirava em silêncio a destreza e a arte de sedução de Ênio. Formado, se não estou enganado, em 1943, Ênio Sandoval Peixoto tornou-se advogado trabalhista, a exemplo de Agenor Parente, alguns anos mais novo do que ele.

Um militante do PCB que estava longe de ser "puro e duro" era Raymundo Pascoal Barbosa, a quem conheci como colega de advocacia. Também cearense como Parente, tinha rosto redondo, cabelo preto cortado raso e grandes óculos pesados de armação de tartaruga que se amoldavam à forma de seu rosto. De um bom humor e otimismo permanentes, Pascoal Barbosa era "um democrata vermelho", se me permitem a contradição. Certa vez, fiquei surpreso quando ele se referiu a alguns advogados conservadores, que representavam grandes empresas, com palavras de admiração, em contraste com quem os julgava "lacaios da burguesia": "Eu gosto de gente que trabalha sério e nem precisaria trabalhar tanto, com os recursos que tem; as divergências de ideias vêm depois".

Os militantes do PCB, por definição, eram defensores incondicionais da pátria do proletariado, a União Soviética, e idolatravam Stálin, o genial guia dos povos, de cuja infalibilidade não duvidavam. Seu radicalismo se acentuara porque entre 1949 e 1953, no âmbito da Guerra Fria e por orientação de Moscou, os partidos comunistas em todo o mundo haviam abandonado

*O presidente
Dutra, ao lado
de sua mulher —
dona Santinha —,
por volta de 1947*

a linha de colaboração com a burguesia, o apelo por "apertar os cintos" e encarar as greves operárias com restrições, em nome da unidade básica das forças que haviam lutado contra o nazifascismo. Agora, os tempos eram de denúncia dos "governos sanguinários de Dutra e de Getúlio" e de preparativos para a insurreição das massas.

Mas o reduzido grupo de militantes comunistas não tinha muito o que fazer na faculdade. As disputas políticas internas, voltadas essencialmente para o controle do Centro Acadêmico XI de Agosto, não continham divisões ideológicas. É difícil discernir o que punha em confronto, nas batalhas verbais encarniçadas, os contingentes dos dois partidos acadêmicos de meu tempo: o Libertador e o Renovador. Na realidade, eles funcionavam com base em laços pessoais, dando origem a panelinhas que atraíam votos para um lado ou para o outro. Quando na apuração das eleições, entremeadas de acusações de fraude, alguém gritava "Voto consciente!" a propósito dessa ou daquela cédula saída da urna, a expressão soava irônica. De qualquer forma, os dois partidos disputavam o apoio dos comunistas e estes, em bloco, acabavam apoiando determinados candidatos que consideravam "progressistas" por insondáveis razões. Sempre achei o "sistema político" imperante entre os alunos da faculdade na minha época uma reminiscência da política brasileira na República Velha. Hoje continuo acreditando nessa minha apreciação, mas acrescentaria um dado mais pessimista. A política pessoal, os colegas influentes que controlavam votos e ficavam plantados à espera de quem lhes oferecesse alguma vantagem na distribuição de cargos do Centro Acadêmico não estariam reproduzindo, afinal de contas, os costumes políticos vigentes até hoje em muitos setores da elite política?

Para quebrar o bipartidarismo vazio vigente nas Arcadas, o grupo de alunos do qual eu fazia parte lançou um terceiro partido, chamado de Vanguarda Acadêmica, que tinha muito de udenista em seus objetivos: acabar com o voto de cabresto, com as panelinhas, fixar princípios e um programa que distinguisse a vanguarda das clientelas partidárias. Entre seus objetivos, figuravam o fim da fraude eleitoral intramuros e de certas práticas corruptoras. Exemplo das práticas vigentes era a assinatura de "presença ficta", com a cumplicidade dos bedéis, a que já me referi. Muito mais grave era o rumor de que alguns alunos jamais tinham posto os pés na faculdade e, no entanto, passavam no curso todos os anos, acabando por se formar graças a arranjos conseguidos no "tapetão administrativo". A fantasia gerara essa história ou seria ela verdadeira? *In dubio*, a prudência manda silenciar.

A integração à Vanguarda Acadêmica indica que meu esquerdismo era temperado pelas relações de amizades e por princípios éticos gerais, os quais eu seguia com alguns abrandamentos, como no caso da frequência. O movimento lançou um manifesto e um candidato à presidência do Centro Acadêmico xi de Agosto, Gil Costa Carvalho. Pertencente a uma família tradicional de São Paulo, parente do banqueiro Gastão Vidigal, Gil já começara a trabalhar com o pai, o dr. Frederico, num amplo e austero escritório instalado na sede do Banco Mercantil, na rua Álvares Penteado.

Fomos muito amigos nos tempos de faculdade e em alguns anos seguintes. Depois, passamos a nos ver raramente, sempre com mútua satisfação. Se a política nos separava, pois Gil era simpatizante da UDN e detestava o comunismo, duas coisas nos uniam: o Corinthians e o gosto pelo cinema. Não sei por que Gil gostava de futebol tanto quanto eu e, mais ainda, como se tornou corintiano, quando, por sua origem social, deveria ser são-paulino. Não quis lhe perguntar a razão da preferência, como se ela dissesse respeito a coisas muito íntimas, mas tenho a impressão de que ele fazia parte de um grupo de "corintianos burgueses", para quem a paixão pelo alvinegro do Parque São Jorge de certa forma abria caminho para uma identificação com a grande massa, pondo entre parênteses o mundo das diferenças sociais e políticas.

A Vanguarda Acadêmica foi uma experiência que não durou mais do que uma eleição, e mesmo assim nela as coisas não se passaram como desejávamos. Apesar de todas as suas limitações numéricas, o novo partido representava uma legenda pela qual seria possível disputar a presidência do grêmio. Em meio à campanha, surgiu um colega que passou a fazer pressão para ser ele mesmo o candidato. O Vilelão, como era chamado, em uma referência a seu corpanzil e gestos bruscos, representava o oposto dos traços finos do Gil, e não estava preocupado com nosso ingênuo principismo. Começou a criticar o comportamento do Gil como candidato, alegando que ele não se jogava em cheio na campanha — o que não deixava de ser verdade pois o Gil tinha outras atividades e não estava disposto a renunciar ao conforto de sua vida pessoal. Vilelão proclamava que o verdadeiro candidato permanecia nas Arcadas ao longo do dia e da noite, até ajudar a erguer o último bêbado caído no largo de São Francisco. Resumo da história: Gil desistiu da candidatura, Vilela foi candidato e, tenha ou não ajudado o último bêbado na noite paulistana, perdeu a eleição.

Duas encenações marcaram meus tempos das Arcadas: os júris simulados e os concursos de oratória. Nunca participei dos primeiros, mas participei uma vez da segunda atividade. O salão nobre foi cenário da justa verbal. Uma comissão formada por professores ouvia os discursos dos candidatos inscritos a respeito de um mesmo tema e decidia a classificação final. Quando concorri, o tema era "Abrir escolas é fechar prisões", um lema muito comum naqueles anos. Os cinco concorrentes, todos vestidos com seus melhores ternos e gravatas, sucederam-se na tribuna, olhando alternadamente para a plateia e para a comissão julgadora. No julgamento, fiquei em último lugar, quem sabe por falhas na retórica e pelos desvios do discurso, em que denunciava a existência de fome no Brasil. O vencedor foi um colega louro de quem nunca mais ouvi falar e de cujo nome não me lembro. Não lograra a vitória o franco favorito dos alunos, Almino Afonso, querido pelas meninas e tido como um dos mais brilhantes oradores da faculdade.

Um instrumento didático muito precário oferecido aos alunos nas Arcadas eram as apostilas, eco das "sebentas", que circulavam na Faculdade de Direito de Coimbra. As apostilas constituíam a atividade rendosa de uma espécie de microempresa instalada em nossa faculdade, não sei a que título nem sob que condições. Os "fabricantes" das apostilas tinham ouvintes nas salas de aula e, a partir daí, mimeografavam textos sob o prudente rótulo: "Sem responsabilidade da ilustre cátedra". Quase todos os alunos, entre os quais me incluo, utilizavam as apostilas, em geral mal impressas e com muitos erros de conteúdo. As apostilas de Direito Comercial, por exemplo, mencionavam um título de crédito chamado de "debêntolas" que, nos dias de hoje, poderia ser tomado como mais uma invenção de derivativo do mercado financeiro, produzido por um gênio matemático. Só que as "debêntolas", nada mais eram do que as debêntures, emitidas tradicionalmente pelas grandes empresas para financiar suas atividades.

Num breve balanço do meu tempo nas Arcadas, quero dizer que não compartilho dos mitos criados a seu respeito. Mais ainda, considero baixa a qualidade de ensino naquela época. Um bom exemplo sou eu mesmo. Embora não chegasse a ler um só livro de Direito indicado pelos professores — nem mesmo todos os artigos do Código de Processo Penal —, fui o melhor aluno da minha turma somente lendo as apostilas semanas antes dos exames, escoimando seus erros mais gritantes. Obtive um prêmio que de modo algum desdenho — o do Livreiro Saraiva, oferecido por essa livraria e editora e que constava de uma coleção de livros de Direito finamente encadernados. Não sei, porém, se eu teria me entusiasmado com o ensino se sua qualidade fosse outra, porque minha arremetida era contra o Direito em si, numa carga negativa que não admitia distinções. Além disso, em meus anos de juventude me ficou a impressão de tempo perdido, de lacunas no conhecimento pela falta de leituras básicas. Sempre invejei, por exemplo, a leitura sistemática que os alunos de ciências sociais faziam dos "três porquinhos": Marx, Weber e Durkheim. Li, por certo, um pouco dos três por minha conta, mas sem o rigor exigido pelos professores da Faculdade de Filosofia.

Apesar dos pesares, tenho para com a Faculdade de Direito uma relação ambígua, pois ela está associada a uma época em que eu era jovem, não tinha compromissos e me embalava nas esperanças do futuro, onde se anunciavam os tempos radiosos da revolução social. Sob esse ângulo, as Arcadas surgem aos meus olhos como um *lieu de mémoire*, na expressão muito adequada dos historiadores franceses.

Minha disputa irada com o direito transformou-se ao longo dos anos. Não só não o considero mais "a quintessência da ordem burguesa" como vejo no arcabouço jurídico de um país um elemento fundamental do regime democrático, constatação que hoje pode parecer banal, mas que não era assim no passado. Observo também, confirmando minha sensação de ambiguidade, que a especialização meio frouxa existente nas Arcadas, em contraste com as outras duas grandes escolas de São Paulo — a de medicina e a de engenharia —, abria espaço para que dela saísse muita gente disposta a dedicar-se a outros campos, em que alguns se destacaram a ponto de receber homenagens da Congregação.

O Direito me proporcionou, além disso, duas coisas importantes. A primeira, um raciocínio lógico, muito útil para a clareza da exposição de um argumento em qualquer campo do saber. A segunda, a possibilidade de alcançar uma situação financeira estável graças ao exercício da profissão. Por isso, não considero estar sendo injusto com a faculdade, que me prestou uma homenagem em 2005. Houve apenas um pequeno equívoco, como disse nas minhas palavras de agradecimento. Não fui um bacharel que não advogou, como se deu com alguns colegas meus homenageados — entre eles, Antonio Candido, Nicolau Tuma, Renato Borghi, Vida Alves —, pois militei na profissão por mais de 35 anos. Mas, como seria previsível, minhas atividades como historiador ocultaram o exercício da profissão, e quase sempre, quando digo a alguém que, do ponto de vista do "leitinho para os filhos", sempre fui mais advogado do que historiador, a surpresa é inevitável.

3. Futebol e cinema.
Um mundo masculino

Revendo meu círculo de amigos nos anos de universidade, vejo que ele era predominantemente masculino. No meu caso, um dado que dificultava os tão desejados contatos com as meninas era a timidez que me impedia de utilizar meu maior trunfo: a sedução verbal. Só bem mais tarde percebi seu valor, quando confrontado com outros recursos de que não dispunha. Eu era baixinho mesmo para os padrões da época e começara a perder os bastos cabelos com uma velocidade estonteante, apesar dos esforços de conter o processo por meio de óleo de babosa, querosene e de uma das muitas vigarices milagrosas lançadas na ocasião, a tricomicina. O nome hoje me parece uma alusão subliminar à penicilina, desenvolvida fazia alguns anos e que ainda era uma das sensações da época.

Além disso, converti uma rigidez psicocorporal num trauma que me barrou o acesso a um dos melhores instrumentos de relações afetivas com as moças, ou seja, a dança. Fui um "pé de chumbo", sempre invejando, por contraposição, os "pés de valsa", e nem mesmo a tentativa de frequentar um professor de dança foi uma saída para o problema. Se eu tivesse informação adequada, teria procurado Madame Poças Leitão, que em ambiente acolhedor, falando francês, recebia rapazes de terno e gravata e moças impecáveis em busca de aprimorar-se nas danças de salão, acompanhados de um piano.*

Eu só conhecia, por um anúncio na sacada de um prédio da rua 15 de Novembro, o professor Amêndola. Hesitei muito antes de subir a escadaria decrépita que a partir da rua conduzia diretamente ao salão, até que o Augusto de Campos, meu amigo e confidente nessa angústia, teve a boa vontade de me acompanhar. Subimos as escadas e lá nos deparamos com um velho salão e uma vitrola fanhosa que tocava valsas, boleros e sambas. Falei com o Amêndola, combinei preço e tomei coragem para retornar ao local, sozinho, no dia seguinte. Mais uma vez subi as escadas e dei com o Amêndola, uma mulher de meia-idade e um rapaz que dividiam com ele as tarefas de ensino. Dancei com a mulher, pisando-lhe nos pés, pedindo desculpas e me sentindo totalmente ridículo. No intervalo de uma valsa, escapuli pelas escadas e nunca mais voltei. Como costumo fazer quando me acontecem cenas em que figuro mal ou são demasiado emotivas, apelei para a fantasia: assim, me vi diplomado pela escola de danças e escolhido orador da turma, cujo paraninfo era o Amêndola. Lembrando a musa grega da dança, a ele dirigi o seguinte exórdio: "Mestre dos mestres, Terpsícore baixa à terra para saudar-vos".

* Madame Louise Frida Poças Leitão veio da Suíça para o Brasil em 1914, escapando da Primeira Guerra Mundial. Em sua escola de danças, ensinava a dançar valsas, mazurcas e outros ritmos. Segundo Maria Heloisa, de quem extraio estes dados, ela usava um chicotinho (sic) e inspecionava detalhadamente as unhas dos alunos, que só podiam frequentar as aulas de terno e gravata. Em: <http://www.vivasp.com>.

Meus encantos prediletos, além das meninas com as quais eu sonhava, eram o futebol e o cinema. Pela vida afora, continuei um apaixonado pelo futebol, pela beleza desse jogo simples e genial e por um clube que cito aqui com reverência: o Sport Clube Corinthians Paulista ou, como dizem os cronistas esportivos, o alvinegro do Parque São Jorge. O Corinthians é o bem supremo, contra ele não há faltas, quanto mais pênaltis, se perde é porque o juiz roubou. Mas, para falar a verdade, exagero, tanto assim que não engulo a forma como o terrível jejum de 23 anos de títulos no Campeonato Paulista foi quebrado contra a "Macaca", a Ponte Preta de Campinas, afinal de contas mais velha do que o Campeão dos Centenários — o do país e o da cidade — e por isso digna do maior respeito. O centroavante da Ponte Preta, Rui Rei, destaque do campeonato, foi expulso logo no início da partida final, prejudicando a equipe campineira e dando margem a que se especulasse que ele teria recebido dinheiro para provocar sua expulsão, suspeita que só aumentou quando dias depois foi contratado para jogar na temporada seguinte pelo Corinthians.

A paixão corintiana atravessa os anos e sobrevive às mesquinharias e à corrupção de dirigentes, à negociação avassaladora de craques — que não permite fixar na mente jogadores símbolos de um clube, tal a velocidade com que as transações ocorrem —, à necessidade de fazer caixa conspurcando a gloriosa camisa com anúncios de todo tipo, a ponto de os jogadores se assemelharem a esses homens-anúncio, que são os pilotos de não sei quantas fórmulas automobilísticas. Não há dúvida, porém, que algo da identificação se perdeu ao longo do caminho. Quando me tornei corintiano, todo torcedor conhecia os nomes de: José Augusto Brandão, o gigante cor de ébano, que na majestosa posição de centromédio conduzia o time; Lopes, o tanque, convocado para a Seleção Brasileira de 1938 e injustamente posto na reserva em benefício do carioca Roberto, jogador do São Cristóvão; Servílio, o bailarino; Teleco, o homem da virada inconfundível, mais tarde encarregado de guardar a sala de troféus do clube, no Parque São Jorge. E, ao menos por ouvir falar, o torcedor conhecia Jaú, não tanto por ter sido zagueiro da Seleção Brasileira na Copa do Mundo de 1934, mas sim por ter sido um miraculoso pai de santo, a cujos sortilégios o médio-esquerdo Dino veio a dar continuidade.

Ainda hoje me vêm à lembrança nomes de jogadores de clubes grandes, e até pequenos, nas raras noites em que tenho dificuldade para dormir. Então, de um baú empoeirado saltam nomes surpreendentes até para mim mesmo: Barqueta, Pepino e Osvaldo, trio final da Portuguesa; Lisandro e Ponsoníbio, do São Paulo; Clodô, do velho SPR, rebatizado de Nacional; Imparato, do Palestra; e por aí vai. Eles me ajudam a conciliar o sono, mesclando-se com tabelas de campeonatos passados e presentes, performance dos clubes, seleções ideais.

Sempre gostei também de me misturar à massa nos estádios de futebol, em meio ao "politicamente incorreto" mais radical, talvez como compensação a uma vida certinha. Engana-se quem pensa que o torcedor é uma partícula de uma massa informe que xinga, agride, vaia ou aplaude sem nenhum critério, expressando uma desenfreada emoção. Não é bem assim. A torcida tem seus ritos, suas motivações, seus critérios de aprovação, de entusiasmo, de desânimo e de arrebatamento.

Se o arrebatamento é óbvio e muito explorado pela mídia, pois suas imagens são realmente belas, o desânimo é mais difícil de captar. Ele se expressa nos longos momentos de silêncio, de quase resignação, quando, depois de incentivar seu time com entusiasmo frenético ou desespero, o torcedor sente que o jogo está perdido e que não há nada a fazer senão esperar pelo libertador apito final ou resignar-se a sair do estádio antes do fim do jogo, aguentando provocações. Mas às vezes um milagre acontece nos últimos momentos da partida, e o cético torcedor que saiu mais cedo sente um misto de alegria e frustração ao perder o lance ou os lances decisivos finais.

Por que essa presença permanente do futebol e da paixão de torcedor ao longo de toda uma vida? A explicação mais simples, no meu caso, é a de que o futebol foi um dos elementos de formação da minha personalidade nos anos de infância, e depois abriu uma brecha de salutar irracionalidade numa existência em que o racionalismo figura em doses excessivas. Lamento apenas que, de torcedor assíduo dos campos, transformei-me, por força da idade e da violência nos estádios, em portador de um vício quase insanável, encarado, em outros tempos, com o mais profundo desdém, ou seja, um mero torcedor (ainda assim apaixonado) de televisão.

Nos anos em que eu cursava a Faculdade de Direito e em anos seguintes, eu e meu grupo de corintianos estávamos presentes às partidas do time, fossem elas disputadas na capital, no interior de São Paulo, em Santos e, uma vez ou outra, no Rio de Janeiro. Ele era formado por colegas e por alguns "agregados". Nas fímbrias do núcleo, havia alguns tipos raros, como o Antônio Carlos, autêntico caipira de boa cepa, vindo de Tietê, cidade do interior paulista. Raramente, o Caipira assistia aos jogos com o grupo. Quase sempre marcávamos um encontro para as três da tarde nos portões do Pacaembu e dávamos um tempo, enquanto a torcida ia entrando e os vendedores de amendoim, de *praliné*, de churrasquinho de gato, de pizzas engorduradas anunciavam suas "delícias". Também apareciam os vendedores de fotografias toscas com as equipes que compunham o Trio de Ferro (Corinthians, Palmeiras e São Paulo) e, numa escala mais abaixo, os vendedores de jornal velho, apregoando nos dias de chuva as muitas utilidades do papel impresso: "Jornal, pra lê e sentá, ói que tá molhado". Mas o Caipira não chegava e então entrávamos

Arquibancadas do estádio do Pacaembu, 1959

sem ele. Na segunda-feira, ouvíamos sempre a mesma história, contada com seu sotaque interiorano: "Cheguei duas e meia, esperei quinze minutos, me cansei e entrei sem vocês. Que beleza o segundo gol do Baltazar!".

O núcleo básico de corintianos era formado pelo Gil Costa Carvalho; por seu primo e meu colega Fábio Moretzsohn de Castro; pelo Carlos e pelo Roberto Moretzsohn de Castro, primos do Fábio; às vezes pelo Motinha, colega de faculdade; e outros mais. De vez em quando, o Bigi, colega do segundo ano, que não faltava a um só jogo, juntava-se a nós. Com exceção do Motinha, que perdi de vista, todos os outros amigos fizeram carreira ou passaram pela magistratura. O comandante da tropa alvinegra era o Gil, o rapaz mais abonado entre nós, possuidor de um automóvel que nos levava aos campos do interior paulista e ao Maracanã.

Foi assim, que, em meados da década de 1950, conhecemos os estádios do xv de Piracicaba, da Ferroviária de Araraquara, da Ponte Preta de Campinas e até o modesto "Pastinho", antecessor do estádio do Guarani, onde a gente se espremia atrás do gol, numa precária arquibancada de madeira.

O grande passeio dessas jornadas futebolísticas era ir ao Rio de Janeiro no Ford Taunus azul do Gil, percorrendo a via Dutra, de pista única, mas sem os problemas de trânsito de hoje. Ficávamos hospedados em um dos hotéis de Copacabana, bairro que vivia seu apogeu com seus hotéis clássicos e ostentava pontos como o Bolero, local de partida para os encontros e noitadas alegres.

Dessas viagens, não me lembro tanto do Maracanã — cidadela inimiga, onde jogávamos "contra tudo e contra todos" — quanto dos restaurantes e da praia. Fazíamos questão de exibir nossa identidade nos restaurantes, colocando no centro da mesa uma pequena flâmula alvinegra. Os garçons olhavam de esguelha, não gostavam certamente daquela exibição, mas fingiam não ver, porque, afinal de contas, com freguês não se discute.

Nessa exibição não estávamos sozinhos, porque outros grupos de corintianos faziam o mesmo. Um desses grupos, numa manhã de domingo que antecedia ao jogo no Maracanã, esparramou-se na praia, construiu um castelo de areia e num de seus torreões fincou uma bandeirinha alvinegra. Nem precisaria desse esforço para identificar-se. Os calções compridos, escorrendo pelo corpo, a pele branca que logo se transformaria em vermelho-camarão, a banha saltando do calção eram uma mancha insólita na paisagem humana de corpos ágeis e bronzeados. A turma não passou despercebida por um carioca, que ironizou: "Paulista, está vendo aquela água toda ali no fundo? Aquilo é o mar, presta atenção é o mar...". Um dos corintianos sacou um maço de notas e contra-atacou: "Ô meu, está vendo isto aqui? É dinheiro, dinheiro...".

Há quem estabeleça uma cronologia de vida pelos momentos significativos da infância, da juventude e da idade madura. Eu poderia traçar essa cronologia pelas Copas do Mundo que acompanhei, desde 1938 até a desastrada Copa de 2006. Ouvi pelo rádio e depois assisti pela televisão a todas elas, em São Paulo, com uma única exceção. Foi na Copa de 2002, quando, em janeiro daquele ano, recebi um convite de meu irmão Nelson, que vive nos Estados Unidos, para fazer uma viagem ao Alasca. Só podia ser no mês de junho, em virtude de seus compromissos profissionais. O time do Brasil andava muito mal e a viagem tentadora valia o risco de não assistir aos jogos da Copa pela televisão. Optei por "abandonar a pátria", para satisfação de Cynira, minha mulher, com quem viajei. Fomos ao Alasca sob o comando do Nelson e de minha cunhada americana, a Ann.

Só que o Brasil me "traiu" e começou a Copa do Japão jogando bem. Enquanto estive em San Francisco e Seattle, ainda pude ver os jogos. Até que chegou o dia da batalha contra a Inglaterra (21 de junho), que poderia levar o Brasil à final. Aí, realmente, eu me maldisse, pois naquele dia estávamos numa cidadezinha encantadora mas perdida no mundo, chamada Hope, ironizando a minha desesperança. Nos alojamos numa casa campestre, cheia de flores, dispostas com muito capricho em canteiros e vasos. Eu resmungava sem parar. Até que o Nelson resolveu fazer uma improvável tentativa junto à mulher risonha, de maçãs vermelhas e corpo sólido, que nos acolhera: "Meu irmão é brasileiro, não sei se a senhora sabe que brasileiro é fanático por *soccer*, e ele queria ver um jogo do campeonato mundial".

A senhora não estranhou nada. Disse que seu marido, que estava viajando, era fanático por esportes, embora ela não se lembrasse de tê-lo visto assistindo a partidas de *soccer*, afinal de contas um jogo exótico, na opinião dela. Em seguida, essa fada abriu um armário baixo, onde estava embutida uma televisão, e, virando-se para mim, disse que eu ficasse à vontade. Até me desejou boa sorte na busca de um canal. Aí, de repente, me lembrei da complexa rede de antenas que eu vira, ao chegar, no telhado da casa. A esperança brotou. Mexendo aqui e ali, a telinha da tevê se abriu para um gramado e para um locutor mexicano. Foi assim que, em Hope, no Alasca, assisti à vitória do Brasil sobre a Inglaterra por 2 a 1, com um incrível gol do Ronaldinho Gaúcho.

De regresso a Seattle, foi fácil encontrar o mesmo canal e o mesmo locutor mexicano. Mas por causa do fuso horário, para mim, começou às quatro da manhã. Assisti à partida quase o tempo todo sozinho, e o locutor mexicano, que torcia pelo Brasil, deu sorte. Quando o Brasil ganhou da Alemanha, explodi em silêncio, para não acordar o pessoal da casa. Como se explode em silêncio? Jogando a camisa para o ar, dançando com uma parceira imaginária, dando murros no peito. Saí à rua. Naquela hora, num típico bairro residencial americano, tudo e todos dormiam. Considerei aquilo uma ofensa e tive vontade de bater nas janelas das casas sem muros, gritando: "Brasil campeão, Brasil campeão!". Mas caí na real ao olhar os jardins das casas vizinhas, os anões, as pequenas fontes, uma enorme bandeira americana fincada na grama de um veterano da guerra do Vietnã.

Achei melhor desistir e esperar a volta, quando entre contente e frustrado, ouvi o relato das comemorações nas grandes cidades brasileiras, a ida dos jogadores ao Palácio do Planalto, onde um Vampeta "tocado", como se dizia outrora, deu cambalhotas na rampa, diante do presidente Fernando Henrique.

Houve Copas em que chorei a derrota — a de 1982, por exemplo, a "tragédia de Sarriá" — e outras que não chegaram a me comover. Foi o caso da Copa de 1950. Confesso não ter participado do luto nacional provocado pela derrota para o Uruguai no Maracanã. Ouvi pelo rádio as primeiras partidas em que o Brasil goleou, cheguei a ver no Pacaembu o jogo contra a frágil Suíça em que Baltazar — o "Cabecinha de Ouro" — marcou um gol e fui para Ubatuba. Os rapazes e as moças entre os quais eu me encontrava, que ouviram pelo rádio o jogo decisivo, sentados à sombra da linda amendoeira da praia do Cruzeiro, derramaram lágrimas de espanto e dor. Eu me afastei cuidadosamente, mas não para chorar sozinho. Pelo contrário, senti uma sensação ao mesmo tempo de pena e de satisfação, pois eu não aguentava mais a patriotada que se instalara no país, estimulada por locutores de rádio, jornais, dirigentes esportivos e políticos em geral.

Como eu disse antes, meu outro encanto nos tempos de faculdade foi o cinema. Nas décadas de 1950 e 60, São Paulo ainda era uma cidade provinciana se comparada ao Rio de Janeiro, para não falar de Buenos Aires. Mas não na área cinematográfica. Foi em São Bernardo, a cerca de vinte quilômetros da capital, que se instalou a Companhia Cinematográfica Vera Cruz, sob o impulso do produtor italiano Franco Zampari e do industrial Francisco (Cicillo) Matarazzo Sobrinho, em novembro de 1949. Apesar de ter durado uns poucos anos, a Vera Cruz foi responsável por um salto de qualidade no cinema nacional graças a diretores como Lima Barreto, Adolfo Celi e Abílio Pereira de Almeida. Entre os atores, destacou-se a bela Eliane Lage, de quem o crítico Rubem Biáfora era fã incondicional: "Se ela fosse sueca em vez de brasileira", dizia ele, "certamente seria uma das atrizes preferidas de Ingmar Bergman". A Vera Cruz viria a ser muito criticada em anos posteriores por seu "elitismo", pela falta de autenticidade nacional, ao utilizar como modelo filmes produzidos no exterior, em especial na Europa, ignorando-se o significado dessa companhia cinematográfica em nome de um provinciano nacionalismo.

A contraposição que se faz até hoje entre as chanchadas da Atlântida e os filmes tidos como elitistas da Vera Cruz não tem razão de ser. As chanchadas seguiam pobremente um modelo hollywoodiano e suas qualidades se deviam, sobretudo, a dois notáveis atores cômicos: Oscarito e Grande Otelo. A companhia de São Bernardo também produziu seus filmes populares, embora em pequeno número, em que brilhou Mazzaropi, ícone do "cinema caipira".

A crítica ao elitismo estendeu-se ao Teatro Brasileiro de Comédia — o TBC —, instalado num vetusto prédio da rua Major Diogo, no bairro do Bixiga. Tanto num caso como no outro, os defensores de uma arte "com raízes autenticamente nacionais" ignoraram algo importante. O TBC, sem dúvida bem-comportado, nada experimental e que exibia peças consagradas, representou um salto na qualidade de direção, de cenografia e de interpretação de atores como Cacilda Becker, Jardel Filho, Sérgio Cardoso, ampliando o horizonte das encenações. Ao entrar no TBC, eu tinha uma sensação diametralmente oposta à da geral do Pacaembu, uma espécie de outra face da minha moeda emocional. Não só o espetáculo me encantava, mas também os minutos de espera, sentado nas cadeiras estofadas, na sala à meia-luz, em meio aos espectadores socialmente corretos, que conversavam em voz baixa, até um gongo de som abafado anunciar o início da peça.

Os festejos do IV Centenário de São Paulo concorreram para romper o provincianismo cultural da cidade e tiveram como ponto alto, na área cinematográfica, o I Festival Internacional de Cinema, com a presença de astros como Eric von Stroheim. Eu corria de uma sala a outra, ao lado de um pequeno exército de entusiastas, e mal mastigava um sanduíche na hora do almoço. Meu cinema preferido era o Cine Marrocos, na rua Conselheiro

Sala do Teatro Brasileiro de Comédia, na rua Major Diogo, bairro do Bixiga

Crispiniano, revestido de mármore branco na entrada e com uma solene escadaria a marcar a distância entre o mundo do imaginário e o mundo da rua. Foi lá, sentado em suas poltronas de couro verde, que assisti aos filmes de Stroheim e, mais do que isso, pude aplaudi-lo em pessoa, numa sala lotada.

No plano das amizades, o cinema me proporcionou namoricos com moças frequentadoras do "Cine Gil", de "propriedade" de Gil Costa Carvalho. Grande apreciador de cinema, especialmente do americano, Gil tinha para si, na casa dos pais, uma sala em que passava filmes selecionados por ele. Muitas vezes reclamei do autoritarismo de meu amigo politicamente liberal, por não admitir ingerências em suas soberanas escolhas. Mas, no fundo, ele tinha razão. Se proporcionava local, filme e refrigerantes, tinha ao menos o direito de decidir o que íamos ver, sem interferência da plateia.

Fachada do cine Marrocos, no centro de São Paulo. O cinema era "um luxo só"

Muitas vezes, naqueles anos da década de 1950, saíamos das sessões da casa do Gil e íamos jantar no Giggetto, na rua Nestor Pestana, na Bela Vista, ou no Interamericano, um restaurante mais luxuoso que ficava pelos lados da rua Sete de Abril, no centro de São Paulo. O grupo ocupava uma extensa mesa, cantava velhas canções, numa mistura de vozes femininas e masculinas, sob o olhar curioso dos clientes.

Gil, eu e uns poucos cinemeiros mais (ainda ninguém usava o pernóstico "cinéfilo") íamos também aos bairros em busca dos filmes classe B, ou mesmo C, indicados pela crítica. Frequentei, entre outros, o Hollywood, em Santana; o Clipper, na Freguesia do Ó; o Sammarone e o Soberano, no Ipiranga. Cinemas hoje desaparecidos, cujas salas foram demolidas ou convertidas em igrejas evangélicas, devido a suas grandes dimensões, para alívio das almas e pobreza das mentes.

Às vezes, nessas incursões, pérolas desconhecidas brilhavam quando íamos assistir, entre outros, a um filme de Robert Wise, que se tornaria famoso ao dirigir em 1949 *Punhos de campeão*, ou quando enveredávamos pelos claro-escuros dos filmes de horror produzidos por Val Lewton; ou, ainda, pelos melodramas do diretor alemão Douglas Sirk, emigrado para os Estados Unidos.

O território em que vi muitos clássicos foi a salinha do Museu de Arte Moderna na rua Sete de Abril, no Centro. Salinha abafada nas noites de verão, pois ninguém ousaria introduzir ali um ruidoso aparelho de ar-condicionado. Foi lá que um pequeno grupo de jovens teve o privilégio de assistir Méliés, Griffith, o famoso close de Lilian Gish em *Broken Blossoms*, os expressionistas alemães, entre eles o Drácula de Friedrich W. Murnau, dos tempos do cinema mudo, jamais superado em novas versões. Quase sempre as exibições eram precedidas de uma discussão sobre a obra que se ia ver. Duas tendências se digladiavam em intensa atividade verbal. Embutida na disputa, estava a renitente discussão sobre conteúdo e forma na obra de arte, que se desdobrava em posições de engajamento e purismo. Os ícones das duas tendências eram o italiano Paulo Giolli e Rubem Biáfora, acompanhados dos respectivos séquitos, reciprocamente infensos a qualquer compromisso com a tendência oposta.

Giolli, que, entre outras atividades, promoveu festivais de cinema em São Paulo, era um defensor irrestrito do neorrealismo italiano, posterior à Segunda Guerra Mundial. Figuras do porte de um Vittorio De Sica e Roberto Rossellini rompiam com os cânones de Hollywood em filmes como *Paisá, Roma, cidade aberta, Ladrões de bicicletas*, e introduziam os espectadores num mundo nada glamoroso, embora pintado às vezes com cores edificantes.

Biáfora, bem mais conhecido, era um personagem baixinho, magro, de voz rouca, características físicas contrastantes com a veemência com que defendia suas ideias estéticas. Leitor de revistas estrangeiras especializadas em cinema, a que muito pouca gente tinha acesso, odiava a francesa *Cahier du Cinéma* com a mesma pertinácia com que exaltava a inglesa *Sight and Sound*.

Apesar de me sentir politicamente mais afinado com Giolli, pouco aprendi com ele. Seu encantamento com o neorrealismo italiano, execrado por Biáfora, correspondia ao que eu também sentia, mas pouco acrescentava à compreensão de uma obra cinematográfica. Já Biáfora abria um caminho novo na percepção dos filmes, com sua insistência em avaliar o ritmo da montagem, em ressaltar a importância do diretor na interpretação dos atores, na qualidade da fotografia, assinada por nomes que não ficavam, como hoje, no anonimato. É certo que Biáfora não era um nome isolado da crítica cinematográfica; nos anos 1940 e 50 brilharam também personalidades como Paulo Emílio Sales Gomes, Moniz Vianna e Alex Viany.

Quantas vezes minhas idas aos pequenos cinemas de bairro não foram determinadas pelas opiniões de Biáfora? Quantas vezes não me maravilhei com os filmes de Robert Wise, Mark Robson ou com os musicais da Metro produzidos por Arthur Fried e dirigidos por Vincent Minnelli? Quantas vezes também não saí decepcionado dessas incursões, depois de um longo e inútil esforço para descobrir as qualidade ocultas de certos filmes que só Biáfora e sua corte conseguiam enxergar? Penso nos *westerns* dirigidos por Ray Nazarro, que ficaria muito surpreso se lhe contassem que um grupo exótico de brasileiros o colocavam no panteão dos grandes do cinema. Embora já não se façam filmes como antigamente, não se pode dizer que não se façam bons filmes. Mas o clima cinematográfico paulistano dos anos 1950, este se foi para sempre, o clima das grandes descobertas, dos debates apaixonados, dos cineminhas de bairro, da sala da Cinemateca, um templo de cultura onde ninguém imaginaria penetrar com latas de Coca-Cola ou sacos gigantescos e barulhentos de pipoca balançando precariamente nas mãos.

Não quero encerrar este capítulo sem falar de um personagem que, embora um pouco à margem do grupo de cinemeiros e do de torcedores de um time grande de futebol, ainda assim, de algum modo, era conectado a eles. O Batista. Ele foi meu contemporâneo na Faculdade de Direito, mas não consigo me lembrar de nada concreto sobre ele na faculdade. Alto para os padrões daquele tempo, cara marcada e espinhuda, aparentando vários anos mais do que a média dos alunos, modestamente vestido, morava no "mundo além-porteiras", pelos lados do Brás. Quem o julgasse solitário e misógino se enganaria, pois, segundo certa vez me confidenciou, estava amasiado com uma mulher que tinha uma filha e era mais velha do que ele.

De quando em quando, Batista juntava-se ao nosso grupo ou surgia de repente no cinema. Assistia aos melhores filmes, lia revistas especializadas e delimitava rigorosamente seu território estético: "Não vejo filme de guerra, de tourada ou que tenha bebê chorando". Imagino que a última ressalva se relacionava com um bebê chorando em casa. Um só já lhe bastava.

Quanto ao futebol, não imaginem que o Batista lhe era indiferente. Mas também não era torcedor de um clube importante. Torcia para o Comercial, um timeco cuja sede minúscula ficava no centro da cidade. A fidelidade ao Comercial, integrante da Divisão Principal do Campeonato Paulista, por artes de seu patrono, um certo capitão Oberdan, e por não vigorar a lei do acesso e descenso, levava o Batista a segui-lo pelos gramados de Santos e do interior paulista.

Num dia de verão, ao encontrá-lo, reparei no "queimado comercial" (sem trocadilho) dos braços.* O "queimado comercial" resultara de uma caminhada, debaixo de sol, que o Batista fizera da estação da estrada de ferro "São Paulo Railway" (SPR) em Santos, vindo de São Paulo, até o estádio Ulrico Mursa, para assistir ao jogo Comercial e Portuguesa Santista, a simpática "briosa". Mas o amor do Batista pelo Comercial findou de forma inesperada. O capitão Oberdan, ou sabe-se lá quem e por qual razão, decidiu trocar o nome do Comercial para São Bento — não confundir com o atual São Bento de Sorocaba — um crime de lesa-nomenclatura que o Batista não poderia jamais aceitar: "não torço para time com nome de santo", sentenciou inapelavelmente. Nunca mais o ouvi falar de futebol.

---

* "Queimado comercial" é uma expressão imaginativa que caiu em desuso. Refere-se à pele bronzeada ou vermelha de uma pessoa, entre a metade do braço e as mãos, provocada pelo sol que ela pega ao trabalhar na rua com uma camisa de manga curta, ou por ir assim vestida a um estádio de futebol e a outros lugares abertos.

4. Advogado, meio a contragosto

O conformismo com que realizei o curso de Direito estendeu-se, da mesma forma, à escolha profissional. Eu não frequentara o curso para obter uma melhor posição hierárquica, como faziam alguns funcionários públicos, e raras vezes imaginara me aventurar por outros caminhos. O jornalismo chegou a me atrair, mas a possibilidade de começar trabalhando como revisor num grande jornal, no período noturno, foi uma oferta que recusei. Quanto à promotoria pública e à magistratura, não me tentavam por um misto de comodismo e "excesso de ética". De um lado, eu não desejava abandonar o conforto da casa paterna, indo viver como promotor público em início de carreira em alguma cidadezinha do interior paulista, longe do burburinho e das atrações paulistanas. De outro, me perguntava como poderia acusar ou julgar muitos casos obedecendo a códigos em que eu não acreditava, pois debitava muitos e muitos comportamentos na conta da desigualdade social. Eu pensava que na advocacia privada ficaria mais livre para só aceitar causas justas. Ledo engano. Logo viria a perceber que, se fizesse essa escolha, passaria anos e anos sem conseguir um só cliente. Comecei a advogar pelas bordas, ainda nos anos de faculdade, como solicitador acadêmico. Nessa categoria, trabalhei por uns tempos em escritórios de advocacia, ganhando pouco, mas nunca na condição de "escravo". O "escravo" submetia-se a trabalhar sem ganhar nada, pelo menos financeiramente; ganhava experiência, como se costumava dizer. Minha atividade em escritórios de advocacia durou apenas alguns meses, pois, ainda solicitador, recebi uma oferta tentadora. Meu amigo Bigi, que acabara de concluir o curso, me convidou para montar um escritório juntamente com seu colega de turma, o Murillo. Curioso, porém eu não me lembrava dele nos corredores da faculdade e nem mesmo no pátio, onde os jovens, mas não as jovens, passavam a maior parte do tempo lendo jornais, conversando ou olhando as pernas das colegas que seguiam para as salas de aula.

De fato, Murillo era uma figura fugidia, de um estilo e de uma aparência diferentes dos da grande maioria dos alunos, pois não participava das brincadeiras correntes na faculdade, da política acadêmica e muito menos da grande política. Alto, magro, tinha a cor da pele parecida com a de um mulato claro. Tanto assim que o Bigi — não sei se outros colegas também — o chamava de "Preto". Não pensem, porém, que o Murillo era uma vítima calada do preconceito racial. Bem ao seu estilo, respondia à referência do Bigi com os mais pesados xingamentos que se possa imaginar, alguns dirigidos especialmente à italianada, e exibia como prova arrasadora de sua brancura a carteira de identidade expedida pelo Instituto Oscar Freire. É bem verdade que o Bigi não se inibia diante da prova e retorquia: "Cor: branca? Quanto você pagou por isso?". Brincadeiras à parte, o Bigi avalizou o nome do Murillo na formação de nosso trio de jovens causídicos, garantindo que ele, além de ser boa gente, seria um sócio valioso.

A parceria de trabalho com o Murillo não se devia a dotes de conhecimento jurídico ou de boas maneiras, mas a suas ligações pessoais. Ele tinha uma história e características que preenchiam plenamente o quesito das relações extensas. Ao longo da vida vivera na Mooca e na ocasião frequentava o bairro do Ipiranga, onde o sogro era proprietário de uma serraria. Nesses dois bairros, predominantemente de classe média baixa naqueles tempos, Murillo criou um mundo de relações, em especial nos bares frequentados por toda espécie de gente, onde se bebia e se fumava maconha, embora essa não fosse sua inclinação, pois ele era um fumante inveterado de cigarros. Bom de conversa e bom de sinuca, ganhara mais respeito entre a turma dos bairros, pois — coisa rara naquele meio — ele obtivera, numa faculdade prestigiosa, o diploma de advogado.

Foram os laços sociais de Murillo que permitiram um início promissor de nosso escritório de advocacia, logo reduzido a um duo. O eixo que equilibrava nossas atividades era o Bigi, mas ele, depois de poucos meses, saiu do escritório porque resolvera se casar e obteve um emprego como advogado de um grande banco. Tinha boas razões para essa opção, pois o escritório não garantia rendimentos estáveis, embora estivesse começando bem. Assim, acabei ficando com um sócio que mal conhecia e cujos traços de personalidade, inclinações e gostos eram o oposto dos meus. Para culminar, herdando a tradição de seu pai, Murillo era são-paulino. Apesar disso, a dupla manteve o escritório de advocacia por dez anos. Entre outras razões, porque adotamos uma implícita divisão de tarefas baseada nas capacidades e nos defeitos de cada um. Murillo trazia clientes, o que eu raramente conseguia, e ia às delegacias de polícia, onde transitava com facilidade. Eu redigia todos os trabalhos jurídicos e comparecia à grande maioria das audiências, tarefas em que ele tropeçava.

Tivemos dois escritórios, o primeiro deles bem simples, na

rua Wenceslau Braz, próximo à praça da Sé, onde se dera um crime famoso: o crime do restaurante chinês, sobre o qual eu iria escrever mais de cinquenta anos depois.* A escolha do local, é claro, nada tinha a ver com as atrações e os horrores do crime. Ali nos instalamos, considerando o preço do aluguel e as proximidades do fórum, num prédio modesto, de tijolinhos, que até hoje lá se encontra. Prédio sem porteiro, sem identificações, sem câmeras, de uma época em que não se invadiam escritórios para cometer assaltos. Pelos andares circulavam vendedores de revistas, de espanadores, de doces, de graxa para sapatos, sem falar de uma ou outra mulher que se esgueirava pelos escritórios em busca de acertar um programa pago.

Da rua Wenceslau Braz saltamos vários degraus, para instalações mais amplas, num local prestigioso, a rua Álvares Penteado, sede de grandes bancos. Ficávamos a um quarteirão do largo do Café, cuja paisagem humana ia se transformando à medida que minguavam os grupos de comerciantes e de corretores que frequentavam o largo por anos e anos. Meu pai fechou seu escritório da rua São Bento e alugou uma sala no prédio da rua Álvares Penteado. Quis me atrair para o que passara a fazer, após ter vendido sua máquina de beneficiar café na remota Parapuã, no interior de São Paulo. Sem ter uma aposentadoria que lhe oferecesse um rendimento básico, passou a aplicar o dinheiro em empréstimos que lhe rendiam juros nominais, fixando metas de cujo valor não me recordo. Dizia mais ou menos assim: "Vou deixar para vocês tantos milhares ou milhões de cruzeiros".

Por essa época, fins dos anos 1950, seria impróprio falar em um mercado financeiro constituído. Os grandes bancos se ocupavam essencialmente de operações tradicionais de financiamento

---

* Referência ao livro *O crime do restaurante chinês*. São Paulo, Companhia das Letras, 2009.

e de empréstimos, e a chamada "indústria de fundos" não existia. Algumas sociedades de corretores operavam na Bolsa de Valores e intermediavam a colocação de títulos do Estado. A mais tradicional era o Escritório Pires Germano, que me impressionava pelas maneiras contidas de seus dirigentes e pelo uniforme dos funcionários. Não sei se é verdade ou fantasia, mas quando Sônia Braga tornou-se conhecida como atriz do cinema brasileiro e internacional, correu na praça a história de que ela começara a trabalhar como copeira nesse escritório.

Novos personagens chegavam também às atividades financeiras, galgando desde baixo até alcançar posições elevadas. Caso, por exemplo, de Pedro Esboriol, um "espanhol" emotivo, sempre descabelado, que dava ordens secas e incontestáveis, dividindo com os clientes doses e doses de um bom uísque.

Recordo ainda dois personagens contrastantes desses escritórios. Um deles era um ex-oficial da Aeronáutica louro e robusto, sempre sorridente, entusiasta do regime militar. Vivíamos os tempos do "milagre econômico" durante o governo do general Médici — uma fase de euforia e de nacionalismo autoritário que o oficial reformado traduzia para o plano pessoal: "Eu só lamento que, com a minha idade, eu não vou chegar à virada do século, quando o Brasil vai ser a segunda potência do mundo, e superar o Japão". Afirmação ousada, se lembrarmos que naquela época o Japão, para muitos, pintava como futura potência hegemônica.

O outro personagem era o Alfredo, magro, de voz rouca e quase ininteligível, pelo efeito dos cigarros que consumia um após o outro. Apesar das nuvens de fumaça que velavam o rosto do Alfredo, eu tinha afinidades com ele e compreendia sua insatisfação por ter ideias de esquerda e ter de trabalhar num escritório dedicado a aplicações financeiras. Ele era mineiro, fora ligado a um grupo da esquerda católica em Belo Horizonte e resolvera mudar de ares após o golpe militar de 1964, vindo para São Paulo. Tornou-se amigo do Zé Comprido, meu tipo inesquecível, de quem falei em *Negócios e ócios*.

Quando o Zé Comprido, também chamado de Zé Alto, adoeceu gravemente, o Alfredo ia visitá-lo com frequência no hospital em que estava internado, mas quando ocorreu a morte não foi ao velório nem ao enterro. Estranhei aquela atitude e perguntei ao Alfredo por que sumira do mapa. Ele me respondeu com uma boa justificativa: "Eu gostava do Zé vivo e, mesmo doente, nunca deixei de estar com ele. O Zé morto não quero ver, nem ele precisa mais de mim".

Além dos corretores estabelecidos, na outra ponta havia os "informais". Eles pegavam as sobras do mercado, oferecendo papéis de alto risco, de empresas médias ou endividadas. Todos os informais tinham uma característica comum. Não estavam instalados em escritórios, mas iam de um local a outro, na tentativa de fazer negócios, ou os ofereciam no largo do Café, junto à rua Álvares Penteado. Mesmo entre os informais havia graus hierárquicos. No topo, despontava um holandês muito alto, vermelhão, irrepreensivelmente vestido, cujas maneiras revelavam uma pessoa de educação refinada. No plano inferior, encontrava-se um solitário negro, que a turma do largo do Café chamava de "Negão". Meu pai, por alguma razão, quem sabe intuitivamente para fugir ao preconceito racial, chamava-o de Negrone, convertendo-o num descendente de italiano. Havia também uma dupla inseparável, o Alto e o Baixo, o Alto muito magro, com grandes óculos de míope que pareciam pesar em seu rosto tenso. O Baixo era corpulento, mais atirado e falante. Como surgira aquela sociedade ambulante, que alguns preferiam chamar de O Gordo e o Magro, ninguém saberia dizer.

Quando a Superintendência da Moeda e de Crédito (Sumoc) — autoridade monetária que antecedeu a criação do Banco Central — decidiu garantir depósitos bancários de até 100 mil cruzeiros, abriu-se uma oportunidade para a faixa inferior dos corretores informais. Muitos pequenos bancos passaram a atrair depositantes por meio desses corretores, pagando por fora juros muito elevados. As pessoas faziam depósitos — as chamadas sumoquinhas — em seu nome, em nome de parentes, de amigos, sempre no limite da garantia oferecida pelo governo federal. O esquema acabou ruindo, pois esses pequenos bancos fizeram operações de crédito absurdas, impossíveis de ser resgatadas.

No escritório de advocacia, recebi quase uma centena de procurações de credores que queriam habilitar seu crédito na falência dos "banquinhos". Eu me animei com a possibilidade de multiplicar relações e de receber alguma coisa como honorários pelo que fosse possível salvar dos créditos. Com um olhar cético, Murillo contemplava meu esforço para datilografar as procurações e petições — nunca pudemos nos dar ao luxo de ter uma secretária —, certo de que aquilo ia dar em nada. E deu em nada mesmo: não ganhamos um só cliente para causas mais promissoras e a massa falida, se é que algum dia existiu, evaporou-se.

Meus desencontros com o Murillo acabavam sempre em algum tipo de acordo, implícito ou explícito. Certo dia, ele apareceu no escritório acompanhado de um senhor de meia-idade, de fala mansa, que ganhava a vida como "paqueiro", personagem não diplomado que, graças a suas extensas relações, trazia serviço para escritórios de advocacia, recebendo uma remuneração proporcional ao valor da causa. Geralmente, os casos não eram grandes, mas valiam pela quantidade.

Pois bem, o paqueiro, cujo nome prefiro omitir, dizia conhecer muita gente e prometia mundos e fundos. Murillo se entusiasmara com o impulso que o homem poderia dar ao escritório, mas eu fiquei com um pé atrás e comecei a lhe fazer perguntas. Farejando minha origem judaica, ele arrolou amizades no Bom

Retiro e acabou dando algumas referências, entre elas a de um judeu sefardi que eu conhecia vagamente.

Segurei o ímpeto do personagem, que já trazia numa ensebada pasta preta uma série de procurações em branco, sem o nome dos clientes, para que assinássemos. À noite, localizei o telefone do "compatriota" sefardi, liguei para ele e disse que era da família Salem, antes de lhe pedir informações sobre a pessoa que queria trabalhar conosco. O homem se esquivou, disse que não o conhecia direito e, como se fosse arrematar a conversa, me perguntou: "Para que você quer essas referências?". Expliquei-lhe as razões e aí ouvi sua útil resposta, curta e grossa: "Esse homem não presta!". No impulso de lançar uma lista de nomes, o paqueiro escorregara feio. Em poucas palavras, vetei o homem. Murillo, mesmo decepcionado, aceitou minha decisão e informou ao paqueiro que, por ele tudo bem, mas o Boris preferia não aceitar a proposta. Segundo Murillo, o homem não estranhou e disse não gostar de gente que não olhava de frente, nos olhos do outro, tomando minha timidez por um traço maléfico.

Quando me lembro dos tempos da advocacia privada, sinto um misto de melancolia e de boas recordações. Se tivesse permanecido naquela atividade, talvez entrasse numa séria depressão, mas como saí sou capaz de ver alguns de seus lados positivos. Um deles foi o contato com a diversidade humana que um escritório de advocacia proporciona. Sem secretárias interpostas, apenas com um rapazinho que fazia serviços externos, o contato com os clientes era quase imediato.

Atravessando o corredor de entrada carpetado, surgia o Josek Plonka, um típico judeu asquenaze de origem polonesa, morador do Bom Retiro, baixo, olhinhos azuis muito vivos, sotaque característico, as costas encurvadas pelos danos que as mercadorias carregadas no dorso haviam feito à sua coluna em outros tempos. À custa literalmente de seus ossos e do suor de seu trabalho, Plonka progredira na vida. Com o dinheiro acumulado e uma vida familiar sem luxos, comprara alguns apartamentos no então bairro judeu, que lhe garantiam a sobrevivência com certa folga. Mas não ficara parado, especializando-se na venda de joias e bijuterias a clientes selecionados. Entre eles, encontravam-se os familiares do Murillo. A grande atração de suas ofertas, além da certeza de que não vendia gato por lebre, era o "Plonkiário", um sistema de crédito pessoal baseado na estrita confiança. Parafraseando um anúncio da época, ele sublinhava, irônico, enquanto atraía o cliente com a variedade das mercadorias — broches, colares, anéis que ia enfileirando metodicamente sobre a mesa das salas onde era recebido —: "O Plonkiário não pede fiador".

Além de ser nosso cliente, Plonka nos encaminhou algumas famílias judias, cujas filhas, vez por outra, surgiam no escritório pela mão das mães, em busca de um bom casamento. A última vez que vi o Plonka, para um acerto de contas, foi já em minha casa do Butantã. Com um olhar perplexo mas contido, comentou o estilo da casa brutalista da rua Gaspar Moreira, projeto do arquiteto Sérgio Ferro: "Está bem, já dá para morar. Naturalmente, vocês com o tempo vão fazer os acabamentos".

Já o Sutto era um italianão da Mooca muito gordo e de fala enrolada, tão rústico quanto afetivo. Ele, tal como Plonka, que sempre me perguntava "Como vai papai?", conhecia meu pai e o respeitava por seu tom imperioso, de falso durão. Certo dia, Sutto chegou bem cedo ao escritório e só encontrara o sr. Simon, que, escandalizado pelo meu atraso, na versão do Sutto, ligara para nossa casa e gritara, sem contemplação: "Boris, Enzo, catzo, onde vocês se meteram?". O Enzo era produto da imaginação do Sutto, talvez buscando uma afinidade étnica com a minha família.

Fomos também advogados "de partido", ou seja, pagos mensalmente por uma ou outra empresa. Lembro-me sobretudo de uma grande loja de tecidos nas proximidades da rua 25 de Março, cujo proprietário, de origem síria ou libanesa, era concunhado do Murillo. Em geral, nos cabia realizar uma atividade para a qual eu era mal dotado: cobrar clientes da loja, pequenos comerciantes que tinham prestações em atraso. Certa vez, por causa da minha cobrança clamorosamente suave e desajeitada, ouvi nosso cliente soprar no ouvido de um devedor, de sua origem: "Não se engane com o jeito macio do advogado; ele é *yahudi*, e *yahudi*, você sabe...".

Havia uma amostra da variedade étnica de São Paulo naquela gente que chegava ao escritório. O seu Walter, por exemplo, representava uma etnia pouco numerosa, a dos lituanos, chamados de bichos d'água não se sabe bem por quê. Há quem afirme que a designação vem da "água que passarinho não bebe", por serem os lituanos grandes bebedores de vodca. Seu Walter merece que eu mantenha o "seu" em respeito a seu porte físico: branco de pele vermelha, pescoço grosso que lembrava um *redneck* americano, sua aparência não demonstrava que ele tinha entrado na casa dos sessenta anos. Mas seria equivocado deduzir desse físico sólido que nosso cliente fosse um homem isento de inseguranças, pelo menos em matéria sexual. Conversando comigo — eu sempre gostava de fazer, com jeito, uma incursão na origem da família dos clientes —, perguntei ao seu Walter, vendo o anel maciço em seu dedo anular esquerdo, se sua mulher também vinha das terras bálticas. Ele me respondeu que não, que sua mulher era brasileira, "mais para morena", e ele a encontrara em Santo Antônio da Platina, no nordeste do Paraná. E em seguida me explicou por que foi parar em Santo Antônio da Platina, onde aliás morou um célebre saxofonista americano, Booker Pitman. "Sabe, doutor, eu sempre tive medo de casar com mulher furada, então fui buscar, num interior bem longe, uma mulher com selo."

Não me lembro como seu Walter apareceu no escritório, pois seu bairro — a Vila Zelina — ficava fora da área de circulação do Murillo, mas o certo é que ele se tornou cliente em pequenas dívidas a cobrar e em ações de despejo. Até que um dia apareceu no escritório com uma intimação para comparecer a uma delegacia do bairro, por queixa de uma vizinha.

Como eu disse, normalmente cabia ao Murillo acompanhar nas delegacias nossos poucos casos criminais. Mas nesse dia lá fui eu à Vila Zelina. Quando chegamos, na sala de espera de paredes sujas já estava sentada a queixosa, lituana como seu Walter, a quem ele não cumprimentou, no que fez bem, porque se cumprimentasse, na melhor das hipóteses, não receberia resposta. Fomos introduzidos na sala de um subdelegado, de camisa amarrotada, gravata em fuga do colarinho e um ar de indiferença. Não era para menos, pois ele estava diante de uma reles briga de vizinhos. Enquanto a queixosa fazia uma série de acusações de má conduta do nosso cliente, ele debochava da mulher, que, cada vez mais furiosa, repetia, reforçando os "erres": "Rirr, cabeça gránde! Fica sabendo, desgrraçado, eu não serr puta, eu serr santa!". O subdelegado mandou-os assinar uma promessa de bom comportamento e lhes disse que tratassem de cumpri-la, pois as autoridades tinham coisas mais importantes para fazer. Não sei informar se eles respeitaram o armistício ou se continuaram brigando.

Ao longo dos anos, um desfile de personagens. Proprietários desejosos de despejar inquilinos que pagavam um irrisório aluguel congelado e esperavam que eu e o Murillo inventássemos uma justificativa razoável para pedir a retomada do imóvel para uso próprio; um sensível senhor de origem italiana, a quem eu representava em questões rotineiras e um dia, às lágrimas, veio me pedir um conselho, pois descobrira que a filha "casara com um veado"; um casal de nordestinos implorando para que tirássemos seu filho da cadeia, pois ele era um menino inocente; e se inocente não era, a nossos olhos cometera uma infração risível — o golpe do troco, aplicado sobretudo nas feiras livres.*

Afora o mundo do escritório, havia o mundo forense. Minhas primeiras incursões nesse universo, no fórum da praça João Mendes, antes de me reunir ao Bigi e ao Murillo, foram uma aventura cheia de imprevistos. Como solicitador acadêmico fui trabalhar em um escritório da rua Sete de Abril, localização rara naqueles tempos, pois quase todos os advogados, mesmo os mais prestigiosos, estavam instalados no Centro Velho, nas proximidades do fórum. Ficar algo distante desse local tinha inconvenientes. Era preciso atravessar o Viaduto do Chá, passar pelas ruas atravancadas do Triângulo, até desembocar na praça João Mendes, fizesse sol, fizesse chuva, ou ambos no mesmo dia. Muitas vezes, depois do périplo forense, assim que eu voltava ao escritório recebia a incumbência de refazer o caminho percorrido, pois um dos advogados tinha se esquecido de entrar com uma petição, e estávamos no último dia do prazo. Mas esses eram pequenos inconvenientes que um menino de classe média como eu exagerava. Aliás, logo aprendi que nos processos judiciais promotores, juízes, escrivães, peritos, oficiais de justiça etc., a rigor, não têm prazo para cumprir; só para o advogado vale a regra de que "os prazos são fatais", sob a estrita vigilância do advogado da parte contrária e do cartório.

Ninguém me acompanhou na primeira vez que fui aos cartórios me informar do andamento de processos. Me deixaram numa das entradas do prédio do fórum da praça João Mendes, que me parecia intimidativo, com uma lista de cartórios e dos respectivos processos de cujo andamento eu deveria me informar. A cena vivida nos cartórios — propriedade privada, recebida como

---

* No golpe do troco, ao pagar alguma coisa, o espertalhão troca e destroca cédulas até perturbar a vítima, que se perde no giro das notas.

uma prebenda por seus titulares — era vexatória para os advogados mais humildes e para os mais novos. Solicitadores e bacharéis se acumulavam atrás de um balcão e gritavam para os atendentes o nome do autor do processo que desejavam consultar ou saber onde se encontrava. O princípio da ordem de chegada passava ao largo dos vociferantes pedidos e reforçava o poder fugaz dos atendentes, humildes servidores à espera de um "agrado". Quando eles notavam a presença de um advogado jovem, enviado por um escritório de prestígio, furavam a fila de vozes sem a menor cerimônia. Os advogados famosos raramente iam a um cartório e, quando isso acontecia, eram recebidos com deferência pelo escrivão, sentado solenemente em sua austera escrivaninha, de onde deitava vagos olhares para a confusa atividade reinante à sua volta. A luta de trincheiras que ocorria do lado de fora e do lado de dentro dos balcões não era com ele.

O atendimento era muito complicado nos primeiros tempos da minha vida forense, porque eu não dominava o código cartorial e muitas vezes recebia sibilinas respostas incompreensíveis. Na minha primeira visita ao fórum, depois de várias tentativas gritando "Ordinária, Otilio Pera" ("ordinária", evidentemente, não era uma pessoa, mas a natureza da ação), recebi uma críptica resposta, de uma só palavra: "conclusos". Nem por sonho imaginei pedir uma explicação que me faria cair no ridículo. Anotei a palavra e, ao voltar ao escritório, informei a um dos advogados que o caso de Otilio Pera estava com uma certa pessoa cujo nome me parecia ser "Clusos" ou algo assim. Recebi então a explicação que o leitor afeito às lides forenses por certo dispensa: a expressão "Os autos estão conclusos" significava estarem eles em mãos do juiz da causa.

Como solicitador ou jovem advogado, tive alguns confrontos com escrivães imperiais. Um deles, alto, de cabelos grisalhos, homem de poucas palavras, quando me ouviu solicitar que fosse providenciada uma carga (registro) a fim de retirar um processo para elaborar no escritório uma contestação como advogado do réu, me disse que a providência era impossível, pois eu estava no último dia do prazo. Por haver outro réu, argumentei que nesse caso o prazo de dez dias era contado em dobro, citando o Código de Processo Civil. O escrivão me respondeu que para tanto eu deveria requerer ao juiz a concessão do prazo em dobro, pois ela não era automática. Não sei se eu tinha ou não razão, mas no momento estava seguro do meu ponto de vista e insisti em retirar os autos. O homem perdeu a linha e me atacou com supremo desdém: "Seu fedelho, mal saiu dos cueiros e já está querendo ensinar regras do Processo Civil a quem lida com o assunto há mais de trinta anos". Tive de me defender sozinho, nenhum colega veio em meu socorro — quem ousaria enfrentar o escrivão? —, e respondi aos gritos, descontrolado. Saí do fórum com as mãos e os pés gelados, o coração batendo forte, a raiva me invadindo.

Um aspecto significativo desses tempos de lide forense eram as relações entre juiz e advogado. Estávamos numa época em que predominavam os contatos pessoais. Fax, computadores, e-mails não passavam de coisas com as quais algum autor de *science fiction* exercitava a imaginação. Havia muito de artesanal nas atividades forenses. Lembro, por exemplo, da figura do fiel, injustamente situado num dos níveis mais baixos da hierarquia cartorária. Injustamente, porque a meu ver ele fazia um trabalho refinado de costurar os processos, passando um barbante grosso pelas folhas e pela capa perfuradas nas bordas com o uso de uma agulha comprida.

Os advogados despachavam suas petições na sala dos juízes das diferentes Varas, entrando no recinto com um ar entre respeitoso e constrangido, especialmente quando o juiz estava no curso de uma audiência, ouvindo partes e testemunhas. Ficava por ali, tratando de se fazer notar, com maior ou menor sutileza.

Da relação juiz-advogado brotaram muitas histórias, que circulam nos meios jurídicos. Aqui vai uma, da minha predileção. Um advogado se aproxima da mesa do juiz com uma petição nas mãos e, antes de despachar, este lhe pergunta: "O senhor está no tríduo?".

"Sim, Excelência, mas aceito um cafezinho."

Com exceção dos profissionais do direito, ninguém tem obrigação de saber o que é tríduo — o prazo de três dias para peticionar em determinadas situações. Alheio a isso, tudo que o nutrido bacharel queria era, cortesmente, completar sua refeição.

Essa história era contada por muitos bacharéis e revelava a diferença existente entre advogados que conheciam sua área de atividade e o grande número de incultos que naquele tempo podiam exercer a profissão tendo nas mãos apenas o diploma de uma faculdade qualquer, sem estarem sujeitos ao exame da Ordem.

Até que ponto minha atividade como advogado se chocava com minhas convicções e com a militância radical de esquerda que eu assumira nos bancos da faculdade? As contradições apareciam, em maior ou menor grau, conforme a causa que eu defendia. Em primeiro lugar, surgiam questões éticas difíceis de contornar. Certa vez, assumi a defesa de um motorista num caso de atropelamento que resultou em ferimentos graves em um pedestre. O réu alegava não ter tido culpa no acidente, pois a vítima atravessara a rua de forma inesperada e, mesmo estando ele em baixa velocidade, não pôde evitar o atropelamento. Até aí tudo muito corriqueiro. Mas poucos dias antes do início do processo, o cliente trouxe ao escritório uma testemunha cujo nome ele disse ter colhido no local. Tudo indicava, porém, tratar-se de uma testemunha arranjada, pois a polícia não anotara seu nome e os dois homens se tratavam com familiaridade.

Que fazer? Dizer que aquilo era uma farsa e rejeitar a testemunha? Fechar os olhos e seguir adiante? Optei pela segunda opção, e não me senti nada bem. Na audiência, o juiz do processo tratou de esmiuçar o depoimento comprobatório da versão do nosso cliente. "A quantos metros o senhor estava do local do atropelamento?" "Mais ou menos a uns cem metros, doutor." Ou porque considerasse a testemunha meio bronca, ou porque quisesse enredá-la, o juiz indagou: "Como o senhor, a cem metros do fato, poderia ter visto tudo de forma tão detalhada? O senhor tem ideia de que distância representam cem metros?". "É mais ou menos como daqui naquela parede, doutor." Da parede à mesa em que estávamos não havia mais do que uns dez metros. Seja como for, meu cliente acabou sendo absolvido. À saída, passando um lenço pelo pescoço suado, a testemunha sussurrou: "Fui apertado, mas entre passar por burro ou por mentiroso preferi virar burro mesmo".

Também me incomodava o comportamento dos proprietários ansiosos por encontrar saídas para majorar aluguéis congelados. Certa vez, um romeno quis desalojar um inquilino instalado numa pequena loja, alegando que necessitava dela para uso próprio. Quando lhe perguntei o que iria instalar no local, me respondeu: "No sei dóctor, diga para o juiz que eu vou montar uma bananerria".

Nada poderia superar, no terreno das contradições, representar um patrão na Justiça do Trabalho, houvesse ou não bons motivos jurídicos para defendê-lo: um patrão, qualquer que fosse ele, era um explorador da classe operária. Mas uma vez me vi numa situação constrangedora. Um de nossos clientes, empresário de porte médio, o Belloni, fabricante de móveis, foi processado por um grupo de empregados por razões de que não me recordo. Uma possibilidade de acordo surgiu, e ele seria homologado determinada noite no sindicato dos trabalhadores, naturalmente com a presença do advogado do empresário, ou seja, o Murillo. Por azar, ou por artes próprias, ele me informou, quase em cima da hora, que não poderia comparecer, e eu, me torcendo de raiva, lá fui junto com o Belloni à sede do sindicato, que ficava no edifício Santa Helena, na praça da Sé. Minha raiva foi ainda maior porque naquela noite eu pretendia assistir ao clássico soviético *A greve* (1925), dirigido por Eisenstein, na salinha do MAM. Mas, enfim, lá fui eu, ajudei a concluir o acordo e só me lembro bem da fumaça dos cigarros e da minha vontade de dizer àqueles sindicalistas, que eu mitificava, algo como "Fiquem sabendo que eu estou do lado da classe trabalhadora, só estou aqui por acaso", atitude que eles nem chegariam a entender, pois eu era apenas um advogado cumprindo a minha obrigação, como tantos e tantos outros. Na saída, o cliente lamentou ter sido obrigado a fazer um acordo e disse que esperava nunca mais ter de se humilhar e ir àquele local "francamente suspeito".

Em 1962, meus tempos da advocacia privada chegaram ao fim. O desenlace, afinal de contas oportuno, ocorreu graças ao incentivo e ao maior realismo provocados por meu casamento com Cynira. O maior realismo resume-se naquela mesma opção que o Bigi fizera dez anos antes. Não era possível formar uma família contando apenas com entradas financeiras irregulares. Daí nasceu minha opção por prestar concurso para um cargo da carreira de procurador do Estado. Prestei concurso em 1962 e ele me levou a estudar Direito a sério pela primeira vez. O primeiro concurso foi anulado, por alguma razão formal de que não me recordo. Talvez para me proporcionar a oportunidade de, no segundo, passar em primeiro lugar.

Estava para ser designado para alguma atividade da Procuradoria, quando recebi um telefonema de Fabio Prado, contemporâneo de faculdade, um pouco mais "antigo" do que eu. Fabio era chefe da Consultoria Jurídica da USP (CJ) e me convidava para

Antigo prédio da reitoria no campus da Universidade de São Paulo, onde funcionava a Consultoria Jurídica

lá exercer funções. A USP já era uma autarquia, e a concretização do convite dependia da autorização do procurador-chefe da Procuradoria do Estado, Helio Helene. Fabio me explicou que o ambiente de trabalho era ótimo, não havia um volume avassalador de serviço e o expediente ia das 12h00 às 18h36. Este último aspecto me horrorizou. Imaginei um cartão de ponto me segurando por todo esse tempo, contado em horas, minutos e até segundos, em contraste com a flexibilidade da advocacia privada. Agradeci a proposta, disse ao Fabio que iria pensar, mas tratei só de ganhar tempo para não lhe dar de supetão uma resposta negativa.

Não se passaram mais que dez minutos, e o telefone soou novamente. Era o Haroldo de Campos, que trabalhava na CJ e tratava de me explicar melhor o convite do Fabio, intuindo minha negativa: "Boris, não sei se você conhece bem o Fabio (*eu não conhecia*). Ele mantém certo formalismo, tem de falar minuciosamente no horário, mas você não deve tomá-lo ao pé da letra. Vem fazer uma experiência. Acho que você vai gostar". Fiz uma experiência que durou 25 anos! Fabio foi conversar com Helio Helene, que aceitou meu afastamento da Procuradoria, não sem ponderar, segundo me contou o Fabio: "Mas vocês querem me tirar logo o primeiro colocado!". Por sorte, o afastamento não tinha prazo marcado e, assim, a reitoria da USP ficava dispensada de solicitar, a cada ano, a renovação do afastamento, com as amolações e os riscos burocráticos de praxe.

O fato de eu ter aceitado exercer as atividades de procurador e ficar longe do Centro já implicava um desejo de me desligar da advocacia privada, embora eu ainda não trabalhasse em período integral. Quase ao mesmo tempo, um acontecimento apressou o fim do escritório da rua Álvares Penteado: a morte do sogro do Murillo. De uma hora para outra, ele me disse que iria cuidar dos bens deixados pelo sogro e mudar de ares. Eu poderia ficar com os ônus e os bônus do escritório. Ora, os ônus eram maiores do que os bônus, sobretudo porque, com a saída do Murillo, a sempre renovada fonte de clientes simplesmente secou.

Tudo isso veio junto com o apoio da Cynira, que me incentivou a buscar algo de que eu realmente gostasse, sem prescindir do emprego público. Devo a ela a opção pela história, e eu ter me tornado um "historiador de domingo". Mas isso fica para um pouco mais adiante.

5. O fascínio da União Soviética e a micromilitância

Para a minha geração, a União Soviética foi um polo dominante de controvérsias e de referência. Os que restavam da extrema-direita e dos liberais de diferentes matizes — as duas correntes não representavam nem de longe a mesma coisa — viam na Rússia o exemplo de um sistema totalitário, que ameaçava os países do Ocidente. Comunistas, socialistas e trotskistas estavam certos de que naquele país ocorrera a primeira revolução proletária do mundo, anunciando a era do socialismo. Os militantes e simpatizantes dos partidos comunistas acompanhavam as diretrizes de Moscou e dos partidos locais com a certeza dos crentes. Quando divergiam, tinham caminhos penosos diante de si. As escolhas eram calar-se, fazer a autocrítica de seus "erros" ou abandonar o partido, com profunda decepção. Só alguns decidiam-se por uma cisão partidária, sob a chuva de insultos que lhes era dirigida pelos comunistas fiéis à União Soviética.

Também os trotskistas tomavam a União Soviética como sua razão de ser, mesmo porque o movimento nascera e ganha-

ra sentido após a ruptura entre Trotsky e Stálin em meados da década de 1920. Para eles, a defesa da União Soviética, fruto do triunfo da vanguarda do proletariado, encarnada no Partido Bolchevique, não comportava vacilações. Ao mesmo tempo, faziam a crítica implacável da burocracia soviética, encarnada em Stálin, que transformara a União Soviética num Estado operário deformado, cujas relações de produção socialistas, entretanto, teriam se mantido. O caminho traçado era o da revolução política, para restaurar o poder dos trabalhadores na União Soviética, como um dos eixos da revolução mundial. Mas a revolução deveria ser "permanente", isto é, não teria condições de consolidar seu triunfo se ficasse reduzida às fronteiras da antiga Rússia. Segundo os trotskistas, o "socialismo num só país", sustentado por Stálin, após a derrota de revoluções entre outros países da Europa, era uma aberração de consequências desastrosas.

Indo do geral para o muito particular, meu irmão Ruy e eu, em nossas longas discussões sobre política internacional, provenientes do ambiente doméstico, onde pairava a sombra da Segunda Guerra Mundial, vínhamos nos situando cada vez mais em posições de esquerda. Mas desconfiávamos que a União Soviética não era o paraíso pintado pelos partidos comunistas, embora nutríssemos grande admiração pelo sacrifício dos russos no conflito mundial. Entre outros fatores, o culto ao genial guia dos povos — o camarada Stálin — nos parecia aberrante e incompatível com os princípios de uma corrente de pensamento que explicava a história a partir de sua base infraestrutural e considerava os atores como personagens da superestrutura política. Pouco a pouco começamos a ser seduzidos por outra explicação do que estava ocorrendo na União Soviética, a partir de obras de Trotsky descobertas meio por acaso ao folhearmos livros nas bibliotecas ou nos poeirentos sebos do centro de São Paulo.

Essa admiração pela figura de Trotsky não tinha apenas um fundamento intelectual. Creio que minha história de vida me impeliu para a "margem da margem", para começar, pela condição de judeu, apesar da não religiosidade e dos esforços bem-sucedidos de integração. Mas o fator decisivo do sentimento de marginalidade foi a morte prematura de minha mãe e a forma como esse desastre foi tratado no âmbito familiar. Penso que esse fato — com o perdão da retórica — me tornou sensível às tristezas da condição humana e às injustiças sociais. Além disso, potencializou uma tendência à marginalidade, como se eu fosse alguém marcado para não ser igual aos outros meninos, e depois aos outros jovens, o que resultou ao mesmo tempo em timidez, em uma socialização difícil, na rebeldia contra um mundo dividido em vencedores e vencidos. Não creio, pois, ter resultado de uma simples inclinação intelectual minha admiração por Trotsky, o profeta desarmado, que se converteu em mártir da pureza revo-

O profeta desarmado:
Trotsky no México,
agosto de 1937

lucionária ao ser brutalmente assassinado no México, em 1940, por um agente de Stálin.

Além de amaldiçoados em maior ou menor grau, os trotskistas sempre foram objeto de ironia nos círculos de esquerda. De um lado, a turma do "pessegueiro" — o PC ainda não era conhecido como partidão — dizia que os trotskistas eram quase invisíveis e quando muito cabiam numa Kombi. De outro, que eram uns suicidas, pois lutavam por uma revolução que, se vitoriosa, iria fuzilar todos eles. A ironia era verdadeira, mas faltava uma explicação: os trotskistas iriam ser fuzilados porque os stalinistas do Brasil e de qualquer outro ponto do globo terrestre acreditavam no delírio transformado em dogma por Stálin e sua corte sinistra, segundo o qual os trotskistas eram agentes do imperialismo, fosse ele americano, inglês ou até japonês.

Pois bem, na saída de uma das aulas de Processo Civil, em

1952, um colega, em que nunca tinha reparado, sussurrou ao meu ouvido: "Você é trotskista?". Por alguns segundos, me passou pela cabeça que se tratava de um policial, mas o tipo físico do rapaz me fez duvidar dessa hipótese. Baixinho, de cabelos já ralos, olhos claros muito vivos, vestia-se com um terno gasto e escorrido. Eu não poderia imaginar que houvesse trotskistas na faculdade e nunca tivera de me definir daquela forma. "Não sou trotskista, mas admiro Trotsky", acabei respondendo. "Pois eu também admiro Trotsky e gostaria de te apresentar a uns amigos que conhecem gente organizada num partido, gente que põe a mão na massa pela revolução socialista."

A pergunta do colega, que se chamava Sebastião Simões de Lima, tinha uma origem clara. Durante as modorrentas aulas da faculdade, eu me sentava nas últimas carteiras e me dedicava à leitura. Os livros de autores revolucionários predominavam e, naquele dia, quem me acompanhava era a *Revolução traída*, de Trotsky. Depois de alguns rodeios, Sebastião acabou me dizendo ser membro de um partido de nomenclatura imponente: Partido Operário Revolucionário — POR — seção brasileira da IV Internacional. Meu colega nascera em Cravinhos, numa família de classe média do interior de São Paulo como um, dentre muitos exemplos, da diversificação social dos alunos da faculdade nos anos 1950. Na época em que o conheci, era um servidor relativamente modesto da Câmara Municipal. Porém, muito mais do que um funcionário público, ele era o camarada Paiva, um sujeito ao mesmo tempo sonhador e pragmático.

Por suas mãos, meu irmão Ruy e eu fomos a uma reunião do POR em meados de 1952. Naquele ano, o trotskismo tentava mais uma vez renascer, depois de ter praticamente desaparecido. Como lembra Murilo Leal em *À esquerda da esquerda*,* o

* São Paulo, Paz e Terra, 2004.

POR surgia com meia dúzia de pessoas que vinham do extinto PSR (Partido Socialista Revolucionário) e do PSB (Partido Socialista Brasileiro). Entre eles, além do Paiva, destacava-se Leôncio Martins Rodrigues, meu amigo até hoje. Leôncio (nome de guerra Marcelo, Mota ou às vezes Marcelo Mota) era proveniente de uma família quatrocentona em declínio, composta, em sua maioria, de funcionários públicos. Se essa condição explicava em parte a rebeldia de Leôncio, pouco dizia sobre sua personalidade, que nada tinha de depressiva ou declinante. Cheio de confiança, bem-apessoado, com facilidade de relacionamento, aos dezoito anos o jovem Leôncio abandonara os estudos para dedicar-se à militância revolucionária, sobrevivendo com um emprego de escriturário na Secretaria do Trabalho. Também funcionário, no caso da Secretaria da Agricultura, o engenheiro Milton Camargo contrastava com a figura de Leôncio: lento de movimentos e de raciocínio, era uma pessoa mansa cuja atração pelo trotskismo constituía um mistério que nunca pude decifrar. Lembro-me também do Milano, um jornalista de pouca expressão que esboçava um microculto da personalidade de Trotsky: "O Trotsky era um gênio, você não acha que se ele quisesse fazer teatro seria melhor do que o Shakespeare?".

Para suas reuniões, os trotskistas do POR escolheram uma salinha num desvão do edifício Martinelli, que se transformara num imenso pardieiro e centro das mais variadas atividades. Ali ficava a sede do sindicato dos bancários, de alguns clubes de futebol, além de existir um salão de snooker enfumaçado no rés do chão — e, contrastando com tudo isso, um respeitável clube de xadrez no topo do prédio. O Martinelli era um enorme e misterioso bloco repleto de becos e de esquinas inesperadas. Quando eu andava por seus corredores estreitos, um misto de temor e fascinação me invadia. O temor era maior quando, no outro extremo de um corredor despontava uma pessoa, que, fosse ou não,

O edifício Martinelli, onde os trotskistas do POR se reuniam nos anos 1950

sempre me parecia mal-encarada. A fascinação crescia diante de uma porta semiaberta, através da qual meu olhar detectava uma perna balançando, uma saia amassada, uma máquina de escrever coberta de poeira.

A relação entre ascensoristas e passageiros, ou candidatos a passageiros, era curiosa. O botão de parada nos andares não funcionava, como tantas outras coisas, e quando as pessoas, nos últimos andares, ouviam o guincho do elevador se aproximando, berravam "Desce, desce". Para quebrar a monotonia do trabalho, alguns ascensoristas iam em frente e respondiam "Estou descendo, estou descendo", como se obedecessem a uma ordem.

Excepcionalmente, o grupo do POR se reunia na casa de um

Casa familiar da avenida Angélica, 1417, projetada pelo escritório de Ramos de Azevedo. Nela realizaram-se algumas reuniões do grupo trotskista

de seus membros, e até mesmo na austera casa de minha família, na avenida Angélica. Condescendente e talvez por acreditar que aquelas reuniões não envolvessem nenhum perigo, minha tia Rebecca nos permitia utilizar a grande sala de visitas, em princípio destinada a ocasiões especiais. Seja porque falássemos baixo, seja porque ela se recordasse de alguma sessão espírita, a tia falava, não sem ironia, da "reunião dos macumbeiros". Ela elogiava, de forma curiosa, a boa educação do rapaz de óculos — o Leôncio —, que ao ligar para casa à minha procura, ou de meu irmão Ruy, sempre começava com um delicado "*cevzek*", ou seja, "por obséquio", expressão que ela certamente conhecia. Também meu pai acreditou ou fingiu acreditar piamente quando Cynira e meu irmão Nelson apareceram no apartamento para o qual nos mudáramos, às seis da manhã, sujos de tinta de impressão, pois tinham passado a noite rodando a *Frente Operária* nas oficinas do jornal

Fanfulla. O carro quebrara, a tinta era graxa. Meu pai superou o susto pela demora, engoliu a desculpa e foi tomar seu café.

Onde quer que fossem realizadas, as reuniões do POR obedeciam a um critério uniforme, com raras exceções. Um dos camaradas fazia uma análise da situação internacional e outro uma avaliação da situação nacional. Quaisquer que fossem os equívocos dessas análises, elas sempre me despertaram interesse e vieram somar-se a meu gosto, desde a infância, pela leitura de jornais. Depois, vinham os aborrecidos informes de atividades, numa demonstração de que minha atração pelo trotskismo prendia-se bem mais à discussão de ideias do que aos objetivos de um agrupamento dito de vanguarda. Aliás, eu estava certo de que os grupos trotskistas espalhados pelo mundo continham uma límpida verdade, mas eram incapazes de ganhar musculatura.

Os informes eram tingidos de lamentações e da constatação de pequenos progressos no trabalho militante. De vez em quando, surgia uma nota pitoresca. Foi assim quando o camarada Nelson, ao relatar suas atividades no bairro da Lapa, referiu-se a uma certa Esmeralda que ele vinha "ganhando" pouco a pouco: "A Esmeralda vai muito bem; na reunião desta semana ela disse: 'Eu odeio a burguesia!'". Pragmático, o camarada Manuel se impacientou: "*Muy bien ella odia la burguesía, pero que piensa además del odio?*". Manuel, um dos encarregados de reorganizar o trotskismo no Brasil pelo Burô Latino-americano (BLA) da IV Internacional, sediado em Buenos Aires, viera da Argentina, como outros viriam de lá e também do Uruguai. Alguns passaram brevemente pelo Brasil, como é o caso de Adolfo Gilly — o camarada Lucero —, um rapaz de maneiras suaves, olhos claros, que viria a exilar-se no México e lá se tornaria professor universitário. Recordo-me também do Emilio, cujo nome verdadeiro eu nunca soube, obeso e precocemente calvo, cuja lealdade ao partido estava acima de qualquer dúvida. Em certa ocasião, preocupado porque meu irmão Ruy se dedicava "excessivamente" à filosofia, Emilio invocou seu próprio exemplo, cofiando os bigodes: *"A mi me gustaba la música, pero por el partido abandoné todo".*

Quem passou períodos mais longos no Brasil foram os camaradas Manuel e Diego, nomes de guerra — resisto em dizer codinome — de Guillermo Almeyra e Gabriel Labat. Manuel provinha de uma família rica que perdera a fortuna na crise de 1929, e seus pais se converteram em funcionários públicos. Moreno, de olhos saltados, a aparência de Manuel lembrava a de um brasileiro comum. Dele, sabíamos apenas que fora militar e saíra do Exército argentino como tenente de infantaria. Viveu no Brasil três anos, tendo chegado em meados de 1952. Organizador infatigável, apesar dos resultados precários que alcançava, Manuel exibia uma segurança imbatível: sabia tudo a respeito de qualquer tema, da política à biologia, como se negar o conhecimento de alguma coisa fosse revelar a fraqueza de um militante por assim dizer hierarquicamente superior a nós, aqui do Brasil. Gostava de marcar reuniões para muito cedo e, quando alguém ousava objetar, respondia com uma comparação zoológica: *"Yo no soy marmota"*, o que deu origem a uma versão adaptada da resposta — *"Yo no soy Mota"*, em alusão ao camarada Mota, que tinha o hábito de dormir tarde e levantar-se com o sol já alto.

Diego, que viveu no Brasil entre 1958 e 1966, contrastava com Manuel em muitos aspectos. Alto, de pele clara, provinha de uma família rica de Montevidéu, sobre a qual circulavam algumas informações que só ressaltavam as qualidades de sua opção revolucionária. Dizia-se que ele fora criado em meio a serviçais uniformizados de luvas brancas e nunca abrira a porta de um carro, porque o motorista da casa se incumbia disso. Fumante inveterado de cigarros que apressariam sua morte, Diego era formado em arquitetura e muito competente na profissão. Para sustentar-se, trabalhou por uns tempos em São Paulo num prestigioso escritório. Ao contrário de Manuel, que chegou ao Brasil sozinho e teve por aqui algumas namoradas, Diego veio com a família — Magda, fiel militante, e um casal de filhos. Sempre tive a impressão, hoje mais nítida e pungente, de que a família vivia sacrificada por um ideal obsessivo. Recordo que, num infindável encontro noturno, as crianças se enfiaram num espaço sob a mesa dos trabalhos, quando, morto de sono, o menino Carlos balbuciou: "*Hablan de la democracia...*". Antes fosse, porque não se falava de democracia, mas de revolução.

Nossos dois mentores eram irônicos e até bem-humorados em certos momentos. Diego, principalmente, enfrentava com especial cuidado meu ceticismo acerca do papel que o trotskismo poderia desempenhar na vida real. Certa vez, me avisou algumas semanas antes de um encontro que iria se realizar num domingo (logo num domingo!). Uma reunião plenária, ou que nome tivesse, "de extrema importância": "Dia tal, vamos reunir o pleno do partido. Estou te avisando com antecedência para você não dizer em cima da hora que não vai porque tem jogo do Corinthiáns" (assim mesmo, ele dizia, com "a" aberto e como palavra oxítona).

Mas o grande homem do BLA só passou por aqui algumas vezes, quando as coisas iam mal e era preciso impor alguma retificação ideológica. Homero Cristale, o camarada Posadas, era mais velho do que todos nós, de talhe alto e longos e raros cabelos brancos. Falava extensa e pausadamente e escrevia textos mais extensos ainda, esquecendo-se muitas vezes das pausas de pontuação. Meus contatos com ele foram poucos e meio desencontrados. Posadas era argentino e, para todos os efeitos, operário metalúrgico antes de se transformar em militante profissional. Certo dia, Manuel me disse, de passagem, que ele fora "entreala" (uma espécie de meio-campista) do Independiente, clube de Buenos Aires. Como para mim esse fato o humanizava acima de qualquer coisa, perguntei-lhe, sem ocultar o entusiasmo, se ele, de fato, jogara no time portenho. Posadas me olhou de cima a baixo e jogou-me um balde de água fria: "*Quién te dijo esa tontería?*".*

Andar pela cidade com Posadas, frequentar restaurantes ou recebê-lo em meu escritório não era nada simples. Sempre ocorriam surpresas. Lembro-me quando um grupo foi a uma confeitaria alemã — a Leblon — que ficava na avenida São João, na quadra mais próxima à praça do Correio. Posadas sentou-se conosco em torno de uma mesinha de mármore, ajeitou como pôde as longas pernas por baixo da mesinha e iniciou uma discussão política em espanhol (nossa língua oficial), cujo conteúdo não recordo. Não estávamos divergindo, mas o tema nos fazia levantar a voz, até que Posadas interrompeu a conversa: "*Atención: hay dos stalinianos nos mirando*". Virei as costas e dei com dois pacíficos alemães nos observando com curiosidade.

A visita ao meu escritório foi produto da minha ingenuidade. Fico imaginando se quis me jactar de minha estabilidade profissional, mostrando a Posadas um local sem luxo mas bem-arrumado, assim como um jovem que revela suas qualidades a um suposto mentor intelectual. Soube da reação do visitante por uma inconfidência de um camarada. Na minha frente Posadas elogiara o escritório, mas por razões pragmáticas depois explicitou: "*Hay que sacarle más plata*". No fundo, não era uma atitude extorsiva, porém algo que se coadunava com suas convicções, sintetizadas numa frase: "*Esos que guardan plata en Latinoamérica son locos*", uma previsão catastrófica, mas para ele radiosa, e que os fatos, apesar das vicissitudes de nossos países, não confirmaram. Também não se confirmou uma das mais grandiosas previsões de Posadas: "*Los bolcheviques pueden todo, solo no pue-*

---

* A menção a Posadas como ex-jogador profissional se encontra em Robert J. Alexander – *International Trotskyism, 1929-1985*. Duke Un. Press, 1991.

den cosas imposibles, como ir a la luna". Gagarin o desmentiu e a importância dos bolcheviques — os verdadeiros — havia muito tempo tinha desaparecido da história.

No plano da ação, era imperioso para os trotskistas sair do gueto e fazer chegar a nossa palavra pelo menos a dirigentes e militantes de outras correntes de esquerda. O jornal seria aparentemente a melhor forma de expressão. Daí decidirmos publicar a *Frente Operária* (FO), que começou a circular em 1952 e cuja vida foi marcada por espasmos de irregularidade. Fugindo ao desconforto, evitávamos olhar para a pilha de jornais amontoados rente às paredes da sala do Martinelli até que alguém tivesse a coragem de retirá-la e livrar-se dela, fazendo-a mergulhar numa lixeira do prédio.

Nós nos esforçávamos na tarefa de venda, mas esbarrávamos na falta de recursos, no temor de tipografias e distribuidores, hesitantes em lidar com um jornal perigoso e nada lucrativo. O Batata, por exemplo, não nos dava nada pelo jornal, certo de que só de colocá-lo nas bancas já nos pagava o suficiente. Nem mesmo o representante do BLA conseguia ter êxito, apesar de sua obstinação. Por carta, ele recebia puxões de orelha do comando portenho: "*Y FO por que no sale?*". Certa vez, diante das pressões, Manuel se impacientou, desabafando: "*Mas vale comprender que llorar*".

Os problemas da FO, contudo, não se reduziam a questões materiais. Seu conteúdo, afora um ou outro artigo de análise apropriado, uma coluna com um título que era um achado — "Direto de esquerda" —, ficava a quilômetros do que seria razoável mesmo para um jornal destinado a um pequeno círculo. Penso, com os olhos de hoje, que o grupo trotskista tinha recursos intelectuais para publicar uma revista crítica, com um leque diversificado de colaboradores, capaz de ter alguma audiência no debate da esquerda. Mas na época essa seria uma ideia rotulada de pequeno-burguesa, destinada portanto, literal e simbolicamente, ao lixo da história. Assim, pagávamos o preço do posadismo e de um internacionalismo que deixava de ser uma virtude quando mal dosado. A *Frente Operária* publicava os longos informes do camarada Posadas, os quais, em certa ocasião, tratei de copidescar, como se diz na linguagem de hoje, transformando o texto em algo legível. Depois do camarada ter me dado uma bronca, convicto de que cada palavra de seus textos integrava uma lógica extraordinariamente coerente, verdadeira e eficaz, eles continuaram a sair intactos, sem minha insólita intervenção.

Quanto ao internacionalismo, me lembro da minha reação negativa e saudável a uma das manchetes de primeira página do jornal: "Os mineiros bolivianos derrotam o reacionário Siles". Quem estaria interessado nos mineiros bolivianos? Quem conhecia Siles Suazo?

No correr dos anos, o POR ganhou novos aderentes e zonas de certa influência entre os trabalhadores da Companhia Municipal de Transportes Coletivos (a extinta CMTC); em fábricas como a Metalúrgica Jafet e a Sofunge; na USP, em especial entre alunos da Faculdade de Medicina; em Sorocaba, abarcando um grupo de gente trabalhadora e da baixa classe média. Isso sem falar dos núcleos esparsos do Rio de Janeiro, Niterói, Curitiba, com os quais praticamente não tive contato.

Fui assistente da célula de Sorocaba, como se dizia no jargão da esquerda, como sucessor do Leôncio, viajando num Ford importado, que meu pai comprara depois de muita relutância, pois ele não era dado a essas larguezas. Embora o carro já tivesse alguns anos, seria uma afronta percorrer com ele ruas estreitas, cheias de poeira ou de lama, conforme os caprichos do tempo, uma água fétida do esgoto a céu aberto, escorrendo pelo meio-fio junto às calçadas. Por isso eu deixava o carro numa praça do centro da cidade e fazia uma longa caminhada até chegar à modesta casa do camarada Sampaio, um homem de seus 45 anos, miúdo, carea, sempre às voltas com uma tosse que interrompia sua fala. Informes, pretensos avanços, recuos, distribuição de tarefas pontilhavam as conversas numa sala sem forro, ora muito quente, ora muito fria.

No decorrer de uma das reuniões, o camarada Sampaio pediu licença para sair por um momento e voltou trazendo nas mãos uma preciosidade que acarinhava como se fosse um filho recém-nascido. Era uma máquina de escrever portátil, esmaltada de verde, novinha em folha que reluzia em meio à pobreza. "De quem é essa máquina, Sampaio?", soaram as vozes dos camaradas, certos de que nem ele nem a célula tinham recursos para comprá-la. Como ele nada dissesse, me passou pela cabeça, como deve ter passado pela cabeça dos outros, que o camarada Sampaio subtraíra a máquina de alguma loja — um ato inusitado não pelo aspecto moral, pois a máquina serviria ao partido, mas pelo surpreendente atrevimento. Por fim, desfez-se o mistério ou, melhor, ele nunca foi desfeito. Diante da insistência do grupo, Sampaio encerrou a discussão: "A máquina, camaradas, a máquina é da classe operária".

O núcleo da CMTC, que durou alguns anos, constituía-se de alguns motoristas e cobradores inteligentes e combativos. Era assim Valdemar Lucas de Oliveira, nordestino, pele acobreada, cabelos corrediços denotando a origem indígena, de olhos muito vivos e fala solta. Se nós, trotskistas, tivéssemos ouvidos para ouvir, prestaríamos atenção no que o Valdemar, o Élcio, o Mateus Bellina nos diziam quando tínhamos a pretensão de que encaminhassem alguns colegas para uma perspectiva revolucionária e ainda por cima trotskista: "Vocês deviam ir um dia com a gente, vocês não fazem ideia como a turma é atrasada, como nada disso vai entrar assim, de uma hora para a outra, na cabeça deles".

A turma da CMTC fazia, desse modo, uma crítica ampla — sem imaginar sua amplitude — à visão do movimento trotskista sobre a classe operária e sua direção. Embora alguns documentos falassem em compreender a classe no nível em que se encontrava, para, a partir daí, realizar um trabalho paciente de conscientização revolucionária, a visão dominante era de que, se houvera fracasso em manifestações, greves, êxitos políticos dos reacionários etc. a culpa não cabia à classe operária, mas a direções frouxas, covardes, capitulacionistas. A classe não era formada de gente de carne e osso, com um comportamento diversificado em função de circunstâncias sociais e pessoais, mas era uma totalidade, ou, tautologicamente, a classe operária era a CLASSE, com letras maiúsculas, destinada a salvar-se a si mesma como ente coletivo e, em seguida, a desaparecer ao longo do processo histórico, quando sua ação redentora findasse, com a implantação da sociedade igualitária.

Quem nos proporcionara a chance dos contatos na CMTC fora o Sebastião, que, depois de formado, se tornaria por algum tempo advogado do sindicato. Indicado por ele, fui com nossos camaradas a uma reunião sindical. Visivelmente, eu era um estranho no ninho. Quando quis objetar alguma coisa ao Álvaro Caçador — presidente do sindicato e pelego do velho estilo —, ele perguntou quem eu era e respondi que, como advogado, acompanhava um grupo de integrantes da oposição: "Que advogado nem meio advogado, cai fora daqui já, já", foi a resposta. Caí fora, é claro, sem ter tempo sequer de dizer algumas palavras a respeito dos meus direitos individuais.

Vivendo no subterrâneo das reuniões, dos contatos com pequenos círculos, os trotskistas do POR tiveram poucas oportunidades de intervir em processos amplos que ocorriam na vida social e política do país. Em regra, diante das candidaturas em qualquer nível de poder, optávamos pelo protesto, escrevendo alguma frase exclamativa revolucionária na cédula eleitoral.

Uma exceção foi a campanha das eleições de Jânio Quadros

para a prefeitura de São Paulo em 22 de março de 1953. Grande parte dessa história está contada em depoimentos de Guillermo Almeyra, de Leôncio Martins Rodrigues e meu, transcritos no já citado livro de Murilo Leal. Mas vale a pena relembrar mais alguma coisa.

O contato com Jânio se deu num apartamento em que moravam Sebastião, Milano e Almeyra em fins de 1952. O candidato exibiu um relógio que lhe fora dado de presente por uma entidade religiosa — "Imaginem se eles me vissem falando com vocês!", exclamou — e desenrolou uma fala libertária, aludindo aos horrores praticados pelo DOPS (Departamento de Ordem Política e Social). Tive uma sensação de que havia algo de falso em seu comportamento, na sua fala adaptada a cada grupo com que entrava em contato, mas a possibilidade de poder se abrir ao mundo da grande política, com uma perspectiva revolucionária, calou as dúvidas. A conversa resultou em um acordo pelo qual o POR apoiaria o candidato e participaria da campanha por meio de uma fantasmagórica União Operária e Popular (UOP). Em seu livro, Murilo Leal narra que a UOP lançou um programa publicado na "Coluna Operária e Popular" do jornal *A Hora*, que fazia a campanha de Jânio. Além de espaço no jornal, os trotskistas receberam algum dinheiro para publicar a *Frente Operária*, um carro de som emprestado e carta branca para fazer comícios e montar comitês janistas nos bairros.*

Duas coisas, aqui, me parecem interessantes. De um lado, o fato de que Jânio se dispusesse a conversar e a fechar um acordo com um minúsculo partido radical, indicando que ele partia de muito pouco na sua campanha para a prefeitura. De outro, o rompimento do POR com sua linha de recusa de acordos com po-

---

* Leal, *ob. cit.*, p. 81.

líticos burgueses. Jânio surgia como uma voz diferente, com um discurso populista ("O tostão contra o milhão"), com tinturas esquerdistas e referências à corrupção, e se dispunha a enfrentar os candidatos dos grandes partidos.

A participação na campanha produziu um efeito alentador entre os trotskistas. Pela primeira vez, não éramos acossados ou olhados com estranheza no contato com as pessoas. Aos domingos, íamos a praças maltratadas, na então periferia de São Paulo, e lá encontrávamos as faixas anunciando um comício, um caminhão e o som já instalado. Depois, começava a juntar gente e discursávamos do alto do caminhão, mesclando frases de apoio a Jânio com a luta pelo governo operário-camponês. Disséssemos o que disséssemos, éramos sempre muito aplaudidos, por sermos uns messiânicos jovens janistas. Também em outros locais, nas carreatas pelo centro da cidade, o nome de Jânio recolhia sinais positivos da gente postada nas calçadas.

Alguns meses após a vitória de Jânio nas eleições à prefeitura de São Paulo, fiz uma viagem à Bolívia, cujos antecedentes convém narrar. Estava eu um belo dia distraído no escritório de advocacia, quando um homem de meia-idade entrou com passo incerto, olhando de soslaio para as gravuras da parede pintada de azul. Murmurava palavras num espanhol esquisito para quem, como eu, conhecia apenas o acento portenho. Além disso, ele não tinha nenhuma semelhança com um imigrante branco, de origem espanhola ou italiana. Seus traços indígenas eram evidentes.

Depois de se apresentar formalmente, me estendeu uma espécie de carta de recomendação, dirigida aos camaradas do POR brasileiro. A semelhança com o padrão de cartas dessa natureza era evidente, com algumas modificações. Não se dizia "O senhor fulano de tal é pessoa idônea, de bons princípios, nada havendo que o desabone", e sim "o camarada Antonio Villegas é militante dedicado, há muitos anos integrante do POR boliviano, e vai a São

Paulo para estabelecer contatos políticos e tratar da saúde, sendo digno de todo o apoio". O signatário da carta era o camarada Moscoso, a quem eu conhecia de nome. A apresentação vinha autenticada como um documento de tabelião, com um grande carimbo vermelho que, além de estampar a sigla partidária, continha no centro a foice e o martelo.

Logo no início de nossa conversa, o aparentemente humilde camarada Villegas me disse que era também o dr. Villegas, advogado em Santa Cruz de la Sierra, o que me causou estranheza. Naquela época, primeiros anos da década de 1950, as profissões ditas liberais ainda não se haviam massificado. Advogados, médicos e engenheiros — um trio de elite —, se não eram necessariamente pessoas ricas, pelo menos eram gente razoavelmente bem-posta na vida. Comecei assim a tomar contato com outra categoria, que se contrapunha aos profissionais de êxito: os lúmpen-diplomados, talvez forçando um pouco a nota.

Era evidente que, entre as alegadas razões da viagem do camarada boliviano, os contatos políticos eram um pretexto para justificar um pedido assistencial. Lembro de passagem que a acolhida dada a Villegas foi fortemente censurada pelo camarada Posadas, chefe supremo do BLA (Burô Latino-americano) da IV Internacional. Na sua rigidez mental, ele disse a mim e a outros integrantes do POR que nunca mais déssemos abrigo a oportunistas caídos de paraquedas em Buenos Aires e em São Paulo, pedindo auxílio, com todo tipo de desculpas. Não lhe passava pela cabeça que as redes políticas podiam ser também redes de proteção. As religiões descobriram isso há muito tempo, ainda que em nome da fé e não das revoluções anunciadoras do paraíso terreno.

Eu e os camaradas não tivemos dúvida em ser úteis a Villegas. Ainda no primeiro encontro lhe perguntei se precisava de ajuda para conseguir acomodação. Respondeu que não, pois já estava instalado em uma pensão onde moravam muitos "paisanos", na rua Duque de Cáxias (assim mesmo, com acento no primeiro "a" e um "x" palatal, com a expressão equivalendo, foneticamente, a "Cáczias").

Se Villegas já estava "ubicado", nos cabia mostrar-lhe algo da cidade e sobretudo providenciar um médico para diagnosticar seus problemas de saúde. Fomos comer uma pizza no restaurante Paulino, na rua Pamplona, uma das primeiras pizzarias de São Paulo localizada fora dos bairros italianos. Quase todas situavam-se ainda no Brás e na Mooca, onde não só se comia pizza sem as invencionices atuais (pizza de banana, coberta de capim ou seja lá do que for), mas se ouviam também tonitroantes cantores napolitanos como Tonio Tonini, cuja voz animava as noites da cantina Balila, pelos lados do Gasômetro.

O Paulino não tinha esse clima, mas oferecia uma boa pizza, um vinho nacional encorpado e uma atmosfera de sossego nos dias de semana, o que convinha a conversas de revolucionários. Nossas conversas giravam em torno da história da Bolívia, especialmente da luta dos trabalhadores, da formação dos partidos, mesmo porque o camarada Villegas não demonstrava nenhum interesse pela política brasileira e menos ainda pelos esforços de seu minúsculo POR.

Até certo ponto, ele nos decepcionou. Era visível sua incapacidade de nos dar uma visão geral do quadro boliviano, ao contrário de argentinos e uruguaios, que sabiam tudo e tinham explicação para tudo o que ocorria em qualquer canto do mundo. Discorreu sobre siglas e movimentos que não nos diziam nada, sobre cisões e mais cisões, sem emitir nenhuma opinião, e nos pareceu o que realmente era: um indivíduo do passado, de um passado para nós muito distante no tempo e no espaço.

Imaginamos que, talvez, o camarada Villegas se interessasse por arte. Não sem uma ponta de orgulho, um pequeno grupo intelectualizado foi com ele à Bienal, que se realizava no parque do Ibirapuera. Atravessamos os salões, os corredores, nos detivemos em algumas telas mais significativas e, depois de um par de horas, saímos certos de ter causado impacto. "Qual sua impressão?", lhe perguntei, esperando uma resposta deslumbrada. "*Si, si, pinturas y esculturas*", respondeu Villegas, para decepção geral. Hoje, ao relembrar a cena, acho que ele foi até diplomático, pois reconheceu como "pinturas e esculturas" uns rabiscos e figuras distorcidas que lhe devem ter parecido horrorosos.

Quanto a sua saúde, Villegas nos explicou que tinha problemas sérios na barriga, como resultado das agruras pelas quais passara na condição de combatente na guerra do Chaco — conflito entre a Bolívia e o Paraguai, ao mesmo tempo grotesco e trágico, que se arrastou pelos anos de 1932 a 1935. Nesse conflito, sem falar nas vítimas paraguaias, muitos bolivianos do altiplano morreram ou ficaram doentes ao lutar em uma região em parte pantanosa, em parte semidesértica, mas sempre tórrida, bem diversa do ambiente a que estavam acostumados.

Foi relativamente fácil encaminhar Villegas a um hospital. Meu irmão Nelson, que nos anos 1950 era estudante de medicina, encarregou-se de conseguir uma consulta no Hospital das Clínicas. A partir daí, o camarada boliviano desapareceu de cena por vários meses. Chegamos quase a nos esquecer dele, imaginamos um ingrato retorno sem despedidas. Mas ele ressurgiu no meu escritório, com passo mais firme, sem olhar para os lados, contente da vida, nos limites da expressão contida de seus sentimentos. Tudo tinha dado certo. O dr. Okamura fizera um trabalho notável: "*Me quitó la vesícula e otras cosas de cuyo nombre no me acuerdo*", de modo que podia beber sem problemas algo insuperável que aprendera a tomar com os amigos de pensão: "*Catchaça con harto limón*". Caipirinhas à parte, Villegas se mostrou sinceramente agradecido e se despediu, insistindo que receberia os camaradas com o maior prazer em uma visita a Santa Cruz.

A viagem à Bolívia, que eu, meu irmão Ruy e um primo fizemos em 1953, tinha um misto de turismo de aventura com atração revolucionária para os dois irmãos, e apenas de aventura para nosso primo e amigo, avesso à política, da qual dizia não entender patavina.

Nessa época, a Bolívia era, ao lado do Ceilão, a joia da coroa do movimento trotskista. O POR boliviano nasceu de um grupo de intelectuais exilados, numa reunião realizada em Córdoba, na Argentina, em 1934. Com o tempo, implantou-se nos meios letrados da classe média urbana e entre os trabalhadores das minas. Um nítido exemplo da influência do trotskismo, no caso destes últimos, foi o documento aprovado por um Congresso da Federação Sindical dos Trabalhadores Mineiros da Bolívia, que se realizou em Pulacayo, em novembro de 1946. As chamadas Teses de Pulacayo, sob influência da teoria da revolução permanente de Trotsky, rejeitavam o caminho reformista e defendiam uma via revolucionária que instalasse no poder um governo operário-camponês.

Estávamos em julho de 1953 e, no ano anterior, o MNR (Movimento Nacionalista Revolucionário) tomara o poder na Bolívia. Criado nos anos 1940 como um partido nacionalista, com inclinações pró-Eixo, o MNR participou de um governo militar chefiado pelo major Gualberto Villarroel, em 1943. A derrubada de Villarroel, linchado por uma turba em La Paz, assim como a vitória dos Aliados na Segunda Guerra Mundial, foram duras mas bem aproveitadas lições para o MNR. O partido deixou de lado os traços fascistas e radicalizou suas posições no plano social. Passou a ser um porta-voz das aspirações de setores da classe média e dos trabalhadores mineiros, cuja organização apoiou.

Depois de um golpe militar ter-lhe arrebatado um triunfo eleitoral, o MNR optou pela via armada. Nos primeiros dias de abril de 1952, uma curta mas sangrenta revolução, com um saldo final de seiscentos mortos, levou os "movimentistas" ao poder. Não era uma quartelada. Pelo contrário, os revolucionários enfrentaram o Exército, abriram os depósitos de armas e municiaram a população, enquanto os mineiros avançaram sobre La Paz.

Em seus primeiros tempos, sob pressão das massas, o MNR tomou um caminho radical. Desmantelou o Exército e criou milícias armadas, apoiou os mineiros quando eles organizaram a COB (Central Obrera Boliviana), nacionalizou grande parte das minas de estanho, aceitou a ocupação de terras, com a expropriação de muitos latifundiários, assim como a organização de sindicatos camponeses.

Explicado o pano de fundo que nos estimulou a ir à Bolívia, tratemos de nos pôr em marcha. Fomos de São Paulo a Corumbá de avião. Lá chegando, fui em busca de um colega dos tempos do Colégio São Bento, isso por volta de 1948. Feliciano era um rapaz afável, risonho e... integralista convicto! Convicto e militante, pois, para provocar, gostava de contar as calorosas recepções dos camisas-verdes (que já não usavam essas camisas) ao Chefe Nacional, Plínio Salgado. Apesar das desavenças, eu me dava bem com o Feliciano, com quem debatia ardorosamente nas reuniões de sábado à tarde do Centro Literário de São Bento.

Sentamos à mesa da varanda de um bar, sob um intenso calor noturno, as mariposas girando em torno dos focos de luz, o rio Paraguai fluindo ao longe. Entre um e outro copo de cerveja, Feliciano me perguntou: "Você continua cor-de-rosa?". Respondi que sim, porque se lhe dissesse que radicalizara a coloração e me tornara vermelho poderia com isso comprometer nossas relações. Mas contra-ataquei: "E você? Continua integralista?". "Não, eu agora sou do diretório da UDN, mas a política me interessa pouco. Cuido da fazenda de gado da família. A propósito, vocês podiam ficar uns dias por aqui e ir a uma festa na fazenda no domingo. Vão ver o que é churrasco de verdade e conhecer as moças da terra". Fosse porque já tínhamos na cabeça um programa fechado, fosse porque a confraternização com um integralista convertido em latifundiário ia, ao menos para mim, longe demais, recusamos o convite.

No dia seguinte, fomos à estação ferroviária comprar passagens do trem que faz a linha Corumbá — Santa Cruz de la Sierra. Nosso ingresso no mundo boliviano começou nessa estação. Em torno da bilheteria amontoavam-se dezenas de pessoas que faziam uma gritaria infernal, querendo comprar bilhetes. Diante da confusão, nos sentindo superiores àquela gente e mais ainda em território pátrio, começamos a exigir: "Fila, fila". Meio assombrados, a princípio sem entender, os bolivianos seguiram afinal as instruções, murmurando: "*Los brasileños quieren cola*".

As coisas se ordenaram, chegamos à bilheteria e descobrimos que aquele era um trem democrático: não tinha primeira nem segunda classe, ou melhor, tudo correspondia a uma terceira classe. Munidos de comida e água, dois dias depois fomos nos sentar nos bancos duros de madeira de um dos vagões, que nada tinham a ver com os assentos de palhinha dos trens da Paulista. O trem arrancou, se arrastou vagarosamente por alguns quilômetros e acabou parando, logo após a passagem da fronteira, em Puerto Suárez. Uns milicianos de cara fechada ordenaram que os passageiros descessem e depusessem toda a bagagem à margem dos trilhos. Percebemos que estávamos agora em outro território, misturados com gente humilde, embora não muito pobre, acostumada a acatar ordens e a não fazer perguntas.

Ninguém tocou nas bagagens. Nos mandaram para dentro do trem e ficamos mais de uma hora parados, ouvindo as falas dos milicianos e os murmúrios dos passageiros, especulando sobre o que estava acontecendo. Éramos os únicos brasileiros, e nossos companheiros de viagem, depois de muitas conversas e controvérsias, nos deram a versão definitiva dos fatos. Se a versão e os fatos coincidiam, não sei, mas que ela era boa, lá isso era.

Por uma denúncia anônima, os milicianos ficaram sabendo que havia no vagão de combustível, debaixo da lenha, um contrabando de armas. A lenha fora removida, as armas apreendidas e tudo voltara ao normal, ainda que a anormalidade não parecesse tão grande e ninguém, pelo que vimos, tivesse sido preso. Quando perguntamos aos passageiros a quem se destinavam as armas, nossa curiosidade política ficou sem resposta e tive a impressão que soou estranha.

As mulheres e os homens que viajavam conosco eram, na grande maioria, gente que fora a São Paulo comprar produtos para revender na Bolívia — equivalente aos sacoleiros dos dias de hoje. Embora devesse lhes parecer estranha nossa viagem sem objetivo, estavam dispostos a conversar conosco e contar o que tinham feito naquele país tão grande. Mostraram uma familiaridade com a rua 25 de Março que não tínhamos, falaram dos "maravilhosos ônibus da Viação Cometa e do Expresso Brasileiro que iam a Santos" pela estrada magnífica, aliás anterior à rodovia dos Imigrantes.

Carregavam uma variedade de produtos em malas e maletas precárias e em enormes bolsas pretas. Sabiam que nós não éramos fregueses e nos exibiam, como troféus, os panos coloridos, as quinquilharias, os sabonetes, os perfumes e cosméticos. O que mais me impressionou foram as dezenas de frascos do Leite de Rosas, aquele que limpava e amaciava a pele, na fala dos locutores de rádio dos anos 1940. Ao me mostrar surpreso com a compra em quantidade daquele produto, rejeitado pela classe média brasileira, me responderam com outra surpresa: Como desprezar o Leite de Rosas, tão procurado na Bolívia, tão bom para a pele das moças e das senhoras?

Camacho era o chefe do trem, mas não tinha nada a ver com

La Paz, Bolívia: manifestação de camponeses, julho de 1986

aqueles senhores respeitáveis e temíveis que percorriam, circunspectos, os corredores dos vagões da São Paulo Railway — a SPR — e da Paulista. Quando picotavam as passagens, valia-lhes o princípio de que todo passageiro é suspeito, até prova em contrário. Apesar da aparência desleixada, que lembrava o estereótipo dos bandidos mexicanos dos filmes de Hollywood, Camacho tinha um poder de suserano naquele território. Extraía de seus vassalos um quinhão em quinquilharias, panos, brinquedos, perfumes. Em retribuição, protegia-os dos fiscais — falsos ou verdadeiros — que entravam no trem nas pequenas estações. A troca de favores se processava com naturalidade e Camacho era um suserano alegre cujas brincadeiras, com alusões sexuais, repetidas ao longo da jornada, arrancavam gargalhadas. Percorria os corredores tendo entre os dedos um peixinho morto que sacudia junto ao rosto das mulheres, repetindo: "*El pescado no tiene lengua, el pescado no tiene lengua*".

Mas a viagem tinha muitos inconvenientes. Quanto mais o tempo corria, mais parecia não correr. A poeira entrava pelos vagões, a paisagem de mato ralo e arbustos retorcidos nos parecia cada vez mais monótona. Ninguém fazia cálculos a respeito do fim da viagem: o trem chegaria quando chegasse. Os precários banheiros emitiam uma fedentina insuportável. De tempos em tempos, o trem parava para resfriar a locomotiva e as pessoas aproveitavam a oportunidade para fazer suas necessidades, mais curtas ou mais longas, atrás dos esparsos arbustos à margem da estrada. De repente, o apito da locomotiva punha fim ao "recreio" e os viajantes vinham correndo — os homens ajeitando as calças, fechando a braguilha, as mulheres ainda de saias levantadas, saias, sim, no plural, porque usavam várias, umas sobrepostas a outras.

Nossa comida acabou, a água também. Passamos fome, recusando as empanadas fritas bolivianas, vendidas nas estações. Mas bebemos água de torneira, coisa que jamais fizéramos na casa paterna. As noites eram mal dormidas e um período propício para que muita gente escarrasse no chão. Tentávamos manter um relativo bom humor, lançando ordens: "*Prohibido escupir en el suelo!*". O contragolpe vinha em seguida: "*Prohibido hacer bulla!*". Em meio a tudo, meu irmão dedilhava um violão imaginário e cantávamos uns versos de Caymmi: "Ai, ai que saudades tenho da Bahia, ai se eu escutasse o que mamãe dizia...". Por fim, depois de não sei quantos dias, chegamos a Santa Cruz.

A cidade, nos dias de hoje, tem cerca de 1 milhão de habitantes e conta com muitos recursos derivados da exploração do gás e do petróleo, entre eles um aeroporto internacional. Naquele julho de 1953, quando tinha cerca de 50 mil habitantes, Santa Cruz me fez ter uma sensação de fascínio e estranhamento. Muitas ruas cobertas de cascalho, sem calçadas, pelo menos na disposição a que estávamos acostumados. A calçada — aprendemos —

era uma espécie de corredor cimentado ao qual se acedia pelos degraus de uma escadinha e se baixava no outro extremo da quadra, passando rente às portas e janelas das casas. Era uma forma de evitar o atropelo das carroças, a poeira ou a lama das ruas. Ao mesmo tempo, numa praça agreste, de arbustos raquíticos, onde fomos nos sentar, havia uma fantástica igreja colonial espanhola, que na minha enganosa memória tomou tons esverdeados.

Nos indicaram, para alojamento, a pensão da sra. Ibarra — situada numa construção de estilo espanhol, cujos quartos voltavam-se para um pátio interno, ao qual as plantas davam um especial frescor. Escolhemos um quarto amplo, com janelas para a rua, mas a senhora nos desaconselhou a escolha.

"Hoje podemos ter um sério entrevero na cidade porque Sandoval Morón, vindo de La Paz, pretende descer no aeroporto e nós não vamos consentir."

"Sandoval Morón?"

"Sim, Sandoval Morón, ministro do MNR, um desses burocratas bolivianos que exploram quem produz." Surpresa: "Mas a senhora não é boliviana?".

"*No, yo soy mas bien cruceña.*"

Com ressonâncias da guerra paulista de 1932 na mente, tomei assim conhecimento de que na Bolívia não havia só luta de classes e a questão indígena, mas também separatismo. Um forte sentimento, a favor da autonomia e até da independência, estava no ar no Departamento de Santa Cruz e assim permanece nos dias de hoje.

Aceitamos o conselho de ficar em um quarto dos fundos, sem janelas para a rua, e fomos jantar, tomando os primeiros contatos com a comida boliviana, que ia muito além das empanadas. Pedimos cerveja da terra e nos serviram a *chicha*, feita de milho. Mais tarde, identificaríamos as "*chicherias*" em La Paz, pela indicação de uma bandeira amarela à porta.

Enquanto jantávamos, ouvimos o som seco e curto de tiros, sem que se notasse nas outras mesas nenhuma comoção. Apenas o garçom nos disse não ser prudente sair antes que tudo silenciasse. Silenciou relativamente, pois na volta, quando vínhamos caminhando pela rua, passaram caminhões carregados de homens armados, dando tiros para o ar, aos gritos de "*viva el* MNR". Imaginamos que matar uns gringos, para eles, seria um esporte interessante, mas não era essa sua intenção. Chegamos à pensão, nos atiramos na cama extenuados e, de manhã, a sra. Ibarra nos contou, triunfante, que Sandoval Morón desistira de descer em Santa Cruz.

Por fim, a visita ao camarada Villegas. Depois de um percurso por ruas e numerações imprecisas, encontramos sua casa de teto baixo, mal iluminada em pleno dia de sol. Era hora do almoço e ele, cercado pela família, comia discretamente. Nos recebeu com certo embaraço, nos convidou para almoçar, mas depois de uma conversa genérica demos uma desculpa qualquer. Da minha parte, ficou a impressão de que, para Villegas, a viagem a São Paulo pertencia a um passado remoto, ao qual nem valia a pena se referir.

Entre Santa Cruz e Cochabamba, a paisagem muda. É a subida do altiplano, um espetáculo grandioso, visto do interior de uma traquitana carregada de gente, encomendas e bagagens, que percorria a sinuosa "*carretera de la muerte*", irmã de tantas outras existentes ainda hoje no continente. Girávamos em curvas alucinantes, olhávamos aquelas montanhas apontando para o céu, os cimos meio ocultos por nuvens que se abriam e fechavam. Nos contrafortes, plantações de milho e de trigo, lhamas que nos olhavam com indiferença. E, acima de tudo, aquelas figuras indígenas de roupas coloridas, homens, mulheres, crianças, passando rapidamente, como se fossem eles que se mexiam e não nós.

Meu irmão e eu começamos a conversar com um senhor

de meia-idade, de aparência diferente dos outros passageiros. Não parecia um mestiço, mas um descendente do colonizador espanhol, branco, magro, pálido, de pele enrugada e alto, metido numa capa escura. Achei-o parecido com Dom Quixote, sem Rocinante e sem Sancho Pança, ele que era, na verdade, um militar reformado.

Como demonstrássemos interesse pela história da Bolívia, nosso homem se animou e empreendeu uma longa narrativa de fastos e de decadência final. Os golpes e contragolpes que marcam a instável história boliviana eram transformados em gestas militares, que faziam avançar a construção nacional. O herói institucional da epopeia era o Exército. Mas os tempos da decadência haviam chegado. De concessão em concessão, as Forças Armadas tinham perdido influência para a oligarquia, para os movimentos subversivos, e chegara à situação atual, em que o MNR tomara o poder e liquidara o Exército, substituindo-o pelas milícias. O remate final, entre suspiros, sintetizava sua melancólica percepção: "*Asi se fué el militarismo...*". Anos depois, quando o general Banzer deu um golpe de Estado, a figura do militar reformado saltou diante de meus olhos e me pareceu ver em seu rosto um sorriso a um só tempo satisfeito e maligno.

Cochabamba, implantada no altiplano, oferecia um nítido contraste com Santa Cruz. A mais de 2 mil metros de altura, clima fresco, produção agrícola de clima temperado em torno da cidade, ruas limpas e arborizadas. Tudo estava em seu devido lugar. Até a luta de classes. Numa praça, diante de algumas centenas de operários de uma fábrica de processamento de amêndoas, um jovem de aspecto intelectual lançava um discurso inflamado, martelando a perspectiva de tomada do poder por um governo operário-camponês. Vimos desfilar também, à noite, uma passeata de apoio ao MNR que, contrastando com o clima conflituoso que encontraríamos em La Paz, lembrava uma procissão. Índios e *cholos* caminhavam vagarosamente, entoando uma cantilena: "*Viva Siles Suazo, viva Victor Paz, viva, viva Victor Paz*".

Meu primo tinha dois possíveis contatos na cidade, por indicação de colegas bolivianos da faculdade. As duas famílias tinham apenas uma coisa em comum. Pensavam que meu primo era amigo muito próximo de seus jovens rebentos no exterior e nos receberam com múltiplas atenções. Afora isso, o contraste sociológico entre elas era evidente.

Fomos à casa do sr. Morales, uma construção sólida de classe média, mas com sinais visíveis de deterioração nas paredes descascadas e nos móveis velhos. Morales, um simpático e tímido boliviano, com fortes traços mestiços, nos levou para almoçar fora, com toda a família. Foi um almoço por muitos aspectos agradável, sob um puxado coberto por uma trepadeira, não fosse o fato de que a oferta daquele almoço era um considerável ônus para o anfitrião. Explicou-nos, entre suspiros, que as coisas na Bolívia iam muito mal. Ele perdera suas terras, que não eram nenhum latifúndio, em consequência da reforma agrária. Fez mil perguntas sobre o filho, que talvez tivesse de retornar à Bolívia, pois era cada vez mais difícil sustentá-lo no exterior. Quando tentamos pagar nossa parte do almoço, recusou-se firme e temerariamente.

Depois de um contato telefônico, fomos convidados a jantar na casa do sr. Antezana. Logo à porta da casa, em estilo neoclássico, percebemos que estávamos entrando em contato com "gente graúda", como se dizia na nossa família. A empregada-recepcionista, de gestos contidos, vestida de preto e avental engomado branco, os lustres, os quadros nas paredes, os sofás e poltronas macios confirmaram a primeira impressão. O chefe da casa, a mulher, os filhos e filhas não demonstraram, na conversa convencional, nada da tensão que exibira o sr. Morales. Era como se a Revolução Boliviana devesse ser escrita com letra minúscula e não os tocasse de perto. Algo porém ocorreu depois do jantar de vários pratos e nenhuma comida boliviana, *noblesse oblige*. Enquanto uma das filhas do casal estava ao piano, nos embalando em valsas, aliás bem tocadas, o sr. Antezana levou a conversa para a política brasileira.

"*Quien vota en Brasil?*", perguntou. Expliquei-lhe que votavam homens e mulheres maiores de 18 anos, com exceção dos analfabetos. "*Eso está bien*", respondeu. "*Acá hasta los perros votan!*" Até meu primo apolítico levantou o sobrolho diante daquela incursão metafórica aos absurdos do sufrágio canino. Conseguimos manter a linha, não discutir nada e recebemos de um dos filhos da casa uma indicação que nos pareceu atraente, para que fôssemos procurar, no escritório da Panamerican em La Paz, duas aeromoças amigas íntimas dele. Mais não disse.

Por fim, La Paz. Digo "por fim" não no sentido cronológico, porque depois de conhecer um pouco a cidade ainda estivemos em Puno, navegamos no lago Titicaca, num pequeno barco de totora — espécie de junco —, pilotado por um índio que não falava ou se recusava a falar espanhol e mascava uma bola de coca. Mas, por mais impressionante que fosse a viagem até a fronteira do Peru, La Paz é a última e permanente lembrança.

A cidade faz perder o fôlego, metafórica e literalmente. O *soroche*, mal das alturas pela falta de oxigênio, espreita os que ali chegam. Mas a gente se acostuma, atraído pelo encanto das ladeiras íngremes, dos mercados indígenas, da catedral da plaza Murillo, a paisagem linguística colorida, entremeada das falas em espanhol, em aimará e em quéchua. El Alto é, obviamente, o ponto mais alto da cidade, onde se localiza o aeroporto, a quase 4 mil metros. Em 1953, pouca gente morava nos arredores. Estávamos ainda longe dos anos em que El Alto incharia ao receber uma população deslocada, que perdeu seus empregos nas cidades e nas minas, vivendo agora, em sua maioria, de um precário comércio informal.

À distância, os picos nevados da cadeia andina, destacando--se o mais elevado — o Illimani — e o lendário Mururata, *el descabezado*. Não longe do Centro, em praças ressequidas, ou nos mercados de "abasto", as cholas vendiam uma ampla variedade de produtos alimentícios: batatas comuns ou as chamadas "*chuño*", secas e congeladas; cenouras, cebolas, uma ou outra especiaria. Para o corpo e para o espírito, havia ervas para curar doenças graves ou a impotência masculina; ou, ainda, fetos secos de lhama, componente imprescindível de certas feitiçarias; as mantas coloridas, de tecido grosseiro; a cerâmica variada, com figuras de bois, de dragões, a cabeça fixa ou removível, ao gosto do comprador. Mas não se pense que tento compor uma paisagem geográfica e social idílica. Lembro, por exemplo, que de vez em quando era melhor voltar os olhos para o lado, evitando ver a cena das índias que, à vista de todos, levantavam as saias e defecavam, deixando rastros ao redor.

Havia também o *frisson* dos choques armados. Àquela altura, as medidas radicais tomadas pelo MNR tinham afastado do partido muitos simpatizantes de classe média. Uma "viragem à direita" começava a se definir, com a rápida emergência nas cidades de um partido de origem clerical, a Falange Socialista Boliviana (FSB). Isso se constatava claramente na vida cotidiana. Tomávamos um táxi e logo se ouvia o estampido de tiros, encarados com naturalidade pelo motorista, mas que o obrigava a desviar o carro para ruas mais tranquilas. De um lado, as milícias do MNR; de outro, os militantes da FSB. Os falangistas improvisavam comícios, reunindo rapidamente centenas de pessoas. Os discursos, de um radicalismo contundente, acabavam sendo interrompidos pela repressão e provocavam correrias para todos os lados.

Como não só de política vive o homem, mesmo no caso dos que se sentem atraídos por ela, depois de nos instalarmos, excepcionalmente, num bom hotel, fomos procurar o escritório da

Panamerican. As duas aeromoças, ou quem sabe funcionárias, lá estavam, belas, muito brancas, altas e bem-vestidas. Nosso embaraço, de cara, foi visível. Aquele mar era para peixes grandes. Mesmo assim nos apresentamos, a referência ao jovem Antezana não produziu efeito nenhum e tudo ficou naquilo. Tenho a impressão de que, se insistíssemos, elas acabariam nos oferecendo algum desconto em passagens aéreas. A alternativa, dias depois, seriam os convites de uma jovem independente, hóspede do hotel, que chamava jovens a seu quarto para lançar-se a "frivolités", como dizia.

Subindo e descendo as ruas estreitas, logo no primeiro dia de nossa chegada fomos em busca de um lugar para comer. A cara dos restaurantes e o cheiro da comida não eram nada convidativos. De repente, demos com uma miragem. Uma casa de estilo alemão, com um letreiro bem caprichado à porta: Café Viena. Entramos num mundo conhecido, asseado e sóbrio, mesinhas de madeira escura, cadeiras de palhinha, falas em voz baixa à nossa volta. Um mundo conhecido, pois lembrava as confeitarias alemãs de São Paulo.

A miragem era ainda mais incrível porque a mezzuzah — peça de madeira contendo frases da Torá — colocada num dos batentes da porta de entrada indicava que se tratava de um estabelecimento de judeus e, pelo nome, de judeus austríacos. Chá, torradas e doces eram servidos por um garçom local. Logo aproximou-se um senhor de aspecto germânico, cara vermelha, longos cabelos grisalhos. Nos identificamos como judeus brasileiros, coisa que provocou no homem um contido mas real entusiasmo, mesmo porque ele não poderia saber que aquela definição, embora verdadeira do ponto de vista cultural, não o era do ponto de vista religioso.

O homem saiu conosco, misturando um espanhol muito carregado com frases em alemão. Meu irmão Ruy, que sabia algo da língua, arriscou-se a trocar com ele algumas frases. Fomos a um bairro de classe média, de concentração judia, segundo informou o inesperado guia. Cada vez que passava por uma casa "de um dos nossos", repetia a palavra: "Judio, judio". Afinal nos convidou a ir à sinagoga no dia seguinte, para a cerimônia da sexta-feira.

Muitos anos se passaram antes que eu conhecesse um pouco mais da história da colônia judaica na Bolívia, além de saber que eles eram obviamente refugiados do nazismo. Pouco tempo após a ascensão de Hitler em 1933, judeus com recursos ou com boas conexões, e sobretudo com um bom faro premonitório, conseguiram obter vistos e emigrar para países ou regiões de sua escolha, como Inglaterra, Estados Unidos, Austrália, Palestina e mesmo Argentina e Brasil. Mas, em fins daquela década de 1930, as portas foram se fechando e a Bolívia foi um dos poucos países dispostos a acolher os refugiados judeus — a maioria na condição de "agricultores", com o compromisso, portanto, de fixar-se nas zonas rurais, coisa que obviamente não aconteceu. Calcula-se que entre 1938 e 1940 cerca de 20 mil judeus, provenientes da Alemanha, da Áustria, da Tchecoslováquia e da Hungria, foram se instalar em La Paz, Cochabamba e outras cidades do país.

Um professor universitário americano, Leo Spitzer, reproduziu relatos dessa gente, alguns deles lembrando que naquela época teriam ido para a Lua se possível fosse, mesmo porque sabiam mais da Lua, que viam no céu nas noites claras, do que da Bolívia. Werner Guttentag, imigrante alemão, chegado em 1939, recordou, mais de cinquenta anos depois, que sua imagem da Bolívia provinha dos livros de Karl May — autor alemão muito popular na época, cujos pés nunca haviam pisado em solo boliviano. A curiosa descrição de La Paz, feita por Guttentag, coincide em parte com minhas lembranças da cidade, mas por virmos de países tão diferentes, com histórias pessoais e situações tão diversas, a descrição do imigrante alemão revela muito mais estranheza e escassa simpatia. Ele fala da terrível impressão que lhe causou o cheiro de La Paz, das índias que defecavam nas ruas e das lhamas que atravancavam o tráfego.*

Fiquei sabendo, pela leitura de Spitzer, que a colônia judaica em pouco tempo formou uma rede associativa a partir da Comunidade Israelita, fundada em 1939. Dessa rede — que também funcionava como centro de informação e lazer — faziam parte a sinagoga, uma escola (Escuela Boliviana-Israelita), um jardim de infância, um lar de velhos e um centro dedicado à "boa música", revelador do gosto musical dos judeus alemães. Circulava um jornal em língua alemã, em cujas páginas viam-se anúncios de pensões, lojas de vestuário, restaurantes, com nomes como Pension Europa, Peleteria Viena, Café-Restaurant Weiner e, quem diria, Café Viena.

Lamento dizer, voltando à narrativa, que não fomos à cerimônia na sinagoga, e sim ao encontro dos revolucionários, opção bem menos interessante, pelo menos aos olhos de hoje. "Fomos", significa meu irmão e eu, pois o primo nem imaginaria participar de uma reunião política, ainda mais clandestina. Na época, como ocorria em outros países latino-americanos, vivia na Bolívia um representante do BLA, o camarada Ortiz, também apelidado, desrespeitosamente, de "Galinha", por razões que ignoro. Seria pelo rosto marcado de espinhas? Fomos recebidos com surpresa, pois

---

* As referências sobre os judeus imigrantes na Bolívia constam do texto de Leo Spitzer "Andean Waltz", in Geoffrey H. Hartman (Ed.), *Holocaust Remembrance (The Shapes of Memory)*. Cambridge Mass and Oxford. Blackwell, 1994. É significativo notar que nas várias denominações das entidades associativas nunca figure a palavra "judaica" e sim "israelita". Isso não é estranho ao fato de que a Bolívia não foi imune ao antissemitismo e contou mesmo com setores políticos simpatizantes do nazifascismo.

não havia notícia da nossa chegada, nem era claro que estivéssemos na Bolívia para realizar uma missão política, único objetivo que justificaria nossa presença. O inevitável informe provocou críticas de todos os lados.

Em primeiro lugar, nos diziam que perdíamos tempo por estar ali, pois o trotskismo brasileiro estava à beira de dar "um salto qualitativo" se conseguisse atrair José Maria Crispim e seu grupo, expulsos ou em vias de ser expulsos do PCB. Depois, era preciso retificar "as ilusões pequeno-burguesas", reveladas pelo "apoio crítico" a Jânio Quadros.

Nosso encontro com os camaradas bolivianos terminou tarde da noite. Atravessamos a pé as ruas silenciosas de La Paz, as solas dos sapatos ecoando forte no silêncio. Diminuíamos o andar quando passávamos por grupos de milicianos do MNR que vigiavam pontos estratégicos da cidade, empunhando velhos rifles.

Enfim, premidos mais pelos dias de que dispúnhamos do que pelas urgências revolucionárias, regressamos ao Brasil. Dessa história de mais de cinquenta anos atrás, ao lado de muitos encantos ficaram duas frustrações: não cheguei a ir às minas de estanho de Oruro como pretendia e, lacuna maior, nunca mais voltei à Bolívia.

6. O camarada Crispim. Entrismo e saidismo

O objetivo principal do POR consistia em atrair quadros do PC. Os trotskistas acreditavam que o caminho da volta à "pureza leninista" passava pelos partidos comunistas, que, supostamente, tinham em seu interior quadros valiosos, enraizados no trabalho de base, capazes de transformar os partidos de dentro e levar à queda das direções burocráticas. Os militantes trotskistas acompanhavam com a maior atenção os sinais de crise no interior do PCB, e os zigue-zagues da linha política, impostos de cima para baixo. Prova disso foi a tática desastrosa do "entrismo", adotada pelo POR e decidida em uma reunião latino-americana realizada no Chile, em março de 1954. Essa tática de infiltração no PCB para ganhar novos quadros, ou quem sabe construir, numa fusão de forças, um novo partido marxista-leninista, partia também da constatação de que era impossível conquistar a confiança política da classe trabalhadora e de sua vanguarda ficando de fora de suas formações de massa.

A entrada de trotskistas no PCB resultou em alguns ganhos

na União da Juventude Comunista (UJC), porém nem foi possível manter esses jovens no interior do PC para ganhar novos adeptos, nem os "entristas" conseguiram permanecer sem ser denunciados como espiões, a serviço da polícia. Outra tentativa de ganhar militantes ocorreu quando alguns jovens do POR, selecionados por seu aspecto físico, mas não certamente por seu perfil psicológico, ingressaram no trabalho de fábrica, opção semelhante, embora em bem menor escala, à dos padres-operários católicos.

Aqui e ali conseguiu-se alguma coisa, mas também ocorreram casos patéticos, como o de um rapaz cujo nome de guerra era Vicki e fora membro da diretoria da União Estadual dos Estudantes (UEE). Vicki, que subitamente se transformara em operário, trabalhando no turno da noite de uma grande metalúrgica, um belo dia desapareceu. Nem em sua casa, muito menos na fábrica, nem em qualquer outro lugar era possível encontrá-lo. Passados meses, ao tomar um ônibus, vislumbrei o Vicki sentado num dos bancos da frente, com um lugar vazio ao lado. Ocupei o lugar e o rapaz, tipo simpático, começou a conversar comigo sobre trivialidades, como se nada de estranho tivesse acontecido. Resolvi lhe perguntar, de leve, por que desaparecera: "Ah, aquilo foi uma fase absurda da minha vida. Já passou. Sabe, um espírito maligno tinha dominado minha mente". Preparado para uma discussão política, a resposta me nocauteou. Voltei à conversa trivial até que Vicki descesse do ônibus, algumas paradas adiante. Nunca mais o encontrei, nem me lembro de seu nome. Como andariam hoje seus demônios?

Nosso mundo, o mundo do POR, estava focado no avanço da revolução mundial, na qual acreditávamos piamente e, num plano mais restrito, nas circunstâncias da vida do PCB. Circunstâncias que, como eu já disse, provocavam tonturas, pois o partido flutuava de acordo com o comando-geral de Moscou e as formulações de seus dirigentes nacionais. A oscilação ia da linha de "capitulação de classe" — a aliança com a burguesia nacional, suposta adversária do imperialismo e capaz de promover o desenvolvimento autônomo do país — ao radicalismo com tintas "obreiristas", num programa de lutas de "classe contra classe". A tentativa de aliar-se com a burguesia nacional ocorreu a partir dos últimos anos do Estado Novo até o início de 1948, quando a Guerra Fria se tornou uma realidade e o PCB teve seu registro cassado. A linha radical teve seu ponto mais alto no Manifesto de Agosto de 1950, pelo qual se propunha a "substituição da atual ditadura feudal-burguesa, serviçal do imperialismo, por um governo revolucionário, sob a direção do proletariado".

Depois, vieram os tempos da aposta na linha anterior, em novas e aparentemente mais promissoras circunstâncias, até a célebre declaração de Luís Carlos Prestes, às vésperas do golpe de 1964, de que os comunistas já estavam no governo e só lhes faltava assumir o poder.

Foi com muitas esperanças que o nascente POR acompanhou a chamada "cisão Crispim", em que o herético José Maria Crispim foi expulso do PCB em fevereiro de 1952, por divergir da linha do Manifesto de Agosto. Crispim era um homem moreno, magro, cujos traços denotavam a presença das decantadas três raças formadoras da população brasileira, e tinha um histórico impecável de dedicação ao PCB. Nascido no Pará, filho de seringueiro, era sargento do Exército quando foi preso por seu envolvimento na insurreição de novembro de 1935, passando sete anos na cadeia. Deputado mais votado da bancada comunista à Assembleia Constituinte em 1945, desde 1946 integrava o Comitê Nacional do PCB.

Pois esse homem, com tal currículo, foi expulso do partido pelo núcleo dirigente composto de Arruda Câmara, Maurício Grabois, João Amazonas e Carlos Marighella, todos rompidos mais tarde com o PC por diferentes razões. Para lembrar aqueles tristes tempos, transcrevo dois trechos da resolução do Comitê Nacional do PCB, que expulsou Crispim, extraídos do livro de Murilo Leal:*

> O Pleno do CN do PCB, após debater o informe da Comissão Executiva apresentado pelo camarada Diógenes Arruda, sobre vigilância revolucionária e sobre a conduta e atividade antipartidária de José Maria Crispim, resolve, por unanimidade, expulsar esse elemento das fileiras do Partido, como desertor e fraccionista, como inimigo da classe operária.
>
> O CN do PCB chama ainda a todos os militantes para reforçarem a vigilância revolucionária do Partido, localizar e denunciar quaisquer atividades do inimigo de classe em nossas fileiras. Nas condições atuais, o imperialismo americano não poupa esforços nem dinheiro para introduzir no Partido do proletariado espiões e provocadores, visando enfraquecer sua ação junto às massas, desviá-lo da justa aplicação da sua linha política e impedir que desempenhe seu papel de vanguarda. Identificar tais elementos e expulsá-los do Partido é tarefa de todos os nossos militantes.

Embora Crispim criticasse o PCB, no momento da expulsão, por razões bem diversas do POR, os trotskistas saíram em busca de contatos com ele e seu grupo. A *Frente Operária* passou a dedicar-lhes vários artigos ("Crispim: policial ou esquerdista"? "Aonde vai a cisão Crispim?"), até se consumar sua adesão ao trotskismo, em carta aberta de setembro de 1955. Seja pelo ambiente no interior do POR, seja por suas inclinações pessoais, Crispim adotou uma postura de rigorosa clandestinidade que os tempos de legalização informal dos comunistas não impunham.

* Leal, *ob. cit.*, p. 81.

Recordo uma entrevista que ele deu à *Última Hora*, o jornal de Samuel Wainer, numa casa distante do Centro, cercado de todos os cuidados. Nessa entrevista, acompanhada de uma foto, o repórter carregou nas cores de mistério dizendo que, do escuro de uma rua mal iluminada, brotara o ex-líder do PCB, acompanhado de dois jovens militantes, seus guarda-costas. Os jovens militantes éramos eu e Leôncio.

Crispim era um homem inteiramente devotado à "causa revolucionária", intolerante consigo mesmo, não se permitindo qualquer diversão em sua vida restrita. Quando lhe sugeri em certa ocasião que poderíamos sair de carro para dar uma volta, ele cortou: "Não sou homem de passeios". Criticava as amizades "sem interesse de classe" e tudo o que fugisse à política. Lembro de meu incômodo com uma observação de Crispim, quando em meio a uma reunião partidária ouvimos o rádio anunciar a morte de Carmen Miranda, a quem eu admirava e admiro: "Essa era uma gozadora da vida". Mas não guardo dele uma imagem negativa. Era um homem de origem simples, formado na escola do PCB, expulso de seu mundo, que acreditava na ideologia comunista e morreu pobre, como havia nascido. Lembro, comovido, seu filho Joelson, ainda criança, com problemas de visão e uns óculos desproporcionais à sua pequena figura. Joelson seguiu a trilha do pai e morreu assassinado pela ditadura, em 1970.

O impulso dado ao POR com a entrada de Crispim e parte de seu antigo grupo — gente de Niterói, Sorocaba, e Vila dos Remédios, na periferia de São Paulo — não foi tão grande como imagináramos. Depois de alguns anos de militância, Crispim estava incomodado pela estreiteza da vida de um pequeno núcleo, que contrastava com sua biografia, e também discordava de suas ideias básicas. Ele encontrou a oportunidade de sair do POR quando uma nova cisão irrompeu no PCB: a cisão Agildo, em referência ao nome de Agildo Barata, ex-militar como Crispim e também figura de proa na insurreição de 1935, expulso do PCB em agosto de 1957. Um mês antes, o camarada Marcelo publicara na *Frente Operária* um artigo cuja caracterização era precisa: "Marcha para a direita — A cisão de Agildo".*

Crispim tratou de se encaixar na nova cisão e abandonou o trotskismo. O desfalcado POR perdeu seu presumível astro, mas não se encerrou nas catacumbas, tratando de ocupar espaços nos comícios pelas reformas de base e nas manifestações de apoio à revolução cubana.

Os trotskistas viam em Cuba a quebra de um elo frágil da cadeia imperialista e o início da revolução socialista na América Latina. No início de 1961, comunistas e socialistas não davam grande importância à ilha, tanto assim que acabei assumindo a presidência do Comitê de Solidariedade a Cuba, em São Paulo. Reuniões rotineiras foram rompidas pela invasão da ilha, em abril daquele ano, por exilados cubanos, recrutados e treinados pela CIA. O Comitê de Solidariedade ganhou de repente importância e notoriedade, e a minha presença na presidência se tornou incômoda. O PCB mobilizou seus quadros dirigentes e pessoas de prestígio, como Caio Prado Jr. e Mario Schenberg, que apareceram em várias reuniões. Por fim, os homens do PCB deram uma solução ao problema. Em vez de argumentar ou tentar me derrubar, uniram-se a socialistas e nacionalistas, em reuniões paralelas, e esvaziaram o comitê oficial que eu presidia.

Nessas reuniões e nas passeatas daqueles dias decisivos, a divergência ideológica se tornou evidente. As passeatas percorriam as ruas do Centro Velho e cruzavam o Viaduto do Chá em

---

* Não obstante as nítidas diferenças entre o POR e o grupo de Agildo, cujo nacionalismo era visível, os contatos entre ambos existiram, e tiveram mesmo uma episódica importância, incluindo a publicação de artigos na revista do grupo, *Novos Tempos*.

direção à praça da República, levando à frente bandeiras de Cuba e do Brasil, além das vermelhas, empunhadas pelos grupos mais radicais. No curso de uma dessas passeatas, uma rixa surgiu entre os porta-bandeiras. Os trotskistas queriam parar em frente ao prédio da Light, na esquina do viaduto com a praça Ramos de Azevedo, enquanto os comunistas e afins queriam seguir adiante, tratando de evitar excessos e provocações. No fim da disputa, que durou uns poucos minutos, a passeata foi em frente, em mais uma demonstração do "oportunismo dos stalinistas". Os dias tensos terminaram em festa. Com a derrota dos "gusanos" em poucos dias, os manifestantes saíram mais uma vez pelas ruas do Centro, agora com a palavra de ordem única "VENCEMOS!". Só não estou inteiramente certo de que muitos transeuntes e pessoas que acorriam às janelas dos escritórios sabiam a razão do nosso entusiasmo.

Do ponto de vista estratégico, a verdade é que os comunistas e os socialistas eram menos desligados do mundo real, quando comparados aos trotskistas e a outros grupos radicais. Eles insistiam na tecla da defesa de Cuba em nome da autodeterminação dos povos, enquanto a extrema esquerda martelava a frase "Cuba é nosso exemplo" — uma versão atenuada da arrepiante palavra de ordem que logo surgiria: "Criar um, dois, três Vietnãs".

Foi no clima criado pela invasão de Cuba que o POR participou de um ato de frente única, na praça da Sé, em 1º de maio de 1961. Havia bastante gente, umas 5 mil pessoas, o que para nós, trotskistas, era uma grande massa. Do ponto de vista estético, estou seguro de que aquela foi a celebração política mais bela feita em São Paulo, graças ao talento de Flávio Império, amigo de Cynira e meu amigo também. Fiz um discurso radical, ao lado de flâmulas esvoaçando ao vento, num colorido de cores em que predominava o vermelho. No arremate, sob aplausos, conclamei à ruptura das alianças burguesas, em favor da aliança operário-

-camponesa. Ao descer do palanque, deparei com um preocupado Ênio Sandoval Peixoto: "Orador que fica arrebatado consigo mesmo se perde e não transmite bem o que quer dizer para a massa".

Além de contar com escassos militantes, o POR tinha uma circulação de gente que entrava e saía. Como dizia Crispim, num raro momento de fina ironia, "temos entristas (referência aos que faziam entrismo no PCB) e alguns saidistas". Os "saidistas" davam adeus ao POR de muitas formas. Já contei a história do anjo mau que pousou no Vicki, e outra que vale a pena lembrar foi a do camarada Paiva. Ele nunca dirigiu a menor crítica que fosse ao agrupamento. Apenas faltava repetidamente aos "pontos" e se explicava alegando que surgira uma emergência de última hora ou que "Imaginem, camaradas, não sei explicar, mas esqueci". Também apelava para os desencontros de comunicação, do gênero: "Não era para nos encontrarmos no Mappin; o ponto era o cine Metro. Cansei de ficar esperando na porta". O grupo trotskista estava preparado para discutir divergências ideológicas, mas aquilo era inusitado e ninguém descobriu o remédio para o impasse. Ou, quem sabe, o camarada Nelson tinha um diagnóstico certo que ninguém levou a sério: era preciso considerar as perplexidades do camarada Paiva ao pé da letra e aconselhá-lo a tomar Phymathosan.* E o Paiva se foi, misteriosamente, passando a ser considerado um caso perdido ou, pior do que isso, um caso sem explicação.

Fui vê-lo na Câmara Municipal, já reconvertido a Sebastião Simões de Lima, para acertar alguns ponteiros sobre possíveis depoimentos após o golpe de 1964. Foi a última vez que o vi e ficou na minha memória um exemplo de seu bom-senso. Um

---

* Fitoterápico para tosse, bronquite e auxiliar no tratamento da tuberculose, foi lançado em 1920 e existe até hoje, como Fimatosan. Popularmente, acreditava--se que era um poderoso tônico revigorador das energias.

vereador sabidamente de esquerda, ex-trotskista, quis saber sua opinião acerca da oportunidade de um discurso que pretendia proferir, elogiando o general Amauri Kruel, comandante do II Exército, com sede em São Paulo. Seria o primeiro passo para virar, ou pelo menos ajeitar, a casaca. O discurso nunca chegou a se realizar, pois o vereador oportunista acolheu o conselho de Sebastião: "Você vai dar um fora de graves consequências. Vai ficar mal com a esquerda e nem por isso vai ganhar a confiança da direita".

Dois fatores me levaram à saída do trotskismo. De um lado, a cisão da IV Internacional, ocorrida em 1962, quando europeus e latino-americanos se dividiram. Aqui, interessam menos as razões ideológicas da divergência e mais o fato de que um dos motivos que me levaram a ser trotskista fora o caráter internacionalista do movimento. Não importava muito que, afora no Ceilão e na Bolívia, as seções da IV Internacional fossem frágeis. Elas eram, onde quer que fosse, o germe de difusão de uma análise marxista correta, a fonte de divulgação do pensamento de um grande líder revolucionário, cujo trabalho de formiguinha iria se entroncar com a crise simultânea do capitalismo e do stalinismo.

A cisão desfazia o sonho e me levava ao mundo detestável das facções, das acusações recíprocas, pondo a nu, de forma tragicômica, que a hora do trotskismo tinha passado. Esse sentimento não era apenas meu, mas de vários militantes, entre eles Maria Hermínia Tavares de Almeida, jovem de uma incrível tenacidade, e Tullo Vigevani, homem tímido de poucas palavras, cuja determinação o levara, muito jovem, a ir trabalhar na fábrica da Pirelli, em Santo André.*

De qualquer modo, havia uma clara diferença entre o núcleo

---

* Leal, *ob. cit.*, p. 204.

europeu formado por gente como Ernest Mandel, Livio Maitan, Pierre Frank, que absorvera o melhor da cultura europeia e tinha ao mesmo tempo uma conduta decidida na defesa das ideias trotskistas, e o núcleo de rapazes inteligentes mas "obreiristas" do BLA, sob o comando de Posadas. Este logo entraria num universo delirante, ao defender a guerra atômica e outras sandices, sustentando que a guerra produziria milhões de mortos, mas, ao mesmo tempo, traria o fim do sistema capitalista.

No curso da crise, veio a São Paulo, em busca de contatos, o italiano Livio Maitan. Ele me procurou e marcamos um encontro num hotel do centro da cidade, um hotel decente, muito diverso dos pardieiros em que se metiam os homens do BLA. A conversa com Livio me impressionou bastante, porque ele era politicamente radical mas coerente e insistia que eu pensasse com a minha cabeça acerca de quem era Posadas e seu "centralismo democrático", cujos traços, vistos de perto, eram bem piores do que ele imaginara.

Na minha ingenuidade, e considerando Diego um dirigente sensato, tentei contribuir, com um grãozinho, para a preservação da unidade da Internacional. Diego nem sequer ouviu meus argumentos e me proibiu de falar outra vez com o visitante, pois ele iria explorar os encontros para os piores fins. Errei em não voltar a falar com Livio, mas senti que minha "fortaleza revolucionária", cujas brechas sempre existiram, começara a ruir. E, de fato, ruiu rapidamente.*

Houve também uma razão de ordem pessoal para a minha

---

* Livio Maitan (1923-2004), formado em letras clássicas, teve uma longa militância no trotskismo e foi um dos fundadores do Partido da Refundação Comunista (1989), que se opôs à linha moderada do antigo PCI. Curiosamente, Maitan tinha orgulho de jogar futebol até os setenta anos, ao contrário de Posadas, que ocultava essa informação, para mim dignificante, de seu passado.

saída do POR. Ela partiu de uma constatação feita após um comício na praça da Sé em defesa da Revolução Cubana, durante a crise dos mísseis soviéticos (outubro de 1962), de tom radical ou, se quiserem, com a fúria radical de sempre. Nesse comício, de que participou uma senhora grisalha e decidida, ninguém menos do que Celia Guevara — a mãe do Che —, falou também Thomas Maack, jovem médico nascido na Alemanha, meu amigo até hoje. Na saída do comício, ele se virou para mim, ainda eufórico, e disse uma frase de longo alcance: "Se hoje a direita desse um golpe, nós estaríamos perdidos". Na época, nem pensei que, na hipótese de um golpe de esquerda, estaríamos perdidos também, de forma até pior. Direita ou esquerda, o importante é que a frase de Thomas me levou a fazer um balanço de vida em meados de 1962.

Uma atividade profissional insatisfatória, uma militância política baseada em princípios nos quais eu deixara de acreditar e que só me trazia riscos — estava na hora de mudar de rumos. Nesse momento, já casado, Cynira teve um papel fundamental, ao insistir que eu parasse com a choradeira e tomasse medidas práticas em busca de novos caminhos. Quanto aos problemas financeiros gerados por uma atitude decisiva, ela saberia concorrer para que nada de básico nos faltasse.

Saí do POR em fins de 1962. Durante os anos febris de 1963 até o golpe de 1964, concentrei-me na vida pessoal, tratando de garantir, com Cynira, a vida familiar e me converter em um estudioso ou, melhor, naquela altura um estudante de ciências humanas. Ainda assim, meses antes do golpe fui a uma reunião ampliada dos trotskistas e ouvi, com distanciamento e certa ironia, um militante sustentar a tese de que deveríamos apoiar Jango (que diferença fazia?) como os bolchevistas haviam sustentado Kerensky por uma corda, com a qual ele acabou se enforcando.

7. Um balanço da micromilitância

Passados mais de 45 anos, como avalio a adesão ao trotskismo e a militância no POR, que abrangeu nove anos da minha vida? Desdobro a pergunta em outras. Se a opção à esquerda estava no que se chama a lógica dos fatos, a experiência ortodoxa no PCB teria sido mais marcante ou menos marcante? Mais deformadora ou menos deformadora? A história da Rússia teria sido menos dramática se os moderados mencheviques e os social-revolucionários tivessem logrado se manter no poder após a revolução de fevereiro de 1917? Haveria uma grande diferença na história soviética se Trotsky, ou outros opositores tardios do stalinismo (Zinoviev, Kamenev, Bukharin), tivessem conseguido cortar as asas de Stálin?

A primeira interrogação é de fácil resposta, pois se situa nos limites da vida pessoal. As demais, entretanto, são bastante complexas, entre outras razões, por pertencerem à esfera da história contrafatual. Começo por elas.

Em princípio, os social-revolucionários e os mencheviques

poderiam ter iniciado na Rússia um curso de reformas no âmbito de um regime democrático, evitando assim a emergência da autocracia stalinista. O primeiro passo para a implantação dela se deu muito cedo, quando os bolcheviques, em 1918, impediram pela força a instalação de uma Assembleia Constituinte em que não teriam maioria.

Mas é preciso ter em conta que as condições da Rússia, combinando desastres na frente de batalha da Primeira Guerra Mundial e a galopante radicalização política no plano interno, davam muito pouco espaço para uma alternativa reformista. Por outro lado, creio que, se qualquer das correntes comunistas de oposição conquistassem o poder, certamente a história da União Soviética seria menos brutal do que foi. Talvez a revolução não devorasse seus filhos, os inimigos políticos não fossem liquidados na extensão que o foram, o fenômeno concentracionário do Gulag não tivesse a mesma proporção, a política, mesmo radical, não fugisse a seu terreno próprio e não se convertesse num instrumento de falsidades e violência sem limites a serviço de uma autocracia.

Um quadro melhor, mas nem tanto. O bolchevismo era intrinsecamente uma doutrina totalitária, cujos líderes, em certos casos com boas intenções, estavam convencidos de sua missão histórica. O veículo dessa missão era o Partido (com P maiúsculo), expressão da vanguarda do proletariado — a classe portadora da revolução socialista —, mas que, em si mesma, sem a vanguarda, nunca iria além de uma consciência sindical. Uma concepção desse gênero, intrinsecamente antidemocrática, é típica das correntes que encarnam a sociedade e a política como uma arena não só conflitiva, como a democracia sustenta, mas como uma arena de batalha entre amigos e inimigos.

No caso de Trotsky, sua breve carreira no poder e suas concepções posteriores revelam como elas, embora não se confundissem com as perversões do regime stalinista, situavam-se no marco das concepções bolcheviques a que ele aderira nos primeiros meses de 1917.

Mesmo admitindo-se que a União Soviética, em seus primeiros anos, atravessava uma situação extremamente delicada, não podemos esquecer episódios e medidas repressivas em que Trotsky teve papel principal ou relevante, entre outros a liquidação a ferro e fogo da revolta dos marinheiros de Cronstadt em 1921 e a militarização dos sindicatos. Em resumo, stalinismo e trotskismo eram frutos de uma mesma árvore, ainda que o primeiro produzisse frutos mais envenenados.

Vou do geral ao particular, lembrando que as experiências partidárias no tempo da minha juventude não podem ser tomadas apenas sob o ângulo político, pois, entre outras coisas, faziam parte de um processo de socialização e de construção de identidades. Os comunistas realizavam encontros festivos e seus dirigentes sempre acenavam aos militantes e aos "companheiros de viagem" (entre os quais obviamente não se incluíam os trotskistas) com encontros promissores no exterior, sobretudo para participar dos Festivais da Juventude.

Nós nos limitávamos a uma pizza na Águia de Ouro, no Anhangabaú, no modesto Leão, situado na avenida São João, ou a uma partida de sinuca nos baixos do Martinelli. Pequenas atividades de desafogo, todas em torno da sede do partido, em que muitas vezes prolongavam-se as conversas políticas.

Mas em outra esfera penso que levamos uma vantagem considerável, em grande medida porque o POR era apenas uma maquininha de brinquedo, enquanto o PCB era uma máquina burocrática cujo mecanismo marcava profundamente aqueles que participavam de sua engrenagem. Se cultuávamos Trotsky, cultuávamos um mártir cujas ações e palavras podiam ser vistas com a mais profunda admiração, mas já não podiam determinar as decisões do presente. Outra coisa era Stálin. Suas diretrizes eram absorvidas sem pestanejar e geravam um vínculo profundo, quase sem paralelo nos dias de hoje, entre o ícone e seus adoradores.

Quando Stálin morreu em 1953, o luto e o desespero tomaram conta dos militantes e simpatizantes do comunismo. Poucos anos depois, Nikita Kruschev denunciou os crimes de Stálin, tratando aliás de circunscrevê-los e lhes dar uma significação pessoal, a fim de evitar uma crítica a fundo do regime soviético. Muitos se recusaram a acreditar, e os que acreditaram fizeram uma traumática descida dos céus à terra.

No plano nacional, Luís Carlos Prestes foi a estrela de primeira grandeza no culto da personalidade, um homem da boca de quem ouvi dizer que os processos de Moscou tinham sido um exemplo de justiça popular e revolucionária. Há até quem louve sua coerência ao defender as mesmas ideias por toda sua vida, esquecendo-se de que tais ideias tinham como núcleo a defesa de uma das ditaduras mais sinistras do século xx.

Diante dessas figuras, que peso poderiam ter Posadas e seus acólitos, os jovens do BLA? Claro que eram todos autoritários, uns mais, outros menos, com Posadas no ápice da pirâmide. Mas eles não tinham muita força sobre o grupo trotskista, impregnado pelo clima tropical brasileiro. Como disse certa vez a mulher de Posadas: "*en Brasil hay gente muy inteligente. Lastima que les falte espirito militante*".

Se acatávamos muitas análises divorciadas da realidade, dessa realidade da qual, de uma forma tortuosa, os comunistas estavam mais próximos, nos sentíamos livres do peso de uma lista de pecados veniais e capitais variáveis de acordo com as circunstâncias. Nos períodos em que o partido se propunha às alianças com a burguesia nacional, emergiam os pecados do sectarismo, do baluartismo (acreditar que o partido possuía uma força muito maior do que a real), do obreirismo etc. Quando a linha partidária dava uma guinada, pecados do passado se transformavam em virtudes e outros surgiam, como o do liberalismo, do colaboracionismo, e por aí vai. Em qualquer circunstância, no topo da pirâmide pecaminosa figurava a "traição à classe operária", que tanto poderia se consubstanciar no contato com agentes do inimigo — trotskistas, zinovievistas, bukharinistas* — quanto na discordância da palavra do camarada Stálin, do camarada Prestes ou das decisões do Comitê Central.

Minha visão dos anos de militância trotskista tornou-se mais pessimista com o passar do tempo. Não se trata apenas de medir a distância que vai da ideologia ao mundo real. Minha geração e outras que a ela se seguiram viveram o clima de sua época, e muita gente se engajou em caminhos sem saída, como foi a luta armada no tempo da ditadura. Mas não faz sentido olhar uma época apenas com os olhos de hoje, quando percebemos, com clareza, que certas opções políticas são claramente divorciadas de uma utopia possível.

Não deixa, porém, de ser curioso o espanto de uma geração mais nova com as ideias das gerações anteriores. Há alguns anos, quando eu, Cynira e nossos dois filhos víamos na televisão um programa do PSTU — um partido de massa, acreditem, para os trotskistas do passado —, um de meus filhos, não sei se o Sérgio ou o Carlos, comentando as palavras de ordem de um discurso que pregava o não pagamento unilateral da dívida pública, a expropriação das grandes empresas com controle operário, a estatização dos bancos, o reajuste mensal de salários, disse: "Que coisa mais absurda!". "Pois é, nós há muitos anos pensávamos assim", eu emendei, para espanto dos dois.

* Referência aos partidários de Trotsky, Bukharin, Kamenev, Zinoviev, revolucionários russos participantes da revolução de outubro de 1917, todos caluniados e mortos a mando de Stálin.

8. Na pátria do proletariado

Numa noite de abril de 1988, tocou o telefone em minha casa. Era um amigo, Pedro Paulo Poppovic. Conversa vai, conversa vem, ele me disse que estava cansado, pois passara muitas horas envolvido com a renovação de seu passaporte, enfrentando percalços burocráticos. Quando ele disse que ia à União Soviética com um grupo, a convite da Associação dos Amigos da União Soviética, respondi que essa era uma viagem que eu gostaria de fazer. Como houve algumas desistências no grupo, Cynira e eu pudemos nos juntar à turma de viajantes. Por fim, eu ia à União Soviética, esse país que, na minha juventude e parte da vida adulta, me despertara tanta emoção e sentimentos contraditórios.

Depois da longa viagem, com troca de avião em Paris, chegamos a Moscou ao cair da noite, cansados, estranhando o aeroporto escuro, o cheiro de urina e serragem que nos acompanharia semanas afora. Entreguei meu passaporte a um jovem uniformizado, protegido dentro de uma cabine; ele me olhou, carimbou o documento, esboçou um sorriso e disse uma palavra: "Barris". Felizmente, ele ficou só no nome Boris, em sua pronúncia russa, pois se tentasse um diálogo comigo eu ficaria mudo.

O hotel Kosmos contrastava com o aeroporto pela profusão de luzes do saguão de seu extenso lobby, onde se espalhavam quiosques vendendo quinquilharias bem ao estilo kitsch americano. Não me lembro de ter preenchido as usuais fichas de entrada, mas me lembro de que, delicadamente, nossos passaportes ficaram retidos na recepção. Diante da nossa surpresa, nos explicaram (em inglês, naturalmente) que os passaportes ficariam guardados apenas para que saíssemos à rua tranquilos, e que eles nos seriam devolvidos quando partíssemos de Moscou. Subimos aos quartos, passando por vastos e silenciosos corredores, onde mulheres robustas de meia-idade, postadas a uma distância uniforme, velavam nosso sono e seguiam nossos movimentos.

Na manhã do dia seguinte, o grupo foi assistir às comemorações do 1º de Maio na Praça Vermelha. Sentamos numa arquibancada reservada, depois de passar por um controle amistoso. Do outro lado da praça, Gorbachev sobe a uma espécie de púlpito, sob aplausos que me parecem protocolares, e faz um discurso para nós ininteligível. Mas dá para perceber o clima de fim de festa, para não dizer de fim de feira. No desfile dos sindicalistas, representantes de fábrica e organizações esportivas, o vermelho predomina nas cores e as palavras de ordem, proferidas pelos alto-falantes, num ritualístico tom monótono, são respondidas por um infalível "Urra!" pelos que desfilam.

Decepcionado, pois no fundo eu esperava algo épico na comemoração do Dia dos Trabalhadores na "pátria do socialismo", provoco os membros do grupo que são comunistas ou ex-comunistas e que constituem a maioria: "E eu, que nunca fui assistir ao desfile das escolas de samba no Rio...". Pedro Paulo e eu decidimos sair antes do fim. Impossível. As bocas do magnífico metrô

Comemoração do 1º de Maio, na Praça Vermelha. Moscou, 1964

estavam fechadas até que a manifestação terminasse. Esperamos sob um imprevisto sol forte naquele mês de maio.

No saguão do Kosmos, não havia apenas quiosques. Por lá circulavam mulheres altas, vistosas, muito brancas, de belas e longas pernas. A respeito dessas moças, Pedro Paulo me contou um episódio curioso, um diálogo que vai aqui na língua internacional em que se deu. Certa noite, pouco depois que ele e sua mulher, Malak, se deitaram, soou o telefone:

— *This is Irina. May I come up?*

— *No. My wife is here.*

— *Well, I don't care.*

Devo assinalar, a bem da verdade, que a oferta foi recusada.

Ainda em Moscou, me vi diante de uma dúvida cruel. Enfrentar uma longa fila para visitar o túmulo de Lênin em nosso último dia de Moscou ou aceitar o convite do embaixador Ronaldo Sardenberg e sua esposa para almoçarmos na embaixada? As tradições bolcheviques me impeliam à primeira opção; o estreitamento de relações me conduzia à outra. Meio perdidos, fomos caminhando em busca da Ulitsa Gertzena, levando na cabeça as indicações fornecidas pelo hotel, em meio a avenidas e cruzamentos. Finalmente, entramos numa rua longa e cheia de curvas que nos pareceu ser a da embaixada. Mirei os transeuntes que vinham em direção contrária e escolhi um homem que pelos traços do rosto me pareceu amável: "Ulitsa Gertzena?", perguntei. "Dá" ("sim" em russo), respondeu o homem, surpreso, mas com um largo sorriso.

A Ulitsa Gertzena, no entanto, parecia ser muito longa, talvez tivéssemos errado o caminho. A indecisão foi crescendo, quando, ao terminar uma curva, despontou no alto de uma casa de dois andares o auriverde pendão nacional. Apressamos o passo, tocamos a campainha da porta e um mordomo solene, a caráter, nos atendeu com um cumprimento formal. O embaixador Sardenberg e sua mulher nos acolheram com carinho e ofereceram um almoço de pratos brasileiros, na medida das possibilidades da matéria-prima local. Da minha parte, voltei ao Kosmos com a certeza de que nunca veria Lênin embalsamado em seu sono eterno ou, quem sabe, em conversa com os deuses.

Na saída do hotel, nos belos parques, éramos continuamente cercados por jovens cuja vocação parecia ser o escambo. Queriam trocar nossos tênis e maços de cigarros por correntinhas que garantiam ser de ouro. A mímica impera nessas ocasiões e, diante da nossa recusa, esboçava-se uma pressão que não chegava a ser um assalto. Afinal de contas, aqueles caras imaginavam que concordaríamos em trocar os tênis e sair andando descalços? Na verdade, para eles, nós nem existíamos; os tênis, sim.

Aparentemente, o melhor negócio nas ruas era a troca de dinheiro. Tínhamos trocado nossos dólares no hotel por um montão de rublos. "Que bobagem, na rua o câmbio é muito mais favorável", ironizou um dos membros do nosso grupo, um advogado que se tinha por muito sabido. Ele acabou caindo numa esparrela, mas pelo menos teve a franqueza e o bom humor de confessar: "Fiz uma troca excepcional, mas não reparei bem nas notas que recebi. Eram dinares iugoslavos, não valem nada".

Essas e outras peripécias decepcionaram uma senhora de convicções comunistas, que fazia a viagem para realizar um desejo do pai, vestindo seu pulôver, como lhe prometera antes da morte dele. Ela me confidenciou que, em Moscou, achava belas as construções e monumentos do passado, em contraste com os enormes edifícios maciços da época do socialismo. Eu, que respeitava seus sentimentos, concordei enfaticamente, até ela concluir: "É assim, mas a gente sabe por quê". Sem entender o sentido da resposta, preferi me calar.

De fato, é impossível ficar indiferente à beleza da Praça Vermelha, à imensidão do Kremlin, à Catedral de São Basílio, fantástica obra do século XVI, com suas cúpulas em forma de bulbos e sua desconcertante riqueza de cores. Numa rua próxima à praça, entrei no Goum, uma bela galeria de compras encimada por arcadas e construída em fins do século XIX. As lojas estavam desoladoramente vazias, até que vislumbrei, ao fim de um longo corredor, um ajuntamento de pessoas falando animadas, em voz alta, na entrada de uma loja. Elas compravam sapatos amontoados numa pilha, sem nem experimentar, saindo contentes com a preciosidade nas mãos. Eu, que experimento sapatos um atrás do outro e às vezes, mesmo assim, acabo errando na escolha, fiquei pasmado diante da cena. Mas os consumidores moscovitas daquela época não eram desvairados. Os sapatos eram um bem escasso e podiam ser vendidos com a maior facilidade, e até com um lucrozinho, caso não servissem.

Nos primeiros dias da viagem, as refeições eram um tormento. Montanhas de repolho cortado e de nabo, suco de maçã e uns doces de gosto indecifrável. Até descobrirmos que o jeitinho não é uma exclusividade brasileira. Certo dia, no almoço, demos com um grupo de italianos alegres que cantavam a canção "Bandiera rossa", bebiam vinho, serviam-se de *blinitz* e de caviar, acompanhados de champanhe. "Como se explica isso?", alguém do nosso grupo perguntou, com gestos, à robusta garçonete. A mímica da resposta foi logo entendida: preço especial. Desde então, um dos membros do grupo, empreiteiro de grandes obras, encarregou-se, com muita classe, de distribuir uma propina em dólar quando nos sentávamos à mesa. A robusta garçonete passou a nos tratar como tratava os italianos e se tornou ainda mais robusta, porque levava, numa espécie de bolsa aberta no vestido, sobre a barriga, latas e latas de iguarias.

Se nossas carências alimentares foram atendidas, nem por isso a estranheza cessou. Era quase impossível sair do hotel e ir a um restaurante sem antes fazer uma espécie de reserva. Uma regra insondável exigia que fizéssemos uma consulta prévia ao estabelecimento, e ainda assim sem a esperança de conseguir lugar para o mesmo dia. Não se tratava, porém, de um afluxo excessivo de clientes. Quando entrávamos em restaurantes praticamente vazios, recebíamos um "*niet*" como resposta. Talvez tenhamos sido ingênuos de, nessas ocasiões, na ausência de nosso solerte companheiro de viagem, não termos ousado oferecer uma gorjeta.

Certo dia, vimos longas e disciplinadas filas nas ruas mos-

covitas. Elas desembocavam numa barraca onde se vendia Pepsi-
-Cola, num tempo em que a Pepsi, aparentemente, monopoliza-
va o mercado russo. O líquido escuro, retirado de uma máquina
depois de se acionar uma alavanca, caía num copo de vidro único, que em seguida era passado de mão em mão às pessoas na
fila. Diante desse fato espantoso, alguém do nosso grupo ponderou que a cena pelo menos demonstrava como o povo soviético
era saudável.

Fomos a Leningrado (hoje São Petersburgo), cidade encantadora, seguindo um roteiro inflexível e cronometrado que nos
fez ser tangidos pelos corredores apinhados do museu do Ermi-
tage e nos permitiu apenas deitar olhares fugazes às telas mag-
níficas. Em meio a rios e pontes, os sonhos da revolução russa
subiram à tona. Ao pôr os pés na Perspectiva Nevsky, lembrei-me
da frase de Tchernichevski segundo a qual a história tem caminhos sinuosos e não segue a linha reta da Perspectiva Nevsky,
frase muito citada pelos bolcheviques antes da Revolução de Outubro.* As monumentais edificações, como o Palácio de Inverno,
o da Táurida, o Smolny, chamaram minha atenção mais por suas
referências históricas do que por sua arquitetura — como sede,
respectivamente, do governo provisório instalado em fevereiro
de 1917, do Soviet de Petrogrado e do quartel-general dos bolcheviques durante a Revolução de Outubro.

Depois de me informar sobre o roteiro, estranhei uma lacuna. Não se previa uma visita ao couraçado *Aurora*, ancorado nas
águas do Neva e convertido em museu flutuante. "O *Aurora*?",
me perguntam alguns companheiros de viagem. "Claro, o *Auro-*

---

* Em 1862, Nikolai Tchernichevski (1828-89) escreveu o romance *Que fazer?*,
em que traçava o desenho de uma nova sociedade. Lênin, que afirmou ter sido
muito influenciado pelo livro, usou seu título para o texto em que propôs as
diretrizes para o então Partido Social-Democrático Russo, em 1902.

O couraçado Aurora, *participante da tomada do Palácio de Inverno, em Petrogrado, durante a revolução de outubro de 1917*

ra, ou vocês nunca ouviram falar no navio de guerra que, no curso da Revolução de Outubro, dirigiu seus canhões ao Palácio de Inverno, ameaçando abrir fogo? Calaram-se, quem sabe evitando o risco de uma nova pergunta: "O que era mesmo o Palácio de Inverno?". Diante da minha insistência, nosso jovem e simpático guia resolveu tentar. Horas depois, me informou, triunfante: "Consegui". E lá fui eu, acompanhado de um pequeno grupo, visitar emocionado esse monumento histórico flutuante. Emoção de historiador, de ex-trotskista ou de ambas as coisas?

Nas proximidades de Moscou, visitamos Vladimir e Suzdal, duas maravilhosas cidades medievais, com suas igrejas bizantinas forradas de ícones, casas de madeira e tantas outras preciosidades. Mas como este não é um livro de roteiros de viagens, passo para um prosaico episódio ocorrido uma noite no hotel de Vladimir que bem pode ser chamado de "O episódio do casaco clandestino". Eu resolvera dormir, mas, ainda acordado, ouvi um alarido em meio a gritos, sem poder distinguir palavras. Desci até o lobby e lá fiquei sabendo que um rapaz do nosso grupo, sempre à cata de relíquias, trocara com um sujeito uma camisa da CBF por um casaco do Exército russo. Acabara preso por dois policiais, estereótipos dos agentes soviéticos em filmes americanos: encorpados, cara de granito, chapéus de abas longas. O grupo de brasileiros se reuniu indignado. Era preciso protestar, tomar alguma iniciativa. Pulei fora. O assunto não era comigo. Não simpatizava com o rapaz e muito menos com a polícia soviética. Fui dormir e, de manhã, soube que o problema se ajeitara. O infrator perdera o casaco, mas recuperara a liberdade. Quanto ao russo, não sei o que foi feito dele.

Os países do Báltico, integrados à força à União Soviética, em meados de 1988 eram um mundo à parte. Nosso guia nos explica: "Aqui estou em terra estranha. Pior ainda, sou um russo. É melhor eu aparecer o menos possível". Bela figura o guia, um jovem que na época andava pelos 25 anos. Falava um português com leve sotaque, embora nunca tivesse estado no Brasil, revelando essa facilidade de aprender línguas que os eslavos possuem. Falava mal do regime sem receio aparente, afirmando que tudo se desagregara depois de Lênin, e achava — bom profeta — que o comunismo estava com os dias contados. Sonhava em vir ao Brasil e assistir a um jogo no Maracanã.

A observação sobre o Báltico não era uma forma de se poupar depois das longas viagens, como pensei a princípio. O guia ficou em segundo plano, substituído por uma senhora que falava um espanhol bastante razoável e que, de saída, deixou clara sua posição. Apontando uma das bandeiras da Letônia agitada pelo vento, disse duas palavras — "*nuestra bandera*". Fazemos uma visita programada a uma escola de nível pré-universitário. O trio que expõe as atividades da escola faz fortes críticas ao sistema escolar soviético, provocando incômodo na maioria dos membros do nosso grupo. A certa altura, Cynira levantou-se e perguntou: "Existe psicologia como disciplina optativa do currículo?". "Não existe, mas estamos pensando no assunto." Psicologia era vista como "disciplina suspeita" até um passado recente.

Fizemos uma longa viagem de volta a Moscou, atravessando a noite num trem que lembrava os do nordeste brasileiro. Na mesma cabine, em dois beliches, os casais Poppovic e Fausto. Como o calor era pesado, abrimos as janelas, permitindo que um vento frio entrasse na cabine estreita. Mas o problema maior eram as latrinas — latrinas e não toaletes, cujo fedor impedia qualquer aproximação. Num ato heroico e vergonhoso para os dois homens, Cynira e Malak protestaram veementemente, em bom português, para um guarda de trem, que respondeu também veementemente, em russo. Mas os gestos, as narinas tapadas com os dedos, falaram mais alto. De repente, trazidas por uma faxineira, surgiram latas e latas de creolina, e, graças às nossas mulheres, que se encarregaram da limpeza, esse foi o cheiro que passou a dominar o vagão.

Voltamos a Paris como se voltássemos para casa.

9. Cynira e sua história

Uma das minhas últimas atividades como militante trotskista envolveu um episódio afetivo-partidário em que o afetivo predominou nitidamente — e perdura até hoje, passados mais de 49 anos.

Um casal amigo, Clotilde Rossetti Ferreira e Sérgio Ferreira, me falou de uma moça muito especial, que levara à prática suas ideias e fora morar num bairro operário na periferia de São Paulo. O bairro — a Vila Brasílio Machado, nome do proprietário que loteou a área —, ficava junto à então Estrada do Vergueiro, saída para Santos. Eu conhecia Clotilde como uma ativa militante da JUC no meio universitário, e Sérgio era amigo de meu irmão Nelson na Faculdade de Medicina.

No início de 1960, os dois casamenteiros me levaram ao Vergueiro e me apresentaram à moça que mudaria a minha vida e a dela também. Mas é melhor começar do começo. A história de Cynira parte de duas cidades muito próximas, uma acanhada e outra maior, ambas distantes mais de quatrocentos quilômetros da cidade de São Paulo: Elisiário, onde ela nasceu em janeiro de 1931, e Catanduva, onde viveu os primeiros anos de vida. Do lado materno, a ascendência de Cynira combinava várias etnias. A avó, Maria Nogueira, era uma mineira cujos traços denotavam ascendentes indígenas. Ela vivia em São Paulo, onde se casou com um filho de poloneses, Mariano Norowski. Nina, mãe de Cynira, foi a única filha do casal, um casal que se desfez, pois Mariano, a certa altura da vida, sumiu no mundo. Mas ela conservou esse sobrenome teimosamente, a ponto de, ao se casar em meados da década de 1920, conservar o nome de solteira — Nina Norowski —, coisa raríssima naquele tempo.

Sozinha, Maria Nogueira conseguiu criar a filha com seu trabalho de costureira com carteira assinada, como costumava dizer com orgulho. Foi além, pois Nina se tornou professora, diplomada pela Escola Normal do Brás, uma versão pobre da prestigiosa Caetano de Campos, da praça da República. Formada aos dezoito anos, Nina prestou concurso para professora da rede estadual de ensino e foi designada para lecionar em Agulha, cidadezinha próxima a Fernando Prestes, na região da Araraquarense.* Sua mãe a acompanhou nos primeiros tempos, pois seria temerário deixar a filha, jovem e bonita, sozinha naquele sertão.

Nina não ficaria sozinha por muito tempo. Conheceu um jovem elegante e bem-aprumado que tinha até automóvel. Era o Antonio Stocco, filho de italianos do Vêneto, os quais chegaram ao Brasil nos últimos anos do século xix, na grande leva da emigração para São Paulo. O pai de Antonio, Giuseppe, conhecido como o Nonno, se casou no Brasil com Adelaide Franciscato. A Nonna Adelaide teve cinco filhos e morreu cedo, aos 47 anos. O casal cor-

---

* A pequena cidade de Agulha deve seu nome à parte móvel de um trilho, que, girando sobre um ponto fixo, permitia que um trem ou um bonde passasse de uma via a outra.

respondia à imagem que os fazendeiros de café desenharam dos emigrantes do Vêneto. Eles eram conhecidos como os "mansos vênetos", pela economia de palavras, pela fala em tom baixo e pelos gestos medidos, diferentemente das levas dos expansivos imigrantes do sul da península — calabreses, bareses, napolitanos.

Com alguns recursos provenientes da venda ao irmão de sua parte nas terras que possuía na Itália, Giuseppe, apoiado pela mulher, comprou um hotel modesto em Charqueada, cidade próxima a Piracicaba, onde havia uma grande concentração de vênetos. De uma forma ou de outra, adaptou-se à nova terra, aos costumes locais, e falava o português corretamente. Conservou, ao mesmo tempo, alguns de seus hábitos de origem, entre eles o de tomar, todos os dias, uma taça de um encorpado vinho Chianti, apesar do calor interiorano. Mas com a morte da mulher ficou sozinho, e seus empreendimentos nunca foram longe. Os sonhos iriam se projetar na carreira do filho Antonio, nascido quase na virada do século, em 1899, em Ipeúna, outra cidade próxima a Piracicaba, para onde a família se mudara.

A ascensão de seu Stocco, como foi sempre chamado na vida adulta, resultou de um grande esforço pessoal. Ele só completou o terceiro ano do curso primário, lançando-se logo ao trabalho. Passou por vários empregos até conseguir um posto estratégico, como telegrafista da Araraquarense. Foi aí, transmitindo ordens de compra e venda, lendo a troca de informações sobre a situação do mercado, entre fazendeiros e comerciantes, que começou a conhecer os negócios de cereais e depois de café, nos quais veio a se envolver, deixando para trás os tempos de telegrafista. Aos 21 anos, em 1920, já se estabelecera por conta própria em Elisiário e, anos mais tarde, se mudaria com a família para Catanduva.

Catanduva é um exemplo típico das cidades da região da Araraquarense, nascidas do influxo dos imigrantes e com reduzida participação de famílias tradicionais brasileiras. Em meados

*Praça da República de Catanduva, início da década de 1960.
O prédio mais alto é o Edifício do Café. Vê-se também
o Banco do Brasil e o Clube 300*

dos anos 1930, a cidade era uma mancha urbana com cerca de 20 mil habitantes, rodeada de sítios e fazendas de café. Embora haja dúvidas quanto à época de seu surgimento como povoado — o arraial de São Domingos do Cerradinho —, com certeza ele não se deu antes das duas últimas décadas do século XIX, quando migrantes vindos de Minas Gerais se instalaram no local. Mas a fisionomia étnica da vila e depois cidade de Catanduva mudou com a chegada dos imigrantes do exterior — espanhóis, italianos, sírio-libaneses, portugueses. As diferentes etnias transformaram, com relativa rapidez, as identidades trazidas da terra de origem, e o que acabou por prevalecer, nas relações entre elas, foi a acirrada concorrência no mundo dos negócios.

Um estudo do tecido social da cidade talvez colocasse restrições à imagem do bom convívio interétnico. Mas, pelo menos na memória de Cynira, não aparecem histórias de disputas, e sim de aproximação, sobretudo entre as mulheres, em que os mexericos e os maldizeres combinavam-se com as boas relações de vizinhança. Foi por meio dessas relações, que incluíam a circulação de pratos que uma e outra tinham acabado de fazer para a vizinha experimentar, que a culinária étnica — quibes, esfihas, alheiras, o bacalhau, as massas — se universalizou.

Nos anos em que Cynira morou na cidade, na década de 1940, lá vivia uma família judia cujos filhos estudavam no colégio das freiras. Ela não se lembra de que fossem discriminados, a ponto de nunca ter tido conhecimento de que os Lerner, apesar da evidência do sobrenome, fossem judeus.* Mesmo assim, recordo um episódio que ocorreu comigo, quando acompanhei Cynira a Catanduva para a comemoração dos oitenta anos de seu pai. Um senhor se aproximou de mim com um olhar admirado e disse, meio falando consigo mesmo: "Mas o senhor é igual a nós, não tem diferença nenhuma...". Como eu não entendesse o sentido da frase, ele me explicou que, como tinham comentado na cidade que Cynira se casara com um judeu de São Paulo, ele a imaginara ligada a um homem de barbas, terno escuro e um chapelão ainda mais escuro plantado na cabeça.

Não obstante o reduzido número de brasileiros tradicionais, o respeito por algumas famílias era visível. Os Bueno, em particular, cuja casa ainda se ergue na praça central de Catanduva, eram admirados por seu bom trato e boas maneiras, personificados na figura feminina de dona Sinharinha.

A desigualdade social também marcava a vida da cidade. No

---

* Em *A história de Catanduva de A a Z* (Ed. Riopretense, 2004), Vicente Celso Quaglia registra outras duas famílias: o casal Henrique Smith e seu sucessor numa moderna casa de saúde, Boris Steinbruch, casado com Eva Ribenboim. Smith fundou a casa de saúde em 1941 e Steinbruch chegou a Catanduva em 1944 (nascera em Porto Alegre), adquirindo, então, a casa de saúde de Henrique.

topo, fazendeiros e comerciantes que enriqueciam, compravam tecidos, roupas, chapéus, joias em São Paulo, numa competição que tinha como palco os casamentos, os enterros e a missa das dez aos domingos. Os muito pobres tinham no padre Albino um protetor, a seu modo o padroeiro da cidade, que se empenhara na construção da Vila São Vicente, para abrigar os desvalidos.

O padre era um português de estatura mediana, pele clara, fala e gestos mansos, traços que condiziam com a discrição dos vênetos. Chegara ao Brasil em 1910, fugindo da revolução republicana daquele ano em Portugal. Sempre de batina preta, percorria a pé os sítios e fazendas próximos, empunhando um cabo de vassoura. Na horizontal, a peça fazia as vezes de uma vara, onde ele dependurava os frangos doados para seus pobres, com os pés bem amarrados. Como toda cidade, Catanduva tinha na zona do meretrício seu lado pecaminoso. Nem de longe, a "zona" catanduvense competia com a da rival, São José do Rio Preto, com o perdão do nome santo. Nesse aspecto, como também em outros mais respeitáveis, Catanduva perdia longe para a rival. Nem por isso a zona do meretrício deixava de ser uma atração para os homens descomprometidos e fonte de curiosidade para os meninos. Os mais audaciosos corriam para a zona sempre que podiam e se dependuravam nas janelas baixas das casas geminadas, tentando vislumbrar seu interior. Na cola deles, na virada de uma esquina, surgia de repente a figura temível do Patriani, um desmancha-prazeres, inspetor de menores, que obrigava a meninada a pôr-se em fuga.

Foi em Catanduva que seu Stocco viveu grande parte da vida e ascendeu socialmente, tornando-se fazendeiro de café e, depois, plantador de laranja e de cana-de-açúcar. Chegou a instalar uma usina de açúcar, que acabou vendendo, pois seu crédito bancário e suas posses não comportavam lances tão arriscados. Apesar da variação de atividades, ele foi um saudosista dos bons tempos do café, tanto quanto seus empregados mais próximos, que, de vez em quando, lançavam uma frase esperançosa: "O café há de voltar".

Seu Stocco era um homem discreto, avesso a duas "pragas" que assolavam Catanduva: a bebida e o jogo. Só tomava água mineral, de preferência a Caxambu. Sua fidelidade a essa marca ia a tal ponto que ficava muito contrariado quando pedia a água em algum restaurante de São Paulo e recebia como resposta: "Temos Prata e Lindoia, Caxambu está em falta". Guardava também distância do jogo, que corria solto nos clubes da cidade, pois vira muitas fortunas se desfazerem na roleta e no carteado, e nenhuma ter se originado daí. Exagerou até na aversão, passando-a aos filhos, que permaneceram longe do baralho, até mesmo de um inocente jogo de buraco.

Seria injusto afirmar, porém, que ele fosse um homem fechado e desprovido de humor. Por muitos anos concentrou suas atividades num barracão, onde estocava café, conjugado com um escritório a um canto, junto à estação da Estrada de Ferro Araraquarense. Tinha a companhia de muitos ratos insolentes, que não só se esgueiravam entre as pilhas de sacos como ousavam atravessar o escritório e chamar a atenção de quem lá estivesse, com seus guinchos. Para enfrentar a rataiada, aconselhado pelos entendidos, seu Stocco arranjou uma jiboia, supostamente deglutidora daqueles roedores. Não sei se ela cumpriu suas funções, mas uma coisa é certa: ele se divertia imensamente com a cara espavorida das pessoas que entravam no barracão e se viam de repente diante de uma cobra impressionante.

O pai de Cynira se declarava católico apostólico romano, devoto de Nossa Senhora Aparecida, cuja imagem figurava nos quartos de sua casa e a quem todos os anos ia agradecer e pedir bênçãos na catedral da cidade de Aparecida. Nem por isso deixava de ter algumas crenças adicionais. Recorria a benzedeiras de Catanduva para curar doenças domésticas e, na cidade de São

Paulo, a um astrólogo egípcio, sobretudo às vésperas de fechar um grande negócio. Um dia, seu Stocco levou Cynira ao astrólogo junto com ele. Sentaram-se os dois em cadeiras e o astrólogo num sofá, tendo às costas uma parafernália de objetos. Antes de atender o cliente, o homem olhou para Cynira e profetizou: "Essa menina vai ter uma vida bem diferente das comuns".

De estatura mediana, corpulento, de pele morena e testa larga que se ampliou ao longo do tempo, quando o cabelo foi rareando, seu Stocco cresceu como um típico interiorano, a ponto de não ter interesse em conhecer suas raízes ou, pelo menos, realizar uma viagem à Itália. Catanduva foi o centro de seu mundo, do qual apenas saía para breves viagens de negócios a São Paulo, ou, quando muito, para levar a família de automóvel a Santos nas férias de verão. Depois de adulto, e à medida que suas possibilidades financeiras cresceram, cada vez mais ele caprichava na aparência. Usava terno branco, de linho irlandês 120, assim chamado por conter 120 fios por centímetro quadrado; sapatos bem engraxados, chapéu-panamá, e se esmerava num investimento maior: a compra de carros de último tipo.

A ascensão social, o desejo de bem servir a Catanduva e também a vaidade levaram seu Stocco a ingressar na política do município primeiro como vereador (1929-31) e depois duas vezes como prefeito, em 1946 e em 1960. Getulista de coração e ademarista por conveniência, esteve entre os muitos descendentes de imigrantes que associaram sua ascensão pós-crise de 1929 à figura de Getúlio. Tanto mais que este, cautelosamente, nunca tocou na estrutura da propriedade agrária. Na política municipal, seu Stocco personificou a luta do getulismo contra a União Democrática Nacional, a UDN. Mas seria errôneo imaginar que a UDN fosse em Catanduva a expressão dos "paulistas de quatrocentos anos", até porque eles eram raros na cidade. Assim, o maior adversário de seu Stocco nas disputas pela prefeitura era Antonio

Catanduva, década de 1960. Carreata do candidato a prefeito Antonio Stocco (ao centro), ladeado à direita por Adhemar de Barros

Mastrocola, conhecido como Bacurau, e não um descendente de "tradicionais troncos paulistas".

Na memória de Cynira, ficaram as imagens dos comícios vibrantes, das falas na rádio local, em que a virulência verbal contra os adversários explodia de um lado e de outro. Em certa ocasião, os adversários políticos impugnaram a candidatura de seu Stocco, alegando, sem êxito, que ele nascera na Itália e arranjara uma certidão de nascimento para se dizer brasileiro. No plano nacional, o jornalista Samuel Wainer sofreu o mesmo tipo de acusação por parte de seu arqui-inimigo, o líder udenista Carlos Lacerda, com o intuito de impedi-lo de continuar dirigindo o jornal *Última Hora*. Variou apenas a suposta origem: Stocco, italiano; Wainer, judeu da Bessarábia.

No mundo da política municipal, seu Stocco evitava subir o tom e deixava as acusações acres a cargo de seus seguidores. Nos comícios, falava de realizações passadas e futuras, varrendo com o olhar as centenas de pessoas que o ouviam, para fixar-se num ponto — nos olhos do pai, que ficava a um canto da praça principal e lançava ao filho uma mirada cheia de orgulho.

Tive relações distantes com meu sogro. Eu me encontrava com ele quando ia a Catanduva uma vez ou outra e quando ele vinha por alguns dias a São Paulo. Hospedava-se no Hotel Comodoro, na avenida Duque de Caxias, onde tinha um apartamento comprado nos tempos em que essa avenida era um bom ponto. Vinha almoçar em casa quase sempre acompanhado de um amigo catanduvense, o seu Odilon, um homem bonachão, de fala interiorana acentuada, que tratava de se comportar bem à mesa. Uma vez, quando Cynira lhe ofereceu o reforço de mais um prato, titubeou e, para não dizer que estava cheio, dando batidinhas na barriga com a palma das mãos, proferiu: "Muito obrigado, dona Cynira. Tô lotado".

Quanto a seu Stocco, se espantava, com razão, com o teor de cloro contido na água do filtro — hoje penso que deveríamos tê-lo recebido com uma provisão de água Caxambu —, fazia pedidos imperativos a Cynira e tentava estabelecer uma conversa comigo. O diálogo, sempre curto, começava mal, pois ele indagava: "Como vai o reitor?", querendo me colocar no mundo dos grandes personagens. Eu, contrafeito, respondia que devia ir bem, mas não sabia ao certo, pois raramente tinha contato com ele.

É hora de recuar no tempo e regressar ao namoro, já entrevisto, entre Nina e Antonio, que se completou com o casamento em 1925 e com a fixação de residência em Elisiário. Nina jamais abandonou o cargo de professora — embora os negócios do marido prosperassem — mesmo depois do nascimento de José, primeiro filho do casal, cujo nome, abrasileirado, lembrava o do *nonno* Giuseppe. Ela não perdeu a ligação com algumas colegas da Escola Normal do Brás, que iam visitá-la após o casamento e se deleitavam em passear de carro com o casal, não sem uma dose de inveja. Eram tempos tranquilos na cidade, embora nas viagens para lugares mais distantes as coisas não se passassem tão bem. Quando levava dinheiro no carro, para pagar os "camaradas" da fazenda, ou ia a lugares distantes, seu Stocco se municiava de uma espingarda, para o que desse e viesse. De fato, eram comuns as armadilhas preparadas por assaltantes, com troncos e galhos de árvores, nas estreitas estradas vicinais de terra batida, para obrigar os motoristas a parar e descer do veículo, com as consequências previsíveis.

Vieram, porém, momentos difíceis, quando a crise mundial, iniciada em 1929, travou os negócios e derrubou fortunas. Seu Stocco abandonou o comércio de café e se viu forçado a vender leite extraído de umas poucas vacas que possuía, indo bater de porta em porta nas casas de Elisiário. Enquanto se lançava a essa tarefa, conduzindo os latões de leite numa carroça puxada por dois burros velhos, Nina arredondava os recursos do casal com seu modesto salário de professora. Para ela, o ensino representava muito mais do que o salário. Mesmo naquelas paragens distantes da capital e apesar das dificuldades de comunicação, tratava de manter-se em dia com os temas da educação. Assinava revistas temáticas, anotava minuciosamente textos de Lourenço Filho, de Anísio Teixeira, entre outros educadores. Foi nessa época que Cynira nasceu, em janeiro de 1931.

As crises econômicas, mesmo as mais duras, não são nada comparáveis a outras vicissitudes da vida, como as doenças penosas e a morte. Nina morreu muito cedo, em dezembro de 1933, aos 28 anos. Um coágulo cerebral, resultante de um acidente, levou-a desta vida para sempre. Quando conheci Cynira, esse fato doloroso aproximou sua infância da minha, ambos tendo vivenciado a morte prematura da mãe.

A morte da mãe gerou em Cynira um sentimento de profundo abandono. Ela passou um tempo relativamente feliz em São Paulo, sob a proteção afetuosa de sua tia Elisa e da babá Georgina, mas quando tinha menos de quatro anos seu pai se casou em Catanduva e determinou que a filha fosse morar com ele e a nova mulher. Assim, cortaram-se para sempre os laços com Georgina e tia Elisa. Esse quadro, porém, foi sempre amenizado pelo apoio que Cynira e José, seu irmão, proporcionaram um ao outro ao longo da vida.

Se falo do sentimento de abandono, não posso representar a imagem da mãe que Cynira constelava dentro de si. Sei, ao menos, que, no empenho de minha mulher na formação de jovens e no aperfeiçoamento de professores por quase sessenta anos, projetou-se a identificação com a professora de Agulha, cuja carreira e o gosto pelo estudo foram interrompidos muito cedo.

Da minha parte, contemplo Nina no escritório de Cynira, de perfil, cabelos espessos e abundantes, nariz bem talhado, olhos que parecem fixar alguma coisa à distância, vestida com uma beca negra de formatura, gravatinha-borboleta da mesma cor em contraste com o peitilho e a gola branca engomada. Em ocasiões difíceis, vejo-a como um anjo da guarda ao lado de minha mãe, a quem apelo nos momentos difíceis. Anjos atemporais, que por isso mesmo não se corporificam naquelas mulheres jovens, sem a necessária experiência para acalmar um senhor idoso.

Aos cinco anos, Cynira ingressou no jardim de infância do "Coleginho", instituição religiosa mantida pelas Irmãs de Nossa Senhora do Calvário, usando uniforme, como faria em quase todos os colégios católicos em que estudou. Numa foto de 1940, ela aparece muito séria, as mãos com os dedos entrelaçados, cabelo espesso, penteado igualmente dos dois lados, até encobrir as orelhas, blusa branca, cinto onde a fivela ressalta, uma longa saia de lã quadriculada, meias e sapatos pretos que se misturam na foto, como se fossem uma única peça.

Alunas do Colégio Nossa Senhora do Calvário, Catanduva, 1940.
Cynira está sentada, é a terceira da direita para a esquerda

O ambiente no Coleginho lhe era favorável. Sua mãe, pouco tempo antes de morrer, a recomendara à madre superiora do estabelecimento, a irmã Ana Maria, muito sua amiga, a ponto de Nina, ao que parece, ter batizado a filha como Cynira por ter sido esse o nome da freira antes de deixar a vida leiga. Isso não significava que a vida escolar de Cynira não fosse delimitada por várias regras e pelos cuidados com a higiene. Assim, um exame semanal verificava se as unhas estavam bem cortadas e se os cabelos não escondiam piolhos ou lêndeas.

Cynira era excelente em matemática; chamada à lousa, brilhava nos cálculos. Porém, pela timidez, em outras matérias tinha dificuldades em ler textos em voz alta para a classe e ia abrigar-se junto à irmã Ana Maria, que a incentivava a ler só para ela. O ambiente escolar, impregnado de religião, tinha um grande impacto nas meninas e cada qual, secretamente, interpretava as normas religiosas segundo sua visão. Cynira se encantava com a leitura da Bíblia em versão infantil, mas detestava os dogmas do catecismo. Nas aulas de religião, pranchas ilustradas de papelão grosso eram colocadas diante das alunas. A que mais a impressionava consistia de um triângulo com um olho no centro, representando a Santíssima Trindade. Racionalista diante do mistério, Cynira se esforçava para entender como o Pai, o Filho e o Espírito Santo encarnavam-se numa só pessoa. Mais estranheza, associada à curiosidade, ao saber da existência de uma região transcendental — o limbo — para onde iam as criancinhas ainda não batizadas. O limbo seria mesmo uma região coberta de nuvens, sem anjos nem demônios, sem antepassados à espera, um vazio absoluto, como ela imaginava? E, por sua vez, se o purgatório era um lugar de passagem, qual seria o comportamento obrigatório para ascender ao paraíso e evitar cair nas profundezas do inferno?

Mais fácil entender as imagens que contemplava na igreja matriz. Porque para ela não eram imagens, e sim personagens reais. No fim das tardes quentes de verão, quando os raios oblíquos do sol vinham aquecer os santos, são Sebastião se movia e lhe falava das muitas flechas que lhe sangraram o corpo por ser um servo fiel ao Senhor, disposto ao sacrifício. Mas mesmo sendo um servo fiel de Deus, como era possível que tivesse aguentado tanto sofrimento?

O problema maior não eram as indagações sem resposta, e sim o temor obsessivo do pecado, o medo de morrer no meio da noite sem confissão e sofrer o fogo do inferno. Inútil lembrar a Cynira que ela merecia o céu ou, na pior das hipóteses, a instância intermediária do purgatório, pois medo é medo, e dele se passa às angústias do terror. Talvez para reduzir as obsessões noturnas, tratava de confessar-se seguidamente com o padre Albino. Diante daquela menina e dos pecados cabeludos que ouvia de adultos, o padre não levava sua contrição a sério. Fazia-a ajoelhar-se na sacristia, dispensava o segredo do confessionário e a absolvia, mandando-a rezar alguns padre-nossos e ave-marias. Quando Cynira insistia em enunciar seus pecados, não a deixava ir além da frase introdutória: "Tenho maus pensamentos".

Em contraste com o mundo da religião, os comunistas. Nos anos 1940, Catanduva tinha um punhado de gente que corajosamente destoava do conservadorismo reinante. Entre eles, Cynira conhecia o tio João, casado com sua tia Alice, um mulato mineiro de fala mansa, dono de uma farmácia com raros fregueses, o que lhe permitia a leitura de jornais e livros. A pedido de seu Stocco, tio João levou-a muitas vezes a São Paulo, quando ela estudava em um colégio paulistano. Nas longas viagens, ele contava a Cynira as maravilhas de um país igualitário, em que todos viviam felizes: a União Soviética. A reação da menina era de encanto e de certa apreensão ao ouvir aquele conto de fadas. Certa manhã, em Catanduva, Cynira abriu uma das janelas de casa, que deitava para a praça central, e viu as foices e os martelos desenhados a cal nas calçadas. Claro, ela pensou, havia um dedo do tio João naquilo. Infelizmente, esse comunista sincero e bem-intencionado morreu cedo, vítima da doença de Chagas contraída em Minas Gerais, ainda criança. Mas pelo menos foi poupado de sofrer uma grande desilusão ou de ter de enfrentar a dúvida que iria se imiscuir nas suas certezas tão confortantes.

Nesses anos de Catanduva, Cynira viveu entre a cidade e os sítios e fazendas. A cidade era o centro das exigências familiares, da vida rotineira, das missas, das procissões, dos rituais marcados pelo sino da igreja. Seus melhores momentos passaram-se no meio rural. O campo representava a liberdade de sair a cavalo com os retireiros para recolher o gado; sentar-se à sombra dos cachos das imensas caramboleiras, mesmo com o risco de sofrer um ataque de marimbondos, cujas casas se disfarçavam nos ramos das árvores; ouvir histórias à noite, contadas pelos empregados mais próximos na varanda da casa principal, sobre os mistérios da noite, perpassados pelo ranger das máquinas da serraria e uivos da madeira cortada. Ruídos que alguns céticos confundiam com o piar dos pássaros, o farfalhar das árvores ao vento, mas que, na verdade, vinham das máquinas acionadas pelas mãos invisíveis do antigo proprietário da fazenda, morto havia muitos anos.

Terminado o primeiro ano do curso ginasial — os quatro anos entre o primário e o colegial —, seu Stocco considerou que já era tempo de transferir a filha para um colégio interno da capital, como faziam muitas famílias abastadas do interior. Além do mais, ele voltara a se casar e a jovem madrasta não se entendia bem com a enteada, para dizer o menos. Como era muito difícil conseguir vaga nesses colégios, o pai de Cynira se valeu de um amigo com boas relações com o cardeal-arcebispo de São Paulo, e foi assim que obteve um lugar para a menina no Colégio Santa Marcelina, no bairro de Perdizes.

Desde a cena da partida, em fevereiro de 1943, Cynira sentiu-se exilada. Aos doze anos, via-se aprisionada num colégio interno, longe de casa, embora tivesse algumas referências afetivas em São Paulo: o irmão José, que também viera como aluno interno do Colégio Arquidiocesano; a tia Maria, irmã de seu pai, residente na cidade com o marido Max, seus filhos e uma das filhas, a Valquíria.

O primeiro instituto de educação das marcelinas foi fundado na Itália, em 1838, pelo monsenhor Luigi Biraghi, que viria a ser beatificado pelo papa. Seu objetivo era reforçar a educação feminina, para que as jovens interiorizassem os valores da Igreja Católica e ampliassem seus conhecimentos. A Congregação chegou a São Paulo em 1912, norteada, rigidamente, pelos princípios de seu fundador. O ícone da instituição — santa Marcelina — tivera uma história edificante. Nascida em Roma no século IV d.C., fora uma educadora exemplar de seus dois irmãos. Bela e rodeada de pretendentes, segundo narra a hagiografia, optou por não se casar e morreu virgem. Virgens eram também aquelas meninas que, por meio de uma educação rigorosa, preparavam-se para um bom casamento, a maternidade, o cuidado dos filhos, enfim, para serem futuras senhoras do lar, habilitadas em todas as prendas domésticas, do piano à refinada costura. A madre superiora pouco ou nada tinha em comum com a irmã Ana Maria, dos bons tempos do Coleginho. A madre viera da Itália, como todas as religiosas mais antigas do Santa Marcelina. Era uma mulher alta, bem proporcionada, de pele muito branca, rosto severo, a quem as meninas faziam constantes reverências.

As filas e o uniforme não eram novidades para Cynira. No novo colégio, ela passava a usar como uniforme um vestido de lã amarelo e marrom, quadriculado, blusa branca por baixo. Apesar da proteção da lã, o contraste entre o clima de Catanduva e o de São Paulo era sensível e os pisos impecáveis de mármore branco dos corredores concorriam para a permanente sensação de frio.

Na década de 1940, o Santa Marcelina era um bom exemplo do que o sociólogo canadense Erving Goffman chamou de instituição total. No começo de cada ano, as marcelinas reuniam todas as alunas no salão nobre da escola e as exortavam a deixar para trás tudo o que ocorrera ou viria a ocorrer fora dos muros da escola, concentrando-se nos ensinamentos "intramuros" que tinham o privilégio de receber.

No enxoval de cama e mesa minuciosamente arrolado pelas freiras, que as alunas deviam trazer de casa, havia um item incomum: camisola de banho. Fosse como fosse, era melhor não fazer muitas perguntas, e uma costureira de Catanduva preparou a peça de Cynira. A camisola — ela veio a saber — era para ser usada enquanto tomava banho. Encerrada num dos compartimentos enfileirados, um ao lado do outro, onde havia uma banheira e um chuveiro, Cynira realizou um de seus primeiros atos de rebeldia na escola. Tomava banho despida, depois molhava a camisola e a lançava na mureta, que separava os aposentos de banho do corredor, para demonstrar que fizera tudo como mandava o figurino. Vestia-se, saía calmamente e passava incólume. O banho constituía um exemplo expressivo da repressão exercida pelas freiras ao corpo e ao sexo. Numa escola feminina, o temor de amores ilícitos era constante. Para evitar o surgimento das "amiguinhas", as freiras vigiavam as alunas de perto. Separar-se do grupo maior, trocar segredos, passar o braço sobre o ombro da colega durante o recreio eram indícios de um tipo de relacionamento cujo nome nem devia ser mencionado.

Na sala do cinema, apesar da cuidadosa escolha dos filmes, se durante a projeção as freiras descobriam de repente uma sugestão de inclinação amorosa, ou mesmo um beijo considerado escandaloso, fosse qual fosse seu estilo, nesse momento, perplexa, a responsável pela projeção colocava a mão sobre a lente do projetor, transformando a cena num borrão escuro, enquanto as meninas fantasiavam as passagens censuradas. A censura estendia-se à biblioteca, por razões menos carnais: os livros de Monteiro Lobato, narrando as aventuras, entre outros, de Narizinho, Emília e dona Benta no sítio do Pica-Pau Amarelo, e que fizeram as delícias de tantas gerações, não se encontravam nas estantes. Segundo as freiras, o autor era ateu e seus livros constavam do índex da Igreja.

Uma manhã no Santa Marcelina decorria mais ou menos assim: as meninas despertavam às seis e meia e se preparavam para a missa e as aulas. Quem alegasse estar doente recebia o tratamento adequado: permanecia na cama, no grande dormitório vazio, esperando o efeito das duas colheres (de sopa) de óleo de rícino que havia tomado para limpar radicalmente as vísceras. Após as aulas, ao meio-dia, chegava a hora do almoço. Cada uma das mesas do amplo refeitório recebia doze meninas, que se sentavam lado a lado em bancos de madeira. Uma freira punha-se à cabeceira e participava do almoço, ensinando boas maneiras. Outra freira servia as meninas — pelo lado esquerdo, como é de rigor — com grandes colheradas que ia retirando das travessas. Cynira não gostava da comida, de ingestão obrigatória até o fim, porém não se lembra de que ela consistia. É bem possível que a comida não fosse ruim, mas, além de ser imposta, não podia se comparar à fartíssima mesa dos almoços em Catanduva, naquele tempo em que o colesterol, os triglicérides e outros marcadores ainda não tinham sido descobertos e, portanto, não existiam. No Santa Marcelina havia pouco espaço para a vida individual. Nas salas de aula, as alunas se sentavam em carteiras duplas de madeira, com uma abertura onde se colocava o vidro de tinta, à espera do mergulho das canetas de pena prateada. Nos grandes dormitórios, com camas enfileiradas lado a lado, o silêncio era imposto por duas freiras estrategicamente instaladas em dosséis, à entrada.

Também em outros colégios internos pelos quais passou, Cynira viveu uma vida predominantemente coletiva, adquirindo com isso uma notável capacidade de abstração. Ela era capaz, por exemplo, de ler com ruídos e conversas à sua volta, e eu sou o oposto dela nesse aspecto. Invejo-a especialmente nas sessões de cinema, pois Cynira não dava a mínima para a deglutição dos sacos gigantes de pipoca, para vozes no celular e para os comentários, em regra idiotas, sobre o filme.

As saídas eram permitidas somente uma vez por mês, e a aluna corria o risco de perdê-la caso cometesse uma falta grave. Deixava-se o colégio às nove da manhã, quando chegava um dos adultos, autorizado a acompanhar as meninas, e o regresso tinha, como hora limite, as cinco da tarde. As visitas dos familiares ocorriam aos domingos, no período da tarde, com o limite de duas horas. Cynira recebia as visitas do irmão José, que sempre lhe trazia uma caixa de chocolates; da tia Maria, uma segunda mãe, que lhe trazia coteletas — um prato típico italiano — e sanduíches de pão escuro, pois os tempos eram de guerra. A prima Valquíria, cinco anos mais velha, era uma figura modelar para Cynira, que invejava sua liberdade. Os pais da prima sempre apostaram numa carreira para a filha e incentivaram seus estudos desde os tempos em que, ainda menina num sítio de Elisiário, Valquíria se punha a ler, encarapitada no tronco mais alto de uma mangueira. Quando Valquíria vinha buscar Cynira para passear e encontrava minha futura mulher cheia de dúvidas sobre onde ela gostaria de ir, Valquíria dizia: "Então vamos andar de bonde até você resolver".

Para temperar o quadro, é bom lembrar que nem tudo eram espinhos no Santa Marcelina. O maior exemplo era o ensino de música e o contato com intérpretes de prestígio, de onde se originou o gosto de Cynira pela música erudita, mantido ao longo da vida. Os concertos, com Magdalena Tagliaferro e outras personalidades, realizavam-se no salão nobre da escola, com a presença de muitos convidados. Eles se sentavam nas cadeiras estofadas dispostas no salão, enquanto as alunas ficavam nos fundos, em banquetas sem encosto — um útil desafio, segundo as marcelinas, para manter a postura.

O ano de 1945 não foi um ano qualquer no mundo, no Brasil, em São Paulo e no Santa Marcelina. Em abril, ocorreu o fim da Segunda Guerra Mundial na Europa, com a derrota do nazifascismo. A cidade explodiu de alegria. Era o fim do racionamento do pão, do automóvel a gasogênio, dos ensaios de blecaute. Mas para as meninas do Santa Marcelina era mais do que isso, ainda que fossem impedidas de participar das manifestações ruidosas no centro da cidade. Embora as freiras italianas mantivessem uma postura de estrita distância com relação ao conflito, as alunas deixaram de lado a contenção que lhes era imposta e explodiram de alegria no pátio do recreio e nos corredores do colégio, festejando a derrota da Itália.

Depois, no segundo semestre daquele ano, ocorreu um fato misterioso. Uma das alunas não regressou ao colégio após as férias de julho e as freiras não deram nenhum motivo para a desaparição. Perguntar a uma delas era impossível. Aquele não era um lugar suscetível ao diálogo. Quem tentasse explicar as razões de um ato considerado inadequado corria o sério risco de entrar na categoria das que não respeitavam seus superiores — a amaldiçoada categoria das respondonas.

Nesse clima, correu um rumor que, na imaginação das meninas, se transformou em fato. A colega desaparecera porque tinha ficado tuberculosa em consequência da má alimentação e do frio. Não era possível ignorar o ocorrido, era preciso informar aos pais antes que outros pulmões se arruinassem, vítimas do bacilo de Koch. A ideia arriscada, proposta por Cynira, e aceita por um grupo de meninas sobre as quais ela tinha influência, foi escrever uma carta aos pais denunciando o ocorrido.

Pela forma como passou à ação, penso que Cynira não se importava muito em ser descoberta. Mais significativo do que denunciar o fato era desafiar abertamente a direção do colégio. Numa tarde de setembro daquele ano de 1945, Cynira estava com as colegas fazendo trabalhos de costura e pintura, acompanhadas de uma freira, quando começou a ditar para as colegas os termos de uma carta que ela ia compondo na cabeça, na qual denunciava a "misteriosa desaparição". A carta seria entregue diretamente aos pais no dia das visitas, pois todas as cartas estavam sujeitas a censura prévia. Não levou muito tempo para que a freira percebesse o que ocorria e passasse à ação: "Cynira, traga aqui o que você está escrevendo". "Não levo, não levo de jeito nenhum." Tentou engolir a carta comprometedora, mas a qualidade do papel a traiu: encorpado, o papel não desceu e ficou entalado em sua garganta, de onde a freira o retirou ainda em condições de ser lido.

Cynira foi levada à presença da madre superiora. Tomou uma repreensão em regra, pelo enorme dano que tentava causar à escola com suas fantasias. A madre anunciou ainda medidas sérias contra ela, que não tardaram a ser aplicadas, numa cerimônia pública de degradação. Na sala do cinema, diante das colegas, Cynira, em silêncio, recebeu a notícia de sua expulsão do colégio.

Ao ser informado da "pena capital", seu Stocco largou os negócios em Catanduva e viajou ao encontro das marcelinas. Teve o bom-senso de negociar com as freiras, mesmo porque não levara tão a sério a travessura perturbadora. Como a filha cursava o quarto ano ginasial, pediu à madre superiora que a deixasse terminar o curso, pois àquela altura a expulsão resultaria na perda do ano. A madre acabou concordando, com a ressalva de que Cynira ficaria isolada das colegas, por certo para evitar a propagação do mal que dela emanava. Foi assim, entre silêncios e sussurros, que Cynira completou o ginásio.

De novo, seu Stocco teve de se valer de suas relações a fim de conseguir para a filha uma vaga num colégio interno religioso. Quem o ajudou foi um diretor do Banco Comercial do Estado de São Paulo, possivelmente o mais prestigioso banco paulista da época. A ideia era conseguir uma vaga no Colégio Sion, objetivo difícil de ser alcançado, pois as famílias de prestígio reservavam vaga na instituição tão logo suas filhas nasciam.

A Congregação de Nossa Senhora de Sion foi fundada em meados do século XIX por dois judeus franceses — os irmãos Afonso e Teodoro Ratisbonne — convertidos ao cristianismo. Eles se tornaram padres e se dedicaram à conversão de judeus, fundando uma congregação que, não por acaso, além do culto mariano recebeu o qualificativo de Sion.

As primeiras religiosas pertencentes à Congregação chegaram ao Brasil, provenientes da França, em 1889 e instalaram casas no Rio de Janeiro, Petrópolis e depois em São Paulo (1901), na avenida Higienópolis, numa área cercada de imensas árvores. A presença dos irmãos Ratisbonne, no Colégio Sion, estava em todas as partes em retratos que miravam as alunas nas salas de aula. A longa permanência dos dois no Oriente Médio foi responsável pela arquitetura de arcadas curtas, pelos tijolos à vista e pela imagem de Nossa Senhora de Sion no altar da capela: ao fundo de uma Nossa Senhora de traços simples, destacam-se a fusão de um céu azul e as areias do deserto. Havia outra imagem da santa no corredor do dormitório, os pés calçados com sapatinhos de prata. Todas as noites, as meninas se revezavam num ritual: depois de lustrar os sapatinhos de Nossa Senhora, lá depositavam um beijo respeitoso.

Ao recordar a estrutura dos prédios do Sion, Cynira nem se lembrava tanto da vistosa escadaria, do hall do edifício principal, das paredes externas de quase um metro de largura, do pé-direito de cinco metros permitindo que a luz natural penetrasse quase sem restrições nas salas e nos corredores. Embora tudo isso seja impactante, a lembrança que mais a comovia era a do aconchego proporcionado pela madeira, nas cem janelas de pinho-de-riga que se abriam para os jardins.

Mais uma vez, o uniforme. Agora ele era composto de uma blusa de tricoline branca, saia azul pregueada e um suspensório que, saindo do cós da cintura, passava ao largo do peito e transpassava nas costas. Para diferenciar as várias séries do curso, as meninas levavam na cintura uma cinta colorida, que no primeiro ano mesclava lã branca com uma fiada violeta. Até que, no último ano do curso, a cor violeta — símbolo da humildade — acabava por predominar, designando o nome pelo qual as meninas eram famosas nos círculos de elite da cidade: as violetas do Sion.

A maioria das alunas dormia em quartos coletivos, mas ha-

Colégio Sedes Sapientiae, década de 1950

via aposentos individuais para quem pudesse pagar. Comia-se livremente e com simplicidade, as meninas se servindo da comida colocada em panelões fumegantes.

Para Cynira, os anos felizes de escola foram também os de faculdade — o Sedes Sapientiae, instalado à época na rua Marquês de Paranaguá, num edifício de linhas sóbrias construído pelo arquiteto Rino Levi. As freiras agostinianas dispunham de um espaço imenso no local, pois os jardins do Sedes juntavam-se aos do Colégio Des Oiseaux, com frente para a rua Caio Prado, destinado ao ensino básico. Nessa altura, aos dezoito anos, Cynira oscilou entre cursar pedagogia ou geografia e história — estes dois cursos eram ministrados conjuntamente, e por boas razões, numa época em que se valorizava a relação entre espaço e tempo. O currículo de pedagogia, área a que iria dedicar grande parte de sua vida, pareceu-lhe insosso, e sua especialização nessa área se deu depois de formada, em cursos específicos.

O grupo de professores tinha, em regra, uma qualidade excepcional. Entre os mais liberais, figuravam Abrahão de Moraes, na matemática; Aziz Ab'Saber e Nice Leqoc Müller, ambos geógrafos; Eduardo D'Oliveira França, historiador; Antonio Soares Amora, professor de português e literatura. Entre os conservadores, estavam o padre Nicolau Boer, um erudito em história da Europa; Leonardo van Acker, professor de lógica; Alexandre Correia, que ensinava latim para as alunas do curso de letras, cujo sorriso franco no álbum de formatura de Cynira contrasta com o homem sisudo que eu conheci, como professor da Faculdade de Direito. O professor de história da Idade Média era o professor Plinio Corrêa de Oliveira, líder do movimento Tradição, Família e Sociedade. Para ele, o último bom governo deste atormentado mundo tinha sido o de Luís IX, o rei que governou a França entre 1226 e 1270, liderou cruzadas e se tornou o rei santo ao ser canonizado pelo papa ainda no século XIII.

Os então jovens professores Aziz Ab'Saber e Eduardo D'Oliveira França.
Sedes Sapientiae, anos 1950

Mulher notável, que influenciou várias gerações, foi Mère Celeste, mestra-orientadora do colegial, assim como o capelão do colégio, frei Reginaldo de Sá, um religioso refinado, muito culto, versado em várias línguas, inclusive o árabe, que viria a ser monge trapista no Oriente Médio. O frade dispensou Cynira das confissões religiosas formais, substituindo-as por conversas semelhantes a uma sessão de psicanálise. Além disso, esteve entre as figuras que lhe proporcionaram a ponte com os frades dominicanos, que marcariam sua vida.

As moças do Sedes, vestidas livremente, gozavam de um ambiente confortável e, ao mesmo tempo, das oportunidades que a cidade grande proporcionava. Nos quartos, duas moças. À mesa de refeições sentavam-se quatro. Comida servida à francesa, talheres distribuídos como manda o figurino. De manhã, não havia aulas e Cynira ia à Biblioteca Municipal para ler livros e jornais sob a atmosfera de silêncio imposta pelos funcionários.

Lia também a *Folha da Manhã*, cuja assinatura seu pai lhe dera de presente. Para completar, à noite ouvia tangos e boleros num radinho construído por um amigo de sua prima Valquíria. As aulas transcorriam à tarde, e quase sempre era possível correr aos cinemas para a sessão das seis. Nos fins de semana, as moças iam aos bailes familiares, conhecer e eventualmente namorar os rapazes, e exibir passos de dança que exercitavam no colégio.

Os anos descompromissados se foram com o final do curso, em 1953. Agora, era necessário decidir que rumo tomar, algo nada simples. À medida que os anos transcorreram e a vida nos colégios internos de São Paulo se tornou mais interessante, Cynira foi rareando as idas a Catanduva, onde passava apenas parte das férias. O interior se tornara cada vez mais distante, apesar da vontade de ver seu meio-irmão Antoninho, com o qual ela tinha uma atitude protetora. Desse modo, quando seu Stocco lhe disse, com voz de comando, que voltasse para casa, a resposta foi um incisivo "não".

A negativa trazia problemas. Era preciso ser consequente e tratar de caminhar com as próprias pernas, longe do aconchego do Sedes. Encontrou um apartamento para morar na rua Augusta, onde alugava um quarto de duas senhoras que pertenciam à "pobreza envergonhada", ou seja, gente fina, da velha oligarquia ou da assentada classe média, que empobrecera e se esforçava para manter seus gostos culturais e um nível de vida aceitável.

Uma oferta do professor França, de quem fora excelente aluna, veio a calhar. O professor tinha sido convidado para assumir em tempo integral o cargo que ocupava na Faculdade de Filosofia e indicou Cynira para substituí-lo como professora de história no Colégio Bandeirantes. Muito jovem, ela assumiu as aulas do primeiro ano do antigo ginásio e vários anos do curso clássico. O ginasial não era problema, mas o colegial complicava seu trabalho, pois corria o risco de ser encarada apenas como uma professorinha bonita por alunos apenas alguns anos mais jovens do que ela. Muito séria por formação, reforçou a seriedade ao ouvir o conselho do professor França: "Professor que entra na sala de aula sorrindo sai chorando". Cuidou também de vestir-se com apuro, com roupas sóbrias para evitar, tanto quanto possível, olhares indiscretos.

A seriedade não se restringia a esses aspectos, estendendo-se ao cuidado com o ensino, com aulas bem preparadas, como revelam os exemplares de Caio Prado Jr. que de vez em quando folheio em casa, sublinhados e cheios de anotações a lápis. Cynira percebeu na prática que não era fácil ensinar sem dispor de uma metodologia adequada. Leu Piaget, revistas especializadas francesas e fez um esforço de introduzir imagens nas aulas, para torná-las mais atraentes. Percorreu consulados e outros locais, em busca de filmes e ilustrações, numa época em que os recursos visuais eram muito escassos. Quando obtinha filmes, precisava contar com os projetores do colégio, mas os diretores viam com ceticismo suas iniciativas que mexiam com um ramerrão tido como eficiente. Um desses diretores batizou-a com um adjetivo de intenções irônicas, mas que bem podia ser tomado ao pé da letra: "Professorinha *idealista...*".

Enquanto permanecia no Colégio Bandeirantes, a professorinha idealista foi em busca de outros caminhos. Era o ano do IV Centenário da Fundação de São Paulo. Entre as múltiplas comemorações e atividades, o governo do Estado decidiu montar uma exposição no recém-inaugurado parque do Ibirapuera, numa grande meia-esfera pintada de branco — a Oca bem conhecida dos paulistanos —, tendo como tema a colonização portuguesa. Houve uma seleção para as funções de monitores da exposição e Cynira foi uma das escolhidas.

Esse episódio aparentemente sem maior relevo foi muito importante para ela, porque ali Cynira conheceu alguns personagens centrais da cultura portuguesa, como o historiador Jaime Cortesão, o pintor Fernando Lemos e principalmente Agostinho da Silva, filólogo e sobretudo filósofo, com uma visão espiritualista de transformação do mundo, e interessado também na metodologia da educação. Foi ele quem orientou Cynira nos seus primeiros tempos de atividade educativa, num bairro da periferia de São Paulo, como veremos logo adiante.

Muitos anos depois, no começo da década de 1980, quando Cynira e eu fizemos uma viagem a Portugal, fomos ao encontro de Agostinho. Ele nos convidou a ir ao lançamento de um livro na Torre de Belém, e lá conhecemos o então presidente de Portugal, Mario Soares, que, aliás, muito nos impressionou por estar apenas com um ajudante de ordens no meio do público. Quando viu Agostinho, Mario Soares se dirigiu a ele em voz alta: "Aí está o homem a quem meu pai me enviou para aprender o pouco que sei!".

Entre os anos de 1953 e 1954, as atividades de Cynira se concentrariam cada vez mais na Comunidade de Trabalho Unilabor, implantada na Estrada do Vergueiro, aonde ela chegou pelas mãos dos dominicanos, entre eles o frei Benevenuto de Santa Cruz, que realizava reuniões do movimento Economia e Humanismo em sua livraria, a Duas Cidades, na rua Bento Freitas, no centro de São Paulo. Cynira fora ligada aos movimentos católicos — a JEC (Juventude Estudantil Católica) e a JUC (Juventude Universitária Católica), mas se interessara mais por essas organizações como via de socialização, sem se encantar com uma pregação democrata cristã. Sua atração básica pelas atividades desenvolvidas no Vergueiro deveu-se à possibilidade de participar de uma experiência comunitária cuja unidade básica consistia numa fábrica de móveis em que os operários participavam da gestão.

A Unilabor partiu da iniciativa do frei dominicano João Batista Pereira dos Santos, cuja formação se deu sobretudo na

França. Foi lá que ele entrou em contato com o movimento Economia e Humanismo, constituído em 1941 e cuja figura maior foi o padre Louis-Joseph Lebret. Em poucas palavras, Economia e Humanismo buscava encontrar uma terceira via entre o capitalismo e o comunismo a partir de uma doutrina de solidariedade cristã que destacava a importância da criação de comunidades de trabalho e de um planejamento urbano voltado para o ser humano, sem dar as costas ao avanço técnico proporcionado pelo sistema capitalista.*

Após viver por algum tempo a experiência de padre-operário na França, frei João decidiu estabelecer uma comunidade de trabalho no Brasil, obtendo para tanto uma autorização do cardeal arcebispo de São Paulo, dom Carlos Vasconcelos Motta. A iniciativa ganhou vida graças à coragem e ao trabalho perseverante do frei. Ele recebeu do Círculo Operário do Ipiranga — organização do circulismo católico — uma área de 3 500 metros quadrados, na Vila Brasílio Machado, Alto do Ipiranga, onde estava instalada a capela de santo Antônio e havia algumas atividades assistenciais. Em maio de 1950, frei João começou a reforma da capela, batizando-a com o nome de capela do Cristo Operário, hoje tombada pelos órgãos públicos.

A decoração do templo evidencia os laços entre os dominicanos e os meios culturais e artísticos de São Paulo. Bruno Giorgi e Moussia Pinto Alves colaboraram com esculturas e Alfredo Volpi decorou as três paredes do altar. Lá está o tríptico, retratando o Menino Jesus ao ajudar são José na carpintaria, o Cristo operário na frente de uma fábrica e santo Antônio pregando aos peixes. Quando se fez o restauro da capela, sob camadas de tinta bran-

* Ver Mauro Claro, *Unilabor. Desenho industrial, arte moderna e autogestão operária.* São Paulo, Editora Senac, 2004. Utilizei o livro em várias das minhas menções seguintes sobre o tema.

Capela do Cristo Operário na Unilabor (Vila Brasílio Machado)

ca apareceu um mural com cores opacas, cujo tema é uma cena bíblica conhecida como Caminho de Emaús. Na cena, aparecem dois peregrinos de semblante triste, amparados por Jesus.*

Frei João previu a instalação no Vergueiro de uma escola e de um grupo de teatro, além de concentrar seus maiores esforços na implantação da fábrica Unilabor. Deve-se a Geraldo de Barros, mestre do desenho industrial, pintor e fotógrafo, a concepção básica da fábrica, pois foi ele quem projetou os móveis a serem fabricados, de linhas simples e harmônicas, marca de uma época. Dentre os operários, em número superior a vinte, destacaram-se os membros da família Lopes, atraídos para o projeto por um deles, que havia sido seminarista.

* Ver reportagem de Mario Gioia, na *Folha de S.Paulo*, de 20/11/2009. Especialistas atribuem o mural a Yolanda Mohalyi, notável pintora que emigrou da Transilvânia para o Brasil.

Não foram fáceis os primeiros tempos de frei João naquele longínquo bairro da periferia de São Paulo. Os fiéis estranharam a substituição da tradicional capela de santo Antônio pela capela do Cristo Operário e mais ainda aquelas pinturas e esculturas estranhas em seu interior. As beatas não conseguiam entender por que frei João resistia tanto a realizar as tradicionais procissões, que eram parte fundamental da vida delas.

Depois de frequentar o Vergueiro por cerca de um ano, Cynira tomou uma decisão radical. Mudou-se para o bairro em 24 de agosto de 1954, um dia inesquecível não só no plano pessoal quanto no plano da vida pública, pois é a data do suicídio do presidente Vargas.

Ela deixava de ser participante das atividades da Unilabor apenas nos fins de semana e se integrava ao projeto de corpo e alma. Atuava ativamente nas reuniões de gestão da fábrica de móveis, quando as circunstâncias a impeliram, ao mesmo tempo, para as atividades educativas. Tais atividades, com sentido de catequese, vinham sendo realizadas por uma antiga aluna do Sedes — Maria Edi —, que na época casou-se com Jacques Chonchol, mais tarde ministro do governo Allende, e foi viver no Chile. O perfil educacional mudou com a chegada de Cynira, que resolveu se concentrar, principalmente, na educação das crianças do bairro. Era um novo desafio, pois sua experiência na área infantil era reduzida.

Foi viver na casa de Maria do Carmo Rezende Neves, ex-beneditina proveniente de família mineira tradicional, prima de Tancredo Neves. A ela juntou-se uma colega do Sedes, Sabá Gervásio, que a acompanhou em todos os anos de permanência no Vergueiro. Apesar da compatibilidade de objetivos, a vivência num mesmo espaço fez água. Maria do Carmo determinava que se levantassem todos os dias às cinco da manhã e impunha uma série de outras regras, excessivas mesmo para a ordeira Cynira.

Ela e Sabá resolveram então mudar-se, alugando uma casa modesta, parte de um conjunto geminado que um imigrante levantino em ascensão construíra numa viela conhecida, não por acaso, como Beco do Turco.

A mudança de Cynira para o Vergueiro transtornou a família. Seu irmão José não deixava de visitá-la, mas discutia constantemente o "absurdo" de sua opção. Tia Maria, que procurava como sempre compreendê-la, dizia entender todas as suas justificativas — a desigualdade, as injustiças do mundo, a responsabilidade social —, porém lhe fazia a clássica pergunta: "Tudo bem, mas por que tem de ser você?".

Quanto a seu Stocco, entendeu menos ainda. Dar assistência aos pobres, tudo bem, era mesmo um dever, e ele fazia isso em Catanduva, em parceria com o padre Albino. Agora, daí a ir morar na periferia de São Paulo... Como a decisão da filha era inabalável, resolveu dar-lhe um imóvel onde ao menos pudesse viver com um mínimo de conforto. Comprou uma casa modesta, na rua São Daniel, número 10, paralela à Estrada do Vergueiro, junto à Unilabor. O terreno em declive era estreito e longo, e nele, após a reforma, permaneceram três construções: a edificação principal, uma lavanderia cuja feiura foi disfarçada com uma trepadeira de flores e uma ala de erva-cidreira, que transformou seu chá na bebida típica da casa. Nos fundos, manteve-se um grande depósito, que teve, posteriormente, uma destinação revolucionária, como logo iremos ver.

Cynira e Sabá começaram o trabalho visitando as famílias do bairro, percorrendo as ruas sem asfalto e cobertas de lama ou de poeira, conforme os caprichos do tempo. Eram visitas noturnas a casas pobres, interiores cinzentos, pessoas de aspecto cansado, móveis rústicos que faziam par com as figuras humanas. Cynira e Sabá vinham de um outro mundo e passaram muitos sábados e domingos discutindo a melhor forma de se aproximar das crianças e da gente do bairro. A princípio, ficaram impressionadas com a incapacidade das crianças distinguirem cores e com sua verbalização restrita. Era preciso caminhar devagar, ganhando, pouco a pouco, a confiança dos pais para que enviassem suas crianças às atividades educativas que estavam promovendo. Uma via de aproximação consistiu em dar cursos noturnos para adultos e auxiliar as crianças a fazer as lições de casa.

Pouco a pouco, as crianças começaram a se aproximar. A princípio, Cynira e Sabá recebiam meninos e adolescentes, sem diferenciação, pois a chegada de quem quer que fosse era uma festa. Atender os maiores era sempre mais difícil e elas se concentravam em incentivá-los no gosto pela leitura. Os pequenos se lançavam com espontaneidade na pintura em cartolina, usando pincéis ou os dedos, e nos trabalhos em madeira e cerâmica.

Várias pessoas colaboraram de perto com Cynira e Sabá. Ilsa Leal Ferreira, amiga de Geraldo de Barros, colaborou na área de pintura. Este último deu uma grande contribuição para os trabalhos de marcenaria ao modelar peças de madeira com as quais era possível construir desde carrinhos de brinquedo até pequenos móveis. Jairo, operário da fábrica, uma vez por semana passava muitas horas com as crianças, para que elas desenvolvessem seus trabalhos. Quanto à cerâmica, as moças contaram com a colaboração de uma conhecida ceramista, Helu Mota. Cynira conhecera Helu num curso que fizera no Museu de Arte Moderna, o MAM, para adquirir conhecimentos básicos dessa atividade e, assim, poder orientar as crianças.

No curso do MAM, Cynira conheceu Flávio Império, que se dispôs a trabalhar no teatro do Vergueiro e depois se tornou seu grande amigo. Já existira um trabalho teatral na comunidade, orientado por Maria Thereza Vargas, destacada pesquisadora das artes cênicas. Flávio encenou, com as crianças, *Pluft, o fantasmi-*

A BICO (*Biblioteca Infantil do Cristo Operário*), *na Vila Brasílio Machado, organizada por Cynira Stocco e Sabá Gervásio, anos 1950*

nha, de Maria Clara Machado, entre outras peças, fazendo ainda um trabalho de fantoches, aos sábados, com adultos e adolescentes. As peças eram encenadas na comunidade e ao ar livre, geralmente nas portas das fábricas.

A criação de cursos noturnos para adultos e o auxílio às crianças nas lições de casa contribuíram para que as duas moças estabelecessem, pouco a pouco, laços sólidos com as famílias do bairro. Cynira tornou-se comadre de uma mãe japonesa e, após algumas experiências relutantes, passou a apreciar pratos japoneses, numa época em que sushis, sashimis, tempurás e outras iguarias eram praticamente desconhecidas em São Paulo.

O trabalho educativo de Cynira e Sabá ganhou rótulo próprio com a criação da Biblioteca Infantil do Cristo Operário — a BICO. A menção de "biblioteca" no título devia-se ao modelo de algumas bibliotecas infantis da prefeitura de São Paulo, destinadas não só à leitura como a outras atividades. Um belo exemplo era a Biblioteca Monteiro Lobato, no bairro de Vila Buarque, onde Beatriz Arruda Sampaio realizava um excelente trabalho. A ideia básica consistia em estimular as crianças, cuja "apatia" tinha muito a ver com as condições da família e da escola.

No primeiro ano de vida, a BICO instalou-se ao lado da capela, numa sala que servia também como teatro e cinema. Diante dos primeiros êxitos, frei João mandou construir um grande galpão, ao lado da fábrica de móveis, e o espaço foi dividido entre a escola e o setor de estofamento da Unilabor. Na parte da escola, numa pequena entrada, ficavam um tanque e um banheiro. A um canto, no fundo, subia uma pequena escada de cimento que se abria para duas grandes salas de aula de pé-direito alto, bem arejadas. Elas destinavam-se às atividades educativas das crianças, que no período da manhã frequentavam as aulas da escola pública.

Na porta do banheiro, Cynira e Sabá colocaram um grande espelho para que as crianças se olhassem. Elas chegavam desarrumadas, mas pouco a pouco, ao verem sua imagem no espelho, começavam a ajeitar a roupa e a pentear os cabelos. Com o correr do tempo, uma sugestão foi sendo acolhida: "Você não quer lavar o rosto?".

Mas nem tudo eram flores na vida do Vergueiro. Dificuldades materiais, desconforto, incertezas surgiam a cada passo: tomar água de poço contaminado, dormir em camas apertadas, trabalhar aos sábados e domingos, acreditar no progresso do trabalho com crianças carentes, mesmo dispondo de escassos recursos.

Nem pensar que os meninos e as meninas eram uns anjos. O preconceito surgia de diferentes maneiras, contra o preto, contra os que tinham deficiências físicas, afora a gozação dirigida aos muito pobres, os quais vinham à BICO sem sapato ou com a roupa rasgada. Nesse terreno, Cynira e Sabá se sentiam à vontade

Alunos da BICO. *No alto, tendo ao fundo as instalações da escola. Acima, em frente ao casario e à capela da Vila Brasílio Machado, anos 1950*

nas rodas de discussão. Mas havia problemas mais difíceis, e o maior deles era o da masturbação em sala de aula. Quem as ajudou nesse terreno foi Dante Moreira Leite, professor de Psicologia da Faculdade de Filosofia da USP, que foi conversar com as duas educadoras, com a meninada e com os pais.

Muita gente acorria ao Vergueiro para conhecer a experiência da fábrica e da escola. De sua parte, Cynira não se enclausurava no bairro. Frequentava os círculos intelectuais de São Paulo, em particular a vetusta casa de Carlos Pinto Alves e sua mulher, Moussia Pinto Alves, situada na alameda Barão de Piracicaba, nos Campos Elíseos. Dona Moussia era uma escultora de qualidade e dr. Carlos, um empresário culto, ligado ao mundo das artes. Os mais velhos gostavam de conhecer os jovens de perto, e estes aprendiam muito nesses encontros, numa troca estimulante entre gerações.

Por volta de 1960, época em que a efervescência do mundo sociopolítico brasileiro crescia, Cynira começou a duvidar das ideias de uma "estratégia das manchas de óleo", lançadas pelo padre Lebret, segundo as quais comunidades como a do Vergueiro iriam se irradiar aos poucos em muitas direções. Curiosamente, para essa percepção, contribuíram as conversas que o frei Cardonell promovia aos domingos após a missa das sete da noite, no convento dos dominicanos, no bairro de Perdizes. Ela também resolveu procurar alguns comunistas do bairro e passou a frequentar reuniões no sindicato dos metalúrgicos, interessada em projetos mais amplos de transformação social. Ficou mal impressionada com o nível cultural e os slogans dos jovens comunistas universitários, que lhe falavam maravilhas da educação dada às crianças pelo Estado, na União Soviética. Teve contato com os trotskistas, dos quais começou a se aproximar depois de assistir a uma das reuniões com estudantes promovidas pelo Centro Karl Marx na Faculdade de Filosofia, na rua Maria Antônia, em que se discutiam problemas teóricos do marxismo ou a conjuntura internacional.

Nessa época, início de 1960, caiu uma bomba na cabeça de Cynira e de Sabá, lançada de surpresa pelo frei João Batista. Seja porque sofresse pressões de seus superiores hierárquicos, seja porque ele próprio não concordasse com o rumo que as duas jovens haviam tomado, convocou uma reunião com os pais dos alunos e ali comunicou, sem mais esclarecimentos, que as atividades da BICO estavam encerradas. Cynira e Sabá foram despedidas, também sem nenhum tipo de explicação. Como recebiam um modesto salário, mas nunca foram registradas, pagaram-lhes um aviso-prévio de trinta dias e nada mais, provavelmente para evitar alguma reclamação trabalhista.

Apesar dos pesares, as duas moças resolveram manter suas atividades, utilizando para isso a casa da rua São Daniel, enquanto Cynira redobrou os esforços para se aproximar dos círculos políticos. Foi então que apareci no Vergueiro, levado pelas mãos de Sérgio e Clotilde. Conheci a Inês, moça muita viva, falante, de rosto redondo e olhos brilhantes; Dito, um jovem com feições semelhantes às do ator Milton Gonçalves, que fazia par com Cynira, como excelente bailarino; Celestino, funcionário da Telefônica, rapaz de poucas palavras que anos depois formou-se, com muito esforço, no curso de geografia da USP; Doroty, a menina dos olhos da Cynira, por sua inteligência e bom-senso, que viria a ser publicitária; Gonçalina e seu apaixonado noivo, o Guido; Zoilo, um rapaz espanhol de rosto espinhudo, cuja maior façanha era cantar, variando os tons, uma melodia chamada "Currucucu"; Gil, formado depois por uma escola técnica. Entre os mais velhos, trago na mente a figura do seu Manoel, um homem de olhos aguados, sempre às voltas com problemas de pressão alta. Por algum tempo não gostei dele, e por uma razão específica. Quando Cynira ficou grávida do Sérgio — nosso primeiro filho —, expressando sua experiência de homem pobre, ele comentou: "É preciso esperar para ver se vinga".

Mas muito mais do que ter conhecido todas essas e outras pessoas, conheci Cynira, a moça bonita de pulôver de lã grossa, calças jeans e de uma determinação incrível pela qual me apaixonei perdidamente, como se costumava dizer. Uma das coisas que mais me impressionavam era a inserção de Cynira no bairro. De todas as vivências, fixei um breve episódio. Quando eu e ela saímos à rua um dia, cruzamos com uma garotinha negra de uns cinco anos, muito magra e dotada de uma voz fininha, que soou desinibida: "Oi, dona Ciniura".

Comecei a frequentar cada vez mais o local e logo percebi que eu representava uma ameaça para a turma do Vergueiro. Aquele burguesinho metido a intelectual, no volante de um Ford importado, estava dividindo a atenção de Cynira e, mais do que isso, começando, visivelmente, a afastá-la deles. Num momento de raiva, embora fosse incapaz de matar uma mosca, Celestino chegou mesmo a dizer: "Esse cara merece um tiro".

Apesar da recíproca paixão instantânea, meu namoro com a moça do Vergueiro levou algum tempo para se concretizar. A iniciativa partiu dela, quando me convidou para assistir a uma peça no teatro Maria Della Costa, em que Jardel Filho fazia o principal papel masculino. Não me lembro do nome da peça, mas me lembro de como Cynira estava vestida naquele dia de verão, em fevereiro de 1960: um vestido branco de linho com bolas azuis e cor de laranja. Lembro também das nossas mãos enlaçadas pela primeira vez e das batidas aceleradas de meu coração.

Tentei me adaptar ao mundo do Vergueiro da melhor forma possível, fiz algumas exposições históricas, com propósitos políticos e tratei de ganhar para o trotskismo algumas pessoas do grupo, embora o POR visse com ceticismo a ação dos católicos nos meios operários. Vieram para o trotskismo Cynira, Sabá e uns poucos mais. No depósito dos fundos da casa da rua São Daniel, passamos a preparar os "envios" da *Frente Operária* e a produzir as pilhas de encalhe num espaço bem maior do que o do Martinelli. A divisão de tarefas tinha um recorte predominantemente machista, apesar do discurso radical de esquerda. Eram as mulheres que ficavam com as tarefas mais pesadas (preparar o almoço nas reuniões, por exemplo) e menos relevantes, como empacotar os jornais.

Não posso dizer que tenha vivenciado a vida da periferia, mas pelo menos toquei em suas bordas, percorrendo as ruas, indo a uma casa ou outra, participando de reuniões. Conheci gente curiosa, como nossos vizinhos, a dona Nair e o seu Álvaro. Este último, quando percebeu minhas constantes visitas à casa da rua São Daniel, me forneceu por via oral uma espécie de declaração de antecedentes, ao garantir que aquelas duas moças eram suas vizinhas havia vários anos e tinham uma vida séria, dedicada a fazer o bem. Depois, diante das idas e vindas, dos pacotes de jornais que entravam e saíam, da leitura de um exemplar da *Frente Operária*, acabou me perguntando, algo preocupado, se eu era um dos responsáveis por aquele jornal "de fundo comunista". Desconversei, mas deveria ter dito: "De frente e de fundo".

Da minha parte, a façanha das façanhas foi a participação em um jogo de futebol, num campo esburacado e cheio de lama, entre o Time da Cynira e o Time da Sabá. Naturalmente, joguei no Time da Cynira, denominado pelo Zoilo — sabe-se lá por quê — de 11 Curumitz, ou seja, 11 Curumins. Procurando fazer a melhor exibição possível para a namorada, tratei de combinar esforço com prudência e me instalei na ponta direita, por onde de vez em quando eu escalava, sem êxito. Fico devendo o resultado da partida, que a memória não registrou.

Tão logo se tornou claro que o namoro apaixonado redundaria em casamento, tratei de mover os pauzinhos para irmos morar em outro lugar. Movi céus e terras, negociei o quanto pude, propus alugar um apartamento no bairro do Ipiranga, próximo ao Vergueiro. Tudo inútil. Cynira não arredou pé: ou eu aceitava morar no Vergueiro para ela continuar seu trabalho, ou era melhor que cada um seguisse seu caminho. Capitulei, com a esperança oculta de, em algum momento, retomar a ofensiva.

Outro ponto sensível que ameaçou nosso casamento foi a "questão religiosa". Cynira, de algum modo, ainda mantinha suas convicções e se via diante da pressão familiar para que, pelo menos dessa vez, a família fosse atendida e o casamento se realizasse na Igreja Católica. Eu insisti num casamento civil e me recusei a participar de uma cerimônia oficial religiosa. Afinal, depois de muita relutância, concordei com uma solução intermediária. Frei Jacinto, amigo de Cynira, com a autorização de seu superior, concordou em nos dar uma bênção privada em janeiro de 1961, na capela do convento dos dominicanos, no bairro de Perdizes. Convidamos para a cerimônia somente parentes próximos de Cynira: o irmão José e a cunhada Eneida; a tia Maria, casada com o tio Max. Esses familiares informaram a seu Stocco que a filha se casara na igreja e ele evitou saber de detalhes, dando-se por satisfeito.

Morei no Vergueiro por quase dois anos, abandonando o apartamento confortável da rua Haddock Lobo com a avenida Paulista, onde morava com meus pais e irmãos. Vestia terno e gravata, indumentária rara na periferia, onde os crentes engravatados ainda não tinham proliferado. Para ir ao escritório, tomava o ônibus 26, que me deixava na praça Clóvis Bevilacqua, almoçava na cidade e fazia o mesmo caminho no retorno.

Foi meu filho Sérgio quem determinou, naturalmente sem saber, nossa mudança do Vergueiro, ao nascer em outubro de

1962. Com seu nascimento, os contatos de Cynira se rarearam enquanto cresciam as tarefas da maternidade. Eu saía de manhã e só voltava à noite. Telefone, nem pensar. Diante desse quadro, a mudança se impôs. Passamos uns dias na casa do irmão de Cynira e depois fomos morar no apartamento de meu pai, na rua Haddock Lobo, até alugarmos outro, no mesmo prédio.

Para mim, o Vergueiro representou apenas um fragmento de vida, mas para Cynira foi uma experiência profunda. Para ela, não foi um tempo perdido, e sim uma vivência que lhe possibilitou pôr em prática o que pensava, seja em termos de valores, convicções religiosas (hoje ultrapassadas), seja em termos de convicções sociais e educacionais. Mais do que isso, foi no Vergueiro que ela moldou muito de sua personalidade, ali brotou sua generosa disponibilidade para com os outros, que por vezes a fazia se esquecer de si mesma. Ter prosseguido com suas atividades na área de educação tanto na escola pública como na escola privada revela esses traços com notável clareza. Cynira costumava sintetizar numa frase sua experiência no Vergueiro: "Na época eu estava convencida de que aquela era uma utopia possível; hoje sei que, na realidade, era um sonho impossível".

Como os artesãos da fábrica de móveis avaliam hoje a experiência da Unilabor? É difícil saber ao certo, mas pelo menos há uma pista, embora ela não permita generalizações. Há alguns meses, ao tomar um táxi, Cynira foi reconhecida pelo motorista, ninguém menos do que o José Lopes, um dos membros da família que se entregara de corpo e alma à experiência. Os tempos da Unilabor vieram à baila, mas Lopes cortou a conversa, dizendo com secura: "Aquela história em que vocês nos meteram não deu certo".

Sobre o Vergueiro ainda é preciso escrever alguns parágrafos, que bem poderiam se chamar "Cinquenta anos depois".

A redação destas memórias e matérias de jornal incentivaram Cynira e eu, num domingo, em setembro de 2009, a irmos à Vila Brasílio Machado em busca da capela dos dominicanos e das casas da rua São Daniel. Emoção, alegria, certa frustração foram os sentimentos que afloraram na visita. Ingenuamente, tendemos a pensar que imagens fixadas na memória ficam congeladas para sempre, em sua forma material. Sonhávamos encontrar a casa de número 10 da rua e a dos nossos vizinhos, a dona Nair e o seu Álvaro, ambos, quem sabe com a mesma aparência daquele tempo. Mas as casas haviam sido demolidas para dar lugar a prédios de apartamentos de classe média ainda em construção, monótonos, envelopados por telas de cor cinza. Aparentemente, tínhamos voltado ao Vergueiro com um atraso de cinco anos. Foi-se a casa de Cynira, onde nasceu nossa paixão, foram-se os vizinhos, quem sabe para onde, se é que estão vivos. Ao mesmo tempo, arqueando o pescoço para olhar aquelas enormes construções, mirando algumas casas bem construídas, tornou-se para nós evidente que o bairro se desenvolvera, deixando de ser parte de uma periferia muito pobre para se transformar em local de moradia de uma ascendente classe média.

Entramos na área pertencente aos dominicanos, com frente para a antiga estrada do Vergueiro, hoje rua Vergueiro, e entrada pela rua São Daniel, poucos metros adiante de onde Cynira e eu vivêramos, do outro lado da rua. À porta, um funcionário perguntou se tínhamos ideia do que iríamos visitar, e Cynira lhe contou um pequeno pedaço de sua história. O homem foi em busca do prior provincial dos dominicanos, frei Vicente Micallef, nascido em Malta e há mais de vinte anos no Brasil. Visitamos a capela, de uma sobriedade comovente. Visitamos a biblioteca e as instalações austeras da Faculdade de Teologia, que os dominicanos fundaram no local.

Depois, conversamos longo tempo com o prior e principalmente com frei Marcelo, jovem mineiro de Uberlândia, e percebemos como o elo entre o passado e o presente fora quase desfeito. Restavam indícios, como por exemplo a referência que frei Marcelo ouviu de um velho dentista do bairro sobre frei João, "o bipolar mais lúcido que ele conhecera". Mas estávamos diante de uma situação curiosa, porque Cynira — e eu, em mínima parte — era testemunha viva de uma época para eles remota, de que apenas tinham notícia. Ficamos com a sensação de que, naquele caso, a nós interessava o passado; a eles, o presente e o futuro. Mais ainda, intuímos que aqueles dois frades, com uma força interna que se traduzia em palavras ditas com calma e segurança, tinham do presente e do futuro uma imagem distante da nossa.

E a política? Ainda vou falar alguma coisa sobre ela, mas a verdade é que Cynira e eu nos convertemos em "pais militantes", como disse, certo dia, Pedro Paulo Poppovic. Quanto a mim, duplamente militante após o nascimento do Carlos, nosso segundo filho, em outubro de 1963. Cynira foi muito além e conseguiu ser triplamente militante, cuidando dos dois meninos e consolidando sua atividade como educadora, a que se dedicou com paixão e competência por sessenta anos.

Não vou percorrer passo a passo sua experiência profissional após ter se mudado do Vergueiro, mas apenas lembrar dois momentos significativos de sua carreira. Começo pelos tempos de orientadora educacional, ressaltando sua experiência como uma das pessoas que implantaram o Ginásio Experimental Pluricurricular Estadual (GEPE) no bairro da Lapa. A ideia de criar uma escola pública com propósitos renovadores, segundo me contou Pedro Paulo Poppovic, nasceu num jantar em que se reuniram a então secretária de Educação do Estado de São Paulo, Terezinha Fran; a psicóloga Ana Maria Poppovic, mulher de Pedro Paulo, e ele próprio. Muitos profissionais que na época apostavam na escola pública, inclusive porque achavam saudável a interação de seus filhos com crianças de outros estratos sociais (no caso, a baixa classe média da Lapa), apoiaram a iniciativa, fornecendo desde recursos para a instalação da escola até sua própria mão de obra, pintando paredes do prédio e participando de muitos outros arranjos. Ana Maria e Pedro Paulo matricularam seus filhos no GEPE, e Pedro assumiu a presidência da Associação de Pais, em busca de uma interação participativa deles nas atividades desenvolvidas pela escola.

Iniciado com muito entusiasmo, o projeto sofreu uma contínua pressão dos pais do bairro da Lapa, extremamente conservadores. As atividades de expressão corporal, mímica e outras mais lhes pareciam brincadeiras inúteis e a orientação sexual, de que se encarregou Cynira, algo indecente.

A orientação sexual era uma ousadia naqueles tempos. A tal ponto que a revista *Realidade*, do grupo Abril, publicou uma reportagem elogiosa a respeito. No número seguinte, na seção de cartas dos leitores, uma leitora de Fortaleza escreveu para censurar as atividades de orientação sexual do GEPE, terminando com uma frase autoconfortadora: "Ainda bem que essa tal de dona Cynira está muito longe do Ceará".

O campo de possibilidades de inovação na escola pública foi se restringindo nos primeiros anos da década de 1970 — o pior período do regime militar. Sempre como orientadora educacional, Cynira decidiu aceitar um convite do Colégio Rainha da Paz, do Alto de Pinheiros, fundado por freiras dominicanas, onde trabalhou entre 1970 e 1972. As freiras estavam implantando o ensino misto e não sabiam bem como lidar com os primeiros meninos que chegavam à escola. Cynira não só cuidou dessa convivência como foi além, ao renovar o ensino com a introdução de atividades paralelas como expressão corporal e trabalhos de cerâmica, estes com a colaboração de Isa Leal Ferreira, velha amiga da época do Vergueiro. Tudo corria bem, não fossem os tempos de repressão em que se vivia. Dou um bom exemplo, ao mesmo tempo dramático e grotesco. A professora de português Maria Otília, trazida por Cynira, que a conhecia do GEPE, onde continuava a trabalhar, indicou para sua classe o livro *O caneco de prata*, de João Carlos Marinho, autor de uma série de livros de sucesso, destinados a meninos e adolescentes.

O livro, composto de textos curtos e fragmentados, com toques surrealistas, narra as aventuras de Gordo e sua turma, personagens também utilizados por Marinho em outros livros. Nessa história, o Gordo, em nome de sua escola — a Três Bandeiras —, enfrenta a escola Garibaldi do Cambuci, dirigida pelo professor Giovanni, em busca da conquista do campeonato de futebol mirim. Pois o pai de um aluno do Rainha da Paz, que tinha ligação com os militares e civis da Operação Bandeirantes (Oban) — centro de tortura instalado numa delegacia da rua Tutoia —, ao encontrar o filho lendo *O caneco de prata* denunciou a professora por subverter a mente dos jovens.

Maria Otília foi presa por militares armados de metralhadoras e conduzida à Oban, onde permaneceu por um dia. Aparentemente, o pai dedo-duro valeu-se do aparelho da repressão para dar um enorme susto. Ela sofreu um processo administrativo instaurado pela Secretaria da Educação, em que Cynira e João Carlos Marinho figuraram como testemunhas de defesa. No desfecho, Maria Otília foi suspensa por quinze dias e *O caneco de prata* foi banido da lista de livros indicados nas escolas públicas. Não obstante, ele já teve, ao que me parece, dezessete edições. Na que tenho em mãos, há uma dedicatória que fala por si mesma: "Dedico à Marisa e à Maria Otília, valente professora".*

Fiquei me perguntando a que se deveu uma violência tão desproporcional. Em primeiro lugar, lembremos os tristes tem-

---

* O episódio envolvendo o livro *O caneco de prata* me foi narrado por Cynira Stocco Fausto e João Carlos Marinho.

pos em que vivíamos, quando qualquer pessoa estava sujeita a arbitrariedades de todo tipo. Mas o que havia de especialmente "ignóbil" no texto, a ponto de despertar a fúria de um pai de aluno? Recorro, como sugestão, a várias passagens do livro que se referem tanto ao comportamento individual quanto a fatos no plano coletivo. De um lado, há os hábitos do Gordo, entre os quais se encontra o uso da parte de baixo de uma mesa para colocar a meleca do nariz, afirmando que essa era a função natural do lado oculto da mesa; de outro, as contínuas referências ao Esquadrão da Morte, uma organização ilegal composta de policiais comandados pelo delegado Sérgio Fleury — notório torturador — que assassinavam pessoas apontadas como assaltantes, pouco importando se eram culpadas ou inocentes. Em geral, as mortes faziam parte de um esquema de proteção de comerciantes, sobretudo na periferia de São Paulo. Em tudo havia uma alta dose de sadismo, pois os crimes eram encarados com frieza, como um tenebroso "esporte" que transformava vidas humanas em "presuntos".*

Por último, uma frase do livro deve ter revirado as vísceras do pai dedo-duro — frase apaixonada, escrita pelo Gordo para a namorada Berenice numa folha de caderno espiral, em letras maiúsculas: EU GOSTO MAIS DE VOCÊ DO QUE DO BRASIL.

Quanto a Cynira, depois desse episódio percebeu que seu campo de atuação ficara obstruído, diante do temor compreensível das freiras e da coordenadora do Rainha da Paz, Alice Cavalcanti. Mas então recebeu um convite para implantar a segunda fase do ensino fundamental da Escola Vera Cruz. A essa instituição Cynira se dedicou por mais de 37 anos, tendo ocupado a presidência de sua entidade mantenedora, a Associação Universitária Interamericana (AUI). Seu maior empenho dirigiu-se

---

* No combate ao Esquadrão da Morte, destacou-se o então Procurador de Justiça de São Paulo, Hélio Bicudo, que publicou vários livros a respeito.

*Nina Norowski
e Antonio Stocco,
pais de Cynira*

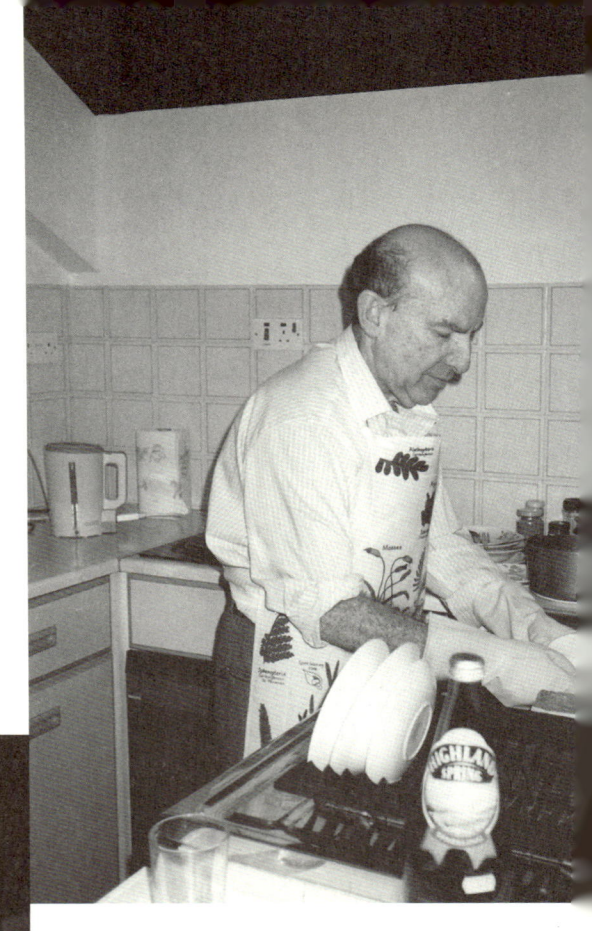

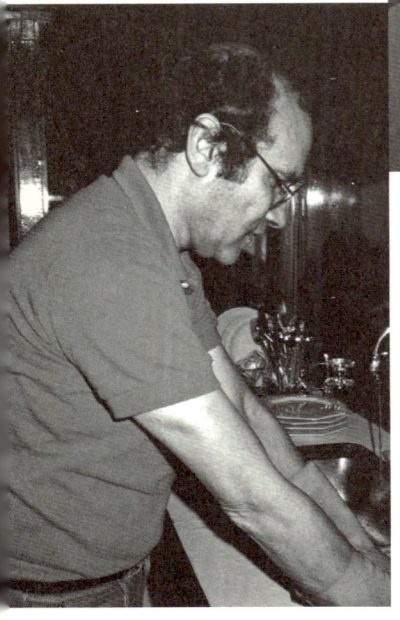

Ajudantes de cozinha:
os irmãos Boris (acima)
e Ruy Fausto

O irmão mais novo,
Nelson Fausto,
em New Hampshire,
Estados Unidos

Lançamento do livro
História do Brasil,
na USP, 1994.
O neto Miguel observa
o autógrafo

ALEGRIAS DA PATERNIDADE. *Boris com os filhos Carlos e Sérgio. Abaixo, o tradicional futebol na praia. Ubatuba, década de 1960*

Momento de alegria:
Boris, Carlos, Sérgio e Cynira.
Na comemoração de 25 anos
de aniversário do casal,
em janeiro de 1986

*Abaixo, da esquerda
para a direita: o neto
Felipe, o filho Sérgio,
o neto Miguel,
o irmão Nelson e Cynira.
São Paulo, 2008*

*No alto, o neto Antonio
e Boris, separados por
uma "índia". Palo Alto,
Califórnia, 2010*

*Embaixo, Carlos Fausto
e seu inseparável laptop*

*Ao lado, Ruth Cardoso
e Cynira, durante um
congresso de educação*

*Abaixo, os irmãos Haroldo
e Augusto de Campos,
amigos do autor desde
os tempos do Colégio
São Bento*

Interior da casa de Ibiúna.
Arquiteto: Carlos Lemos.
Embaixo, casa da praia
da Enseada, Ubatuba,
anos 1970. Arquiteto:
Flávio Império.

Na página ao lado, casa
de São Paulo. Arquiteto:
Sérgio Ferro. Acima, sala
de jantar, com mesa e
cadeiras da Unilabor. Logo
abaixo, detalhe da cadeira.
Por fim, a fachada da casa.

*Capela do Cristo Operário
na Unilabor (Vila Brasílio
Machado), com mural
de Alfredo Volpi ao fundo.
A construção é de 1951.*

à formação de professores, como diretora do Centro de Estudos Educacionais Vera Cruz (Cevec) e do Instituto Superior de Educação Vera Cruz (ise). Mas antes de me pôr a desfiar um simples currículo, paro por aqui, porque a história do Vera Cruz e de seus criadores merece um livro à parte, que algum dia será escrito.

10. Ubatuba não há mais

A vida familiar da dupla Stocco-Fausto concentrou-se na casa da rua Gaspar Moreira, no bairro do Butantã, em São Paulo, nas experiências escolares dos meninos e nas longas férias em Ubatuba.

A Ubatuba dos anos 1940 e 1950 era um lugar do qual resta, nos dias de hoje, apenas um ou outro vestígio, como é o caso do magnífico Casarão do Porto, obra de meados do século xix que pertenceu à família Guizard.* A população da cidade era formada por caiçaras que ocupavam as áreas de terreno arenoso junto às praias ou os contrafortes da Serra do Mar. No centro urbano, moravam famílias do Vale do Paraíba que lá se fixaram com algum pequeno negócio ou foram em busca de uma aposentado-

---

* O Casarão do Porto foi construído em 1846 pelo comerciante português Manoel Baltazar da Cunha Fortes, numa época de prosperidade econômica de Ubatuba, como porto de exportação de café. Curiosamente, em 1923 um neto de Manoel Baltazar alugou o casarão para que lá fosse instalado o Hotel Budapest.

ria tranquila. Os raros turistas vinham também do Vale, em sua maioria de Taubaté, e alguns tinham casa de veraneio na cidade. Já os paulistanos contavam-se nos dedos. Mas tudo foi mudando e, por volta dos anos 1960, uma estrada nova — a rodovia dos Tamoios — aproximou Ubatuba de São Paulo, abrindo caminho para a "modernização".

Minha primeira viagem a Ubatuba se deu por volta de 1949, graças à sugestão de um amigo de meu irmão Ruy, cuja família tinha casa na cidade. Fiquei numa rua estreita do Centro, no Hotel Felipe, que proporcionava aos hóspedes a umidade das paredes descascadas e uma comida muito atraente, composta de peixes e camarões muito frescos, farinha de mandioca, feijão e arroz. Naquele hotel, morou por muitos anos um juiz da comarca, cujo amplo quarto, no segundo andar, abria-se para um terraço com grades ornamentadas por abacaxis de cerâmica, de onde o meritíssimo podia contemplar o movimento da rua. Solteirão, apreciador de longas conversas com as dignas senhoras hóspedes do hotel, ele criava pássaros, condenados à prisão perpétua numa penitenciária de muitas gaiolas. Tocava violino com algum mérito e não aceitou até a morte, que eu saiba, uma promoção na carreira. Ficar em Ubatuba era seu desejo, e não se pode negar o bom gosto.

O centro da cidade limitava-se a um retângulo bordejado por palmeiras, pela igreja matriz e por algumas casas comerciais e de veraneio. Dentre as casas de comércio, despontava a farmácia do seu Filinho, pessoa de fala mansa e segura que fazia as vezes do médico, inexistente em Ubatuba. Quando o primeiro facultativo chegou, era melhor não confiar em seus diagnósticos. A gente do lugar e também os turistas preferiram continuar seguindo os conselhos do seu Filinho, indispensáveis não só para amenizar dores de barriga mas para fornecer vacina antitetânica quando as pessoas se feriam nas cercas enferrujadas de arame farpado. Bom contador de histórias, entre um atendimento e outro ele narrava coisas da Segunda Guerra Mundial, bem próximas de nós naquela época, entre as quais se destacava a história de um submarino alemão, real ou imaginário, que surgiu na linha do horizonte da praia do Cruzeiro, para logo submergir.

Na década de 1960, meu pai começou a ficar seduzido pela ideia de construir uma casa em Ubatuba. Na época ele planejava, em surdina, seu segundo casamento. Um corretor de café, acolhedor e *bon vivant*, o seu Júlio, tinha uma casa na praia do Itaguá e, conversa vai, conversa vem, disse a meu pai que um inglês, proprietário na praia da Enseada, estava vendendo lotes de uma extensa área de terrenos.

Sem interesse comercial no negócio, seu Júlio começou a animar meu pai com as belezas de Ubatuba e, num fim de semana, nos levou a sua casa de praia. Foi ele quem nos apresentou a mr. Davidson, um homem alto, ossudo, de sotaque carregado, apesar dos muitos anos vividos no Brasil. Não lhe faltou humor, ainda que um humor negro, quando ofereceu a mr. Fausto vários lotes: "Compre quantos quiser, eu facilito, e como estou com câncer o senhor não vai pagar todas as prestações. Morro antes e não deixo herdeiros". Mas, embora valorizasse o fato de que as terras do inglês eram uma das poucas devidamente legalizadas, por usucapião, mr. Fausto, sempre prudente, ainda mais porque estava comprando um terreno numa praia quase deserta, limitou-se a adquirir um lote pequeno, de terra arenosa, mas que ficava de frente para o mar e continha duas belas amendoeiras.

A construção da casa de Ubatuba foi um dos poucos trabalhos arquitetônicos de Flávio Império. Meu pai financiou a obra e aprovou o projeto, acreditando, apesar de meio ressabiado, no vanguardismo dos meninos. Até hoje tenho um sentimento de culpa por tê-lo convencido. Primeiro porque o custo da casa ultrapassou gritantemente os cálculos iniciais. Depois, porque o resultado nunca pareceu convincente a meu pai.

De fato, a estrutura da casa é muito bonita, com a sucessão de *voûtes*, assim como o jardim suspenso, em lugar de uma laje ou de um telhado. A ampla sala conjugada à cozinha, sem divisão de espaços, as mesas de concreto, o chão de cimento pigmentado de vermelho, a sucessão de janelas de vidros comuns, sem proteção de grade — quem poderia imaginar, nos velhos tempos, um roubo na praia da Enseada? —, as *voûtes*, pintadas de branco na parte interna, em contraste com o azul da parede do fundo, o teto em arco, de tijolos firmes, fabricados na praia da Maranduba, dão à construção um encanto que perdura na memória.

Então, por que me culpo? Porque os quartos e os banheiros são muito pequenos, de acordo com a bizarra convicção dos arquitetos vanguardistas dos anos 1960, segundo a qual os espaços públicos devem ser mais valorizados que os privados. Quanto aos banheiros, também havia uma explicação para os leigos: eles são pouco utilizados e não necessitam de conforto, como se devêssemos optar por chuveiradas apressadas ou descargas mais apressadas ainda.

O problema maior era aceitar que uma casa à beira-mar não tivesse vista para o mar. Flávio resolveu construí-la em nível inferior, escavando o terreno, de tal forma que a visão do mar só é possível na faixa de terreno da frente, ou no jardim suspenso, que ele detestava chamar de solário. Na verdade, "a casa subterrânea", como era conhecida, nos protegeu do exterior à medida que as areias da praia foram se enchendo de gente e de seus cachorrinhos cujas "obras" de várias cores e formatos estendiam-se na areia. Em compensação, como o espaço entre o solo e o lençol freático se tornara mais raso por força da escavação da terra, as fossas sépticas refluíam com frequência e provocavam refluxos perfumados nos vasos e ralos dos banheiros. Nessas ocasiões, gritos desesperados varriam a casa: "— Fossa, fossa, fossa!".

Não chamei as abóbadas da casa de *voûtes* só para ser pernóstico. Quem as chamava assim era o construtor da obra, um francês, Charles, com poucos anos de Brasil, que não sei onde Flávio foi encontrar para empreender a aventura da casa fáustica. Conhecedor, ao que tudo indicava, de seu trabalho, Charles perdeu-se no relacionamento com aquela mão de obra caiçara empregada numa construção tão arrojada. Quem gozava de tudo à distância, sem porém deixar transparecer em seu rosto de pedra, era o Licínio, um construtor concorrente, astuto homem da terra, avesso às redes de pesca. Ele se diferenciava também pelo traje, sempre de calça e camisa branca bem passadas; no bolso da camisa, enfileiravam-se canetas de várias cores, numa exibição simbólica, pois Licínio era analfabeto de pai e mãe, ou de nascença. Essa deficiência não o impedia de formar um juízo sintético e definitivo sobre o francês: "O 'Charle' sabe muita coisa, mas não entende nada de 'diministração'".

Por sua vez, o povo da praia acabou se acostumando com a "casa subterrânea". Um conhecido de meu pai, que foi passear na Enseada, elogiou, ao voltar, aquela construção bonita e de amplas vidraças que tinha visto. O engano foi muito breve porque em seguida ele perguntou: "O que é aquela construção ao lado da sua? Uma casa de banho?". A casa que ele tinha elogiado era de um de nossos vizinhos, o sr. Bromberg, e a de "banho" a nossa...

Nos nossos primeiros tempos de férias em Ubatuba — um mês no verão e duas semanas em julho —, viajávamos eu, a Cynira e os dois filhos num Fusca em que ela, com incrível habilidade, conseguia colocar não só as malas como os bifes bem cortados, a água mineral e as verduras. Todo esse cuidado, porém, corria o risco de ir por água abaixo por falta de eletricidade. No fim da década de 1960, a energia elétrica chegara havia pouco à praia da Enseada e fora mal acolhida pelos poucos proprietários de casas, certos de que esse era o primeiro passo para que os "tempos ro-

mânticos" desaparecessem para sempre. Quem fazia o forneci-
mento era uma empresa de Taubaté. As interrupções eram longas,
às vezes ficávamos dias sem eletricidade, e as reclamações pouco
adiantavam: "Qualquer hora volta", era a resposta fatalista. Por
isso o romantismo ainda prevalecia nas noites escuras em que os
lampiões iluminavam as casas.

Nesses períodos de corte de eletricidade, seu Afonso, dono
de uma casa próxima à nossa, passeava pela praia com ar superior. Ele rejeitava "modernismos", como liquidificadores, ence-
radeiras, aspiradores de pó, pois esses apetrechos, na sua ótica,
eram incapazes de substituir o trabalho manual. Claro que seu
Afonso não se dedicava a essas tarefas, penosamente realizadas
por sua silenciosa mulher.

Quem vinha em nosso socorro para que não perdêssemos os
alimentos trazidos de São Paulo era o velho Barros, um taubatea-
no nosso vizinho. Ele possuía um imenso terreno onde despontava uma vetusta mangueira cujos longos braços pareciam esticar-
-se cada vez mais em direção ao mar. A casa era uma pequena
mancha naquele espaço, úmida e cheia de goteiras que ganhavam
ímpeto nos temporais de verão ubatubanos. Mas na casa havia
uma peça preciosa — uma geladeira a gás, onde, a convite do
prestimoso vizinho, colocávamos a comida perecível.

A praia da Enseada era habitada pelos caiçaras, de traços
indígenas, gente muito diferente dos caipiras do interior. Quando nossa casa foi construída, havia apenas umas poucas casas
e um armazém, o do Maciel, típica loja interiorana, que vendia desde utensílios de pesca a alimentos não perecíveis, colo-
cados em grandes sacas, na entrada. O armazém se destacava
por ficar numa pequena elevação, numa das extremidades da
praia. O povo murmurava contra o Maciel e dizia-se que ele, encarregado pelo governo do Estado de fornecer alimentação aos
presos da ilha Anchieta, desviava em seu proveito a mercadoria

de razoável qualidade enviada pelo governo e fornecia produtos imprestáveis.

Os caiçaras davam vida à praia, e nesse aspecto ela se diferenciava de algumas outras, desabitadas, em que seriam implantados loteamentos destituídos de uma fisionomia humana. Posseiros desde tempos muito recuados, com raros contatos com gente de fora, eles tinham um acento peculiar na fala e utilizavam um palavreado próprio — não se dizia, por exemplo, "É tempo de trovoada", e sim "É tempo de trevoada"; nem se dizia "dois", e sim "dous", antiga grafia da palavra. A pesca constituía a principal atividade dessa gente, para quem o mar era o elemento central de suas vidas, fosse para obter o sustento, fosse para perscrutar o tempo.

Uma pessoa com quem convivemos por muitos anos foi a dona Hilda, nossa empregada. Não obstante a falta de cuidados, era uma mulher bonita, com longos cabelos corredios e olhos verdes, a que devemos acrescentar a vivacidade da fala. Apesar de ter passado toda sua vida em Ubatuba, ou talvez por isso mesmo, ela tinha pavor dos raios que despencavam do céu nos temporais do verão ubatubano. Nesses momentos, talvez porque pensasse estar ali o seu Salvador, ela se agarrava ao "seu Shelvador", nossa velha geladeira elétrica de fabricação americana que tinha essa marca gravada na porta e se transformou, por obra e graça de nossa fantasia, em uma figura humana. Abraçando a geladeira com seus longos braços, Hilda repetia a frase: "Ai, meu santuário, ai, meu santuário". Nunca consegui deslindar essa invocação do santuário, pois tanto poderia ser um apelo a algum lugar tido como santo como a um conjunto de divindades, uma santaria com poder para dar uma proteção coletiva. Não passava pela cabeça da dona Hilda que o contato com um aparelho elétrico só aumentava os riscos de que um raio caísse sobre ela.

Quando ganhou intimidade com Cynira, dona Hilda queixou-se com minha mulher de já ter cinco filhos e correr o risco de ganhar outros mais. Nessa época, estava em voga o Lindiol, um anticoncepcional que, como se apuraria mais tarde, continha substâncias cancerígenas. Com a melhor das intenções, Cynira recomendou o medicamento a dona Hilda e trouxe as pílulas de São Paulo, para que ela fizesse uma experiência, dando-lhe instruções sobre o uso. Passado um bom tempo, perguntou a ela como se sentia e se o remédio estava sendo eficaz. A resposta foi surpreendente: "Está dando certo, sim, dona Cynira. O problema é que o Manoel e eu não estamos aguentando ficar um longe do outro".

Não é demais dizer que conto essa história curiosa não para desfazer de uma mulher viva e inteligente, e sim para marcar a distância de alguns conhecimentos básicos que havia entre a gente instruída e os caiçaras.

À medida que a Enseada foi sendo habitada por gente de fora, a praia se tornou um ponto de encontro de caiçaras e turistas. Quando os pescadores puxavam a rede do mar, as pessoas se aglomeravam na beira da água para comprar os melhores peixes, a preços muito atraentes. Depois de ver alguns peixes lutando desesperada e inutilmente para sobreviver, numa agonia dolorosa, eu me recusei a presenciar outras vezes esse espetáculo. Já os compradores — mais pragmáticos e menos sensíveis — assistiam ao estertor dos peixes como algo perfeitamente natural.

O grande momento da vida na areia se dava quando a maré baixava e a praia muito plana se tornava propícia ao futebol. As disputas, travadas sem juiz, punham abaixo a hierarquia entre turistas e caiçaras. As decisões controversas envolviam um curioso processo de negociação, e um pênalti, um impedimento, embora sempre houvesse os insatisfeitos com a decisão coletiva, acabavam sendo definidos aos berros.

Meus filhos eram loucos para jogar, e o Sérgio se destacava pelo fanatismo e pela qualidade. Jogava de manhã, almoçava correndo, a mãe o segurava o quanto possível, mas logo lá estava ele outra vez, num dos times formados à tarde. Seu grande ídolo era o Teté, filho da dona Hilda, embora se encantasse também com o Dinho — o Ademir da Guia da praia da Enseada. Teté se destacava pela noção de jogo, por seu bom físico e determinação. Comandava o time com autoridade e Sérgio obedecia sem pestanejar, quando ouvia aquela voz com acento caiçara: "Vá pra frente, Sérgio, pra frente". O convite feito ao Teté para ir ao Rio e entrar na peneira do Botafogo causou entusiasmo entre a turma, que vislumbrava sua carreira "gloriosa no Glorioso". Não foi bem assim. Passadas algumas semanas, Teté voltou murcho para casa e não se falou mais no assunto.

Além do Teté, por algum tempo destacou-se entre os turistas o Cláudio, um rapaz de seus 25 anos que vivera na Inglaterra e dizia ter jogado num time da terceira divisão de lá. Estimulado pela determinação do Sérgio, Cláudio exagerava no incentivo. Cada vez que meu filho caminhava um pouco no campo de areia, tentando tomar fôlego, lá vinha o grito do Cláudio: "Vai Detefon aí?".

Nem sempre o futebol de praia reproduzia, aproximadamente, um jogo normal. Quando faltava gente, ou o cansaço tomava conta da turma, improvisavam-se variações. Uma delas consistia em fincar na areia duas estacas bem separadas uma da outra, onde ficavam dois goleiros. Os atacantes eram outros dois e batiam uma espécie de pênalti, revezando-se nos respectivos papéis de defensores e atacantes. Desse joguinho aparentemente insípido, destacou-se uma frase que até hoje integra a memória familiar. Meu filho Sérgio brincava com três filhos do dr. Laus, médico e professor da Faculdade de Medicina de Ribeirão Preto. No gol, o Walter e o Zélo (apelido do apelido Zé Luiz); no ataque, Sérgio e Dado. Numa cobrança, Dado deu ao Sérgio um prodigioso conselho: "Tenha fé, carca o pé e mete o abacate no canto do Zélo!".* Era preciso, pois, calcar o pé e chutar a bola no canto do Zélo. Mas por que naquele canto? Porque o Dado, conhecedor a fundo das qualidades e defeitos dos irmãos, sabia, de ciência própria, que o Zélo era um goleiro fraco, ao contrário do Walter, cujos voos, na praia, despertavam admiração.

Nunca me arrisquei a participar dos confrontos. Quando muito, ficava no gol improvisado, quando a turma optava por fazer um gol grande, armado com dois paus de bambu. Ficava sentado na mureta de casa, me divertindo com as boas jogadas, com os chutões sem sentido, com os xingamentos e as ameaças de briga. Foi sentado nessa mureta que certo dia vi um homem se aproximar e me dizer cerimonioso: "Seu menino leva muito jeito. Dribla bem, carrega a bola sem baixar os olhos e com isso percebe as possibilidades de passe. Eu sou conselheiro do Palmeiras. O senhor me permite que convide o menino para ir treinar no clube?".

Eu disse que sim e me preparei para evitar a concretização do convite, não porque o clube fosse o Palmeiras, mas por saber que ali estava uma oferta muito provavelmente ilusória. Sérgio voltou bem animado da praia, como era de se esperar, mas aos poucos seu ânimo foi arrefecendo. Eu lhe fiz ver que ele não estava proibido de treinar no alviverde, mas lhe disse que eu não o ajudaria nesse sentido. Ele teria de ir por sua conta e risco ao campo que o Palmeiras mantinha em Parelheiros, muito distante do Centro, e não poderia deixar os estudos em segundo plano. Hoje fico na dúvida: teria o futebol brasileiro perdido um craque?

Logo depois que a construção da casa de Ubatuba terminou, ocorreu o golpe militar de março/abril de 1964. Quando, quase

---

* Não assisti à cena, cuja reprodução devo a Sérgio e a Carlos Fausto.

em seguida ao golpe, desci a serra, fui recebido junto à rala cerca divisória de nossa propriedade pelo velho Barros com um abraço "reconfortante": "Seu Boris, por um triz não caímos nas mãos dos comunistas. Os militares nos salvaram". Bem mais tosca, mas na mesma linha, ouvi resignado a observação do seu Antunes, cunhado de dona Hilda e dono de uma minúscula salga, um local de conservação e venda de peixes. Enquanto abria um peixe de alto a baixo com uma longa faca afiada, olhou para os mosquitos à nossa volta e filosofou: "É, seu Boris, sempre tem coisa que incomoda a gente. Aqui é o borrachudo; na cidade é o comunista...".

De forma indireta, os rigores do regime militar ligaram-se a um incidente ocorrido na praia da Enseada entre duas pessoas. De um lado, o coronel Brandino, proprietário do rancho Verde-Amarelo, militar nacionalista, bem se vê, em cujo terreno tremulava ao vento, lá no alto, a bandeira brasileira. Após 1964, o coronel, que sempre fora respeitado, passou também a ser temido, pois presidia uma comissão encarregada de investigar corruptos e subversivos em São Paulo. De outro lado, o Zé Henrique, cujos títulos se resumiam em ser caiçara e irmão da dona Hilda.

Acontece que a imbecilidade de certos motoristas chegou também à praia da Enseada. Passando pelas ruelas estreitas, eles chegavam à praia e a transformavam em pista de corrida, terminando a exibição com cavalos de pau supostamente espetaculares. Talvez seguindo algum conselho, Zé Henrique, após passar um susto com o quase atropelamento de um de seus filhos, decidiu tomar uma medida drástica. Mandou colocar blocos de cimento ao longo da praia, para impedir o trânsito dos carros. Se batessem num bloco, tanto melhor.

Mas, infelizmente, quem bateu num dos obstáculos não foi um dos automóveis que corria pela praia, e sim o coronel Brandino, ferido no pé ao dar um plácido passeio numa noite escura. Diante do alarme geral, certo de que seria preso, Zé Henrique pegou umas roupas, alguma comida e foi se refugiar numa casinhola do morro do Corcovado, utilizada para caçadas na mata densa. Passou um bom tempo lá, até que, diante dos apelos da família do "exilado", o coronel decidiu conceder-lhe "anistia". Zé Henrique recebeu a notícia pessoalmente e a rádio de Ubatuba se encarregou de divulgá-la, quem sabe para evitar uma possível mudança de opinião do intrépido militar. Durante alguns dias, Zé Henrique relutou. Até que resolveu, meio ressabiado, descer o morro e retomar a vida na praia.

Apesar de gostar muito do distanciamento que Ubatuba proporcionava, nunca consegui deixar de lado os jornais — um hábito cultivado desde a infância. Conseguir jornais diários não era tarefa simples. Afora uns poucos assinantes, ninguém parecia se interessar por eles. Fiz uma espécie de negociação com o pessoal da rodoviária, que recebia os jornais vindos pelo ônibus, e às vezes eu conseguia obter algum que sobrava, ou então eles me sonegavam.

Certo dia, seu Mateus, um homem idoso, que viera de São Paulo para Ubatuba e abrira uma mercearia em frente ao Hotel Felipe, me viu com um jornal debaixo do braço enquanto eu fazia compras na sua loja e me perguntou: "Quando você acabar de ler o jornal, poderia me emprestar?". Fiquei entusiasmado pelo raro interesse e respondi que iria ler em casa e trataria de voltar à cidade tão logo fosse possível, pois, caso contrário, o jornal ficaria velho. "Não se apresse. Eu quero ler as notícias de falecimentos para saber se morreu algum amigo ou conhecido. Um dia a mais, um dia a menos, não faz diferença". Fiquei muito decepcionado com o homem, mas mesmo assim, irregularmente, eu lhe passava os jornais. "Mea-culpa": hoje, passados tantos anos, *et pour cause*, se não me limito a essas notícias, leio-as sempre, sobretudo o necrológio que a *Folha de S.Paulo* teve a boa ideia de inaugurar.

Em fins de 1970, seu Barros, nosso vizinho, veio nos comunicar, pesaroso, que resolvera vender sua propriedade. Estava velho, precisava sustentar as despesas de um filho temporão que entrara numa faculdade particular, ele não tinha outra saída. Nossa preocupação era saber quem iria ocupar aquele imenso terreno. A velha casa permaneceria de pé, mesmo alquebrada? A mangueira de braços longos seria "extirpada", como se dizia na linguagem da terra?

Nada disso aconteceu. Ao contrário, ganhamos um amigo que era uma figura importante do cinema brasileiro, Sérgio Person, realizador de filmes como *São Paulo S/A* e *O caso dos irmãos Naves*. Com sua mulher, Regina Jehá, e as duas filhas bem meninas, Marina e Domingas, Person revirou, para o bem, a placidez da praia com seu temperamento irrequieto. Era um dos primeiros a agarrar pelo cangote — quando conseguia — algum dos indivíduos que apostavam corrida de carro na praia; descia às águas do oceano nas asas de um parapente e, principalmente, tirava a garotada e alguns amigos da situação de caranguejos arrastando-se pela praia e os convidava para passear em seu barco — o *Lauper*, nome também de seu estúdio cinematográfico. Assim, contemplávamos o recorte maravilhoso das praias desertas, víamos, ainda à distância, mas um pouco mais de perto, a ilha Vitória, visitávamos a ilha Anchieta e as ruínas do presídio, fechado desde a tentativa dramática da fuga de presos em 1952.

Person manteve a casa do velho Barros e construiu outra, muito discreta, nos fundos de seu terreno, onde exibia bons filmes, trazidos em grandes rolos de São Paulo. Ele sabia do meu gosto por cinema e volta e meia me convidava para suas exibições, até que acabou desistindo. Ele iniciava as sessões à meia-noite, ou no mínimo às onze horas, como concessão especial. Eu, que durmo e levanto cedo, não conseguia me adaptar àquele horário. Curioso como pessoas de visão ampla, capazes de entender pontos de vista contrários aos seus em questões importantes, podem se mostrar "sistemáticas" quando se trata de confrontar hábitos. Person, por exemplo, jamais chegou a entender que meu relógio biológico era diferente do dele, e interpretava minha ausência nas sessões de cinema como uma ofensa. Ele era mestre em explorar meu temor obsessivo com a degradação da praia. Me dizia que iria montar um hotel exótico, em que os hóspedes seriam acordados de manhã com ribombantes tiros de canhão; ou, então, que iria arrendar o terreno para um parque de diversões moderno, em que os brinquedos, conduzindo turistas no interior de cabines fixadas nas pontas de longas hastes em rotação, passariam por cima da minha casa. "Sabe, o espaço aéreo não é de ninguém e você vai acabar se divertindo." Infelizmente, tudo acabou com a morte de Person num acidente de automóvel, na estrada de Itapecerica, perto de São Paulo. Perdeu, por certo, o cinema brasileiro, e para mim a praia da Enseada deixou de ser a mesma.

Um dos aspectos mais tristes da chegada de gente de fora à praia da Enseada foi o destino da maioria dos caiçaras. Muitos venderam suas posses de terra por um preço irrisório; alguns jovens encantaram-se com as pranchas de surfe, com as lanchas, com o consumo das drogas.

Ninguém melhor do que seu Benedito, pai de dona Hilda, sintetizou a calamidade do contato "civilizatório". Ele vivia com a segunda mulher no morro do Morcego, que se elevava próximo à praia da Enseada, numa casinhola em ruínas. A primeira — mãe de dona Hilda — morrera havia anos, de "barriga-d'água" (esquistossomose), apesar do desesperado esforço do marido, que tentou levá-la de canoa até um hospital em Santos. Nunca subi o morro do Morcego, mas a garotada ia até a casinhola do seu Benedito e se impressionava com a carantonha da mulher, de cabelos desgrenhados, a tal ponto que ela ganhou fama de feiticeira.

Não posso dizer por que seu Benedito resolveu viver com essa mulher, mas sei por que ele foi parar no morro do Morcego. Possuidor de uma grande posse na praia, vendeu-a para alguém de fora, atraído por algum dinheirinho, que lhe pareceu muito dinheiro. O dinheirinho, atacado pela inflação, acabou minguando, e ele arranjou um emprego informal de guarda-noturno. Cumpria religiosamente sua tarefa, no calor, no frio e na chuva, alternando longos apitos com profundos silêncios. Os silêncios eram um recurso para surpreender possíveis meliantes, pois, envolto numa capa preta, ele sumia nas sombras da noite em tempo de lua nova.

Depois que nós, moradores, mandamos construir "guritas" (guaritas) nas entradas de carro, seu Benedito saiu do sereno e ficou numa delas. Até que, certa noite um "boy" de fora quis entrar na praia e foi impedido por ele. Nasceu daí uma discussão e o "boy" empurrou seu Benedito, que caiu de costas, bateu a cabeça numa pedra e morreu horas depois. Nunca ouvi dizer que algo tenha acontecido com o agressor.

Cynira e eu nos pusemos a campo, na esperança de deter "o avanço da civilização". Nós dois e o compadre Dirceu — que não era nosso compadre, e sim da dona Hilda e de seu marido Manoel — nos lançamos à tarefa de arregimentar as pessoas que tinham casa na Enseada. Conseguimos algumas adesões iniciais e fizemos uma reunião para criar a Sociedade dos Amigos da Praia da Enseada, elegendo Dirceu para presidente e eu para vice. Eu não queria, nem podia, como morador transitório, me encarregar dos múltiplos problemas que teríamos pela frente. O compadre Dirceu seria e foi um abnegado presidente. Ele vivera sempre na praia, aprendera alguma coisa de eletricidade e era o homem confiável para consertar a bomba do nosso poço, que mais falhava do que funcionava. Dirceu me confessou um dia amar a praia da Enseada tanto quanto amava sua mãe.

Melhoramos alguma coisa, colocando guaritas nos caminhos que davam à praia, contratando gente da terra para vigiar os carros, e mandamos instalar latões de lixo ao longo da orla, com indicações claras para incentivar sua utilização. Tivemos algum êxito, mas nem ele, nem eu, nem Cynira, ou quem quer que fosse, conseguiu deter o "avanço civilizatório" e o fatalismo da maioria. Esse avanço trouxe os primeiros assaltos às residências vazias. No nosso caso, retiramos quase todos os pertences e deixamos a casa praticamente vazia, só com as camas e as cadeiras. Medida inútil porque os ladrões rompiam vidros, forçavam portas e nos obrigavam a reparar os estragos cada vez que íamos a Ubatuba.

Por fim, decidimos abandonar a Enseada na passagem do ano de 1981 para 1982. Cynira e eu levantamos cedo para dar uma volta na praia e nos deparamos com um triste espetáculo: os latões de lixo estavam praticamente vazios, mas garrafas, uma multidão de papéis de todas as cores e formatos e restos de sanduíche estendiam-se pelo quilômetro e meio da praia.

Alugamos e depois vendemos a casa a um casal amigo, que melhorou as instalações e a conserva até hoje. Não foi uma ursada, porque conta muito, nesse caso, a experiência pessoal. Para nós, encantados para sempre com a imagem de um passado perdido, a praia da Enseada deteriorara-se irremediavelmente. Quem chegou lá sem ter vivido uma época passada certamente viu tudo com olhos diferentes.

Hoje, ouço apenas falar de Ubatuba. Nunca mais voltei à cidade e muito menos à nossa casa subterrânea. Me falam de um lugar cheio de prédios, de hotéis, de praias lotadas, atormentado por um trânsito que imobiliza os turistas, colados no assento de seus automóveis, para quem, talvez, aquilo faça parte da diversão. Para mim, parafraseando o poeta Drummond, Ubatuba não há mais.

11. Os últimos anos de meu pai

A vida familiar na casa da avenida Angélica, narrada em *Negócios e ócios*, chegou ao fim por volta de 1957. Naquela altura, minha tia Rebecca envelhecera, após cumprir, com coragem e paciência, a missão de criar o filho e seus três sobrinhos (eu e meus dois irmãos). Creio que todos ansiavam por colocar um ponto final numa difícil convivência de mais de vinte anos.

Tempos antes da decisão, não sei se antecipando planos, meu pai comprou na planta um apartamento no que viria a ser o edifício Três Marias, na rua Haddock Lobo, esquina com a avenida Paulista. A compra foi uma exceção a sua regra de não imobilizar recursos, por querer tê-los sempre à mão e assim depender o menos possível de empréstimos bancários. Era uma estratégia equivocada, que o fez perder muitas oportunidades. Tanto mais que, após vender a máquina de beneficiar café que tinha em Parapuã, no interior do estado, passou a viver dos rendimentos do capital acumulado, aliás com meu incentivo, na convicção de que, depois de tanto esforço, devia usufruir a vida e baixar a tensão que sempre o acompanhara. Mas os cálculos de projeção de seus rendimentos falharam, seja porque as despesas de meu pai aumentaram — felizmente não por problemas de saúde —, seja porque a inflação foi muito além do previsível. Nos seus últimos tempos de vida, Simon começou a apertar-se financeiramente, pois, sem outra saída, recorria a um autoengano. Gastava só os juros do capital empatado e conservava o principal, deixando de considerar que este, nominalmente igual, ia sendo corroído pela inflação.

As vicissitudes da construção do Três Marias confirmaram os temores de meu pai. O incorporador, Orozimbo Roxo Loureiro, entrou em concordata ou faliu e os condôminos tiveram de fazer longas reuniões para deliberar sobre a conclusão da obra. Finalmente, o edifício foi concluído, juntando-se aos raros prédios da avenida Paulista na década de 1950. Destacava-se pela sobriedade da construção, pelo hall bem-cuidado, pelas fachadas revestidas de pastilhas, pelas cores azul, cor-de-rosa e branca.

Sempre vivi em casas. Só nos anos do Três Marias é que morei em apartamento. Não tenho a sensação de que um jardim me fizesse falta e recordo com prazer da sacada aberta para o espaço, de onde se avistava a serra da Cantareira na linha do horizonte. Me relacionava pouco com os vizinhos, com quem me encontrava, de quando em quando, nas aborrecidas reuniões de condomínio. Mas nunca me esqueci de um casal cujas discussões, aos berros, tarde da noite, varavam as paredes. Os berros sem palavras ficavam por conta da mulher, enquanto os do marido lançavam expressões indignadas: "Puta, ordinária, vagabunda!". Mais de uma vez, de manhã, encontrei o casal no elevador, ambos bem aprumados, ela exibindo uns restos de beleza. "Bom dia." "Bom dia." Como se nada tivesse acontecido.

Tal como fizera com seu escritório da rua São Bento, no centro de São Paulo, como narrei em *Negócios e ócios*, mas numa escala maior e mais refinada, meu pai esmerou-se na montagem da grande sala e living conjugados do apartamento, acatando as sugestões de um decorador de bom gosto. Uma divisória forrada com traços que lembravam ideogramas separava os dois ambientes e os móveis escolhidos tinham sido desenhados por Joaquim Tenreiro, grande projetista dessas peças e mais tarde escultor. Lembro-me bem da mesa de vidro da sala de jantar, com as sóbrias cadeiras de cor preta e vermelha formando um conjunto que, como tantas coisas, iria se perder não sei onde.

Apesar desse refinamento, a vida de meu pai continuava triste, como se tornara desde a morte prematura de minha mãe, em 1938. Ele cumprira a tarefa de criar e sustentar os filhos, todos agora na casa dos vinte e tantos anos, mas não resolvera o problema da solidão. Aquela era uma casa masculina, habitada por meu pai e seus três filhos, enquanto meus irmãos ainda não tinham partido para a França e os Estados Unidos. A beleza do apartamento chegava a ser desoladora, pois raramente comíamos na sala de jantar. Nós nos limitávamos a usar a mesa de fórmica da copa, onde os padrões estéticos não tinham penetrado. Um dos raros momentos de alegria eram as festas de ano-novo — uma tradição e um prazer que meu pai conservou. Elas duraram enquanto meu irmão Nelson estudava medicina, porque era sua turma de colegas, rapazes e moças, que, essencialmente, dava vida àquelas festas. Mas meu irmão Ruy também contribuía com colegas da Faculdade de Filosofia. Em certa passagem de ano, um desses colegas, militante do partidão, bebeu muito e sentou-se no chão, proferindo frases desconexas. Enquanto o ajudávamos, sublinhávamos a cena inusitada com um bordão trotskista: "É a crise do stalinismo".

Meu pai tentou romper sua solidão de forma desastrada, tentando se converter em companheiro dos filhos, sobretudo nas idas ao cinema. Hoje, penso que não custaria nada tê-lo incorporado de vez em quando, mas os olhos de hoje não são os olhos daquele tempo. Ficava perturbado com a perspectiva de que ele iria me acompanhar, quebrando minha independência, e recorria ao truque de só anunciar que estava de saída em cima da hora. Quando ia ao cinema sozinho, Simon repetia, com voz melancólica, uma frase que custei a entender: "Entrei no meio e saí no meio". Eu imaginava que ele entrara na sala de exibição durante o filme e saíra depois de alguns minutos, mas não era bem isso. Simon queria dizer que ele entrara no meio do filme e saíra na sessão seguinte, quando chegara a primeira cena já vista. De uma forma ou de outra, transmitia aos filhos uma sensação de desânimo, o que aumentava meu sentimento de culpa.

Era evidente que faltava a Simon uma companheira, mas como ele se fechara por anos e anos numa vida solitária, as possibilidades de preencher a falta eram poucas. Ainda assim, tornou-se amigo de um casal sem filhos, morador do Três Marias. Quando o homem morreu de uma hora para outra, vítima de um enfarte, ficou evidente o desejo da viúva de aproximar-se afetivamente de meu pai. Era uma mulher de meia-idade, falante, cheia de vida, e torci para que daí surgisse um caso. Mas, por razões que não saberia explicar, Simon passou a ter relações distantes com ela e a possibilidade não se concretizou.

Menos de dois anos antes de meu casamento com Cynira, meu pai resolveu ir ver os seus, como costumava dizer. Os seus eram a irmã e sobrinhos, que tinham emigrado para o Canadá na década de 1920. A viagem até Toronto seria longa e, mais do que isso, meu pai não teria como comunicar-se verbalmente com a família. Sabia apenas meia dúzia de palavras em inglês graças a algumas aulas particulares e a meu esforço pessoal. "Não se preocupem, deixem que eu me arranjo", disse antes de embarcar em Congonhas com um pesado casaco nas mãos. O casaco parecia enorme, desproporcional à figura desse homem pequeno, e ainda menor à medida que se distanciava dos olhos da família e caminhava pela pista, rumo ao avião.

O mistério se desfez. Meu pai comunicou-se com a irmã e os membros mais velhos da família numa mistura de alemão e iídiche, línguas que não falava desde a juventude. Na volta, disse maravilhas da organização canadense, da limpeza das ruas de Toronto, da inexistência de pobres. Falou dos garotos da família que o acompanhavam pela mão, ao longo das ruas silenciosas de um bairro ajardinado, exibindo-o como um troféu raro: *"This is my uncle from Brazil, this is my uncle from Brazil"*. Quanto aos adultos, revelou estarem todos bem de vida e exprimiu sua decepção com a irmã, transformada numa velha rabugenta.

Como explicar então que em menos de um ano voltasse a Toronto, muito animado? De fato, ia em busca de uma sobrinha viúva, bonita, uns vinte anos mais nova do que ele, mas não nos contou isso pessoalmente. Foi por carta que meu pai, na sua escrita penosa, anunciou o regresso ao Brasil em companhia de Mary, com quem iria se casar.

Nós da família, inclusive Cynira, com quem eu namorava, fomos buscá-los em Santos, onde desembarcaram saídos de um luxuoso camarote do navio *Argentina*, que não era argentino, mas americano, em meados de 1960. Houve um desencontro inicial. Perguntamos a Mary, num inglês titubeante, se tinha gostado do Rio de Janeiro, onde o navio aportara, certos de que ela diria algumas frases exclamativas sobre a beleza da paisagem e das praias fluminenses, mesmo que tropeçasse ao dizer "Corcovado". Mas ela resolveu ser franca: *"I didn't like it. The city is dirty"*. A franqueza confirmava nossas suspeitas anti-imperialistas. Aquela americana nos olhava como colonizados e não passava de uma reacionária. Mas talvez houvesse uma razão mais profunda para a nossa silenciosa hostilidade. Como disse um de meus irmãos quando subíamos a serra rumo a São Paulo, "com essa novidade, podemos esquecer de herança".

Podíamos mesmo. Depois de permanecer viúvo por mais de

vinte anos, meu pai encontrou, enfim, uma companheira para seus últimos quinze anos de vida. Eles passearam por vários países e meus filhos ganharam uma avó — a avó Mary —, a única que conheceram, de cujo perfume até hoje se lembram. O casal tinha um carro Simca, um luxo na época, forrado de preto e vermelho. O carro representava outra quebra de padrão de comportamento de meu pai, que sempre afirmara a inutilidade dos automóveis. Dava-se ao luxo de vestir-se com requinte, de ter um belo apartamento, mas suspeito que, para ele, carro era coisa de grã-fino. Tanto assim que ao comprar o apartamento do Três Marias recusou-se a incluir uma garagem, apesar das insistências do corretor. O Simca passava dias e noites na rua, sob o olhar vigilante do porteiro do prédio, nesse tempo em que era permitido estacionar na rua Haddock Lobo.

Mary trabalhava no Canadá numa grande empresa de cosméticos. Quando comunicou aos diretores que deixaria o emprego para se casar e morar no Brasil, ofereceram-lhe uma boa oportunidade: gerenciar a abertura de um ramo da empresa em nosso país. Essa possibilidade foi vetada por meu pai, num misto de patriarcalismo e de interesse. Seria embaraçoso que sua mulher fosse obrigada a trabalhar, como se ele não tivesse recursos suficientes. Além disso, certamente percebeu que as atividades empresariais de Mary iriam atrapalhar seus planos de aproveitar a vida nos anos que lhe restavam.

Com uma idade misteriosa, nunca revelada (a idade mencionada em sua carteira de identidade não era real), Simon envelheceu visivelmente em meados dos anos 1970. Mary de vez em quando ia visitar os parentes sozinha, e nessas ocasiões ele se sentia terrivelmente só. Na realidade, por mais que eu revalorize e respeite a figura de meu pai, nunca tivemos um bom entendimento. De quem a culpa? De nós dois ou, mais provavelmente, de ninguém. Simon se concentrara em excesso no cuidado com os filhos, e uma de suas frases preferidas me horrorizava: "Se você se deixasse organizar, iria longe". Da minha parte, eu reagia com violência verbal, não admitia aproximações, sem ter maturidade para entender a história de vida de Simon e sua insegurança.

As circunstâncias, entretanto, fizeram que em seus últimos anos de vida meu pai me visse como um protetor, embora as distâncias se mantivessem. Meus irmãos tinham ido morar no exterior e eu, além da sempre acolhedora nora Cynira, era o único filho que ficara no Brasil. Sempre em companhia de Mary, que cuidou dele bem de perto, alugou uma casa próxima à nossa no Butantã. O casal almoçava conosco aos domingos, ou íamos todos a um restaurante chinês em Perdizes, que eles apreciavam particularmente. Uma das últimas imagens que tenho de meu pai é sua tentativa de fazer a barba, diante do espelho, com as mãos trêmulas. Acabou se cortando e, enquanto tratava de estancar um filete de sangue, suspirou resignado: "Já não está valendo a pena". Desistiu, poucos dias depois.

12. Tempos de repressão

Os anos 1945-64 acabaram desembocando num drama: o golpe militar de março de 1964. Vivi o ano de 1963 e os primeiros meses de 1964 com um pouco mais de realismo do que muita gente. O nacionalismo janguista não me atraía, eu não acreditava, totalmente, nas tradições democráticas do Exército, mas pensava que uma tentativa de golpe seria derrotada pela resistência das massas e de setores militares. Mesmo afastado da militância trotskista, fui a uma ou outra reunião promovida pelo POR, onde se discutiu, como se isso mudasse alguma coisa, o "apoio crítico" ou a denúncia do governo burguês-nacionalista de Jango. Um defensor da primeira perspectiva sustentou que tal como os bolcheviques tinham agido com relação a Kerenski, diante da tentativa de golpe do general Kornilov, deveríamos sustentar Jango, como a corda sustenta o enforcado.*

---

* O general Kornilov foi comandante-chefe do Exército russo, após a revolução de fevereiro de 1917. Em agosto de 1917, tentou dar um golpe de Estado contra

Apesar do meu relativo distanciamento da política, não era difícil perceber, no momento do golpe, que estava ocorrendo uma virada no país, certamente para pior. Na tarde de 31 de março de 1964, me senti como um completo alienado, pois, enquanto uma virada dramática ocorria no país, eu estava na Consultoria Jurídica da USP discutindo a proposta dos novos Estatutos da Universidade com o consultor-chefe, Fábio Prado, e o secretário geral, Soares de Mello. Ouvíamos de vez em quando as notícias pelo rádio, eu gelado, Fábio franzindo o cenho e o secretário deixando escapar um sorriso.

Quando voltei para casa — um apartamento alugado no edifício Três Marias —, fui ajudar Cynira a recolher o "material subversivo" que se acumulava nos armários. Era fim de tarde e um raro silêncio invadia o apartamento, como se o trânsito estridente da avenida Paulista tivesse evaporado. A certa altura, Cynira foi até a janela e voltou animada: "Boris, começou a greve, os bondes lá embaixo estão parados!". Corri à janela e ambos verificamos que a "greve" era apenas um descarrilamento corriqueiro, nada mais. Desses primeiros meses pós-golpe vem a meus ouvidos um choro persistente, que nada tinha a ver com as mágoas políticas: era Carlos, bebê de poucos meses, a quem embalávamos em rodízio, andando de um lado para outro, em noites intermináveis.

Começava o tempo dos atos institucionais, das cassações de congressistas, do expurgo nas Forças Armadas, da demissão ou aposentadoria compulsória de professores e funcionários públicos civis. Como outros, tive a ilusão de que os vitoriosos não iriam longe na implantação de uma ditadura, sem imaginar o quão longe iriam.

---

o governo chefiado por Kerensky. Diante da ameaça, este apelou para o Soviete de Petrogrado e para os ferroviários, e estes descarrilaram as vias férreas que chegavam a Petrogrado, contribuindo decisivamente para o fracasso do golpe.

Passaram-se alguns meses antes que meu nome surgisse no curso da repressão desencadeada pelo DOPS. Quem me deu a notícia foi um médico, Mario Bittencourt, filiado ao PC e amigo de Prestes, que morava em frente à casa de meu primo Vidal, no bairro do Sumaré. Nada ocorreu por várias semanas, até que uns tipos estranhos começaram a aparecer no meu escritório, na minha ausência, dizendo que queriam falar comigo para contratar um caso no interior.

Soado o alarme, encontrei um refúgio muito generoso na casa de meu amigo e chefe Fábio Prado e de sua mulher Denise. Sempre caxias, mas um caxias flexível e progressista, Fábio estabeleceu comigo um acordo ou, melhor, um contrato de adesão. Ele traria processos da consultoria jurídica para eu dar parecer e ele garantiria minha frequência, em virtude da excepcionalidade da situação. Fiquei por volta de uma semana naquele abrigo de luxo, cumprindo nosso trato com todo o afinco, embora tivesse sido acometido por uma forte gripe, provocada pela tensão do momento. Lembro da figura aristocrática (é elogio!) do Fábio logo de manhã, envergando um robe cor de vinho e dedicado à leitura de seus jornais no jardim dos fundos da casa, e que eu me perguntava por que diabo havia me metido num movimento radical sem futuro, no qual eu já não acreditava.

Por fim, como aquela situação não poderia se prolongar indefinidamente, resolvi me apresentar ao DOPS. Conversei com um colega do escritório vizinho ao meu, Manuel Blasi Gonçalves, um autêntico liberal, e ele considerou a ideia boa, mas ponderou que não convinha eu ir sozinho, dispondo-se a me acompanhar ao prédio de tijolinhos vermelhos do largo General Osório. Logo à entrada, quando nos perguntaram o que íamos fazer ali, respondi: "Soube que estou sendo procurado, não sei por quê, e resolvi me apresentar". Percebi que provocara alguma surpresa. Fomos conduzidos a um banco de madeira em frente a uma sala

Parte da fachada do prédio do DOPS, *onde hoje está instalada
a Estação Pinacoteca. São Paulo, 1967*

ampla, que entrevíamos pela porta aberta enquanto esperávamos ser chamados. Entramos os dois e nos vimos diante do delegado Buonchristiano, tido como linha dura. De saída, ele resolveu dar uma demonstração de força e mandou o Manuel retirar-se da sala. Quando o colega invocou seus direitos constitucionais, o delegado colocou-o aos berros para fora da sala e mandou que um funcionário tomasse meu depoimento.

Em 1964, os dados de que o DOPS dispunha eram precários. No meu caso, não constava nenhuma menção aos comícios da praça da Sé, dos quais eu participara com destaque. O funcionário encarregado de me interrogar limitou-se a ler uma lista de nomes, perguntando se eu conhecia cada uma das pessoas. Neguei quase sempre e, quando chegou o nome de Rubens Paiva, disse que o conhecia. O homem aguardou atento a frase seguinte, para logo decepcionar-se: "Conheço, sim, o Rubens, foi meu contemporâneo no Colégio São Bento!". Na lista, meu nome vinculava-se à IV Internacional, fato verdadeiro até pouco tempo antes, mas eu disse não ter a menor ideia do que se tratava. Encerrado o depoimento, o delegado Buonchristiano proferiu o inapelável "Desce" e lá fui eu para o porão do DOPS.

Por esse relato, já se pode entrever que, em 1964, o tratamento dado aos "subversivos" em São Paulo era brando se comparado ao que sucedia no Nordeste. Lá, onde o confronto de classes e o movimento social foram mais intensos, a repressão recorreu aos assassinatos no campo e à tortura, e uma de suas vítimas foi o veterano comunista Gregório Bezerra, arrastado pelas ruas de Recife, preso a um carro, com uma corda no pescoço.

Mas eu não analisava coisa alguma quando desci à cadeia sem nenhuma experiência de vida carcerária. As celas do DOPS, gradeadas, estavam dispostas lado a lado, em um estreito corredor. Ao fundo, havia uma ou duas em que ficavam presos isolados, para não perturbar investigações em curso, segundo diziam os carcereiros. Como não me forçaram a entrar em uma determinada cela, fiquei à vontade para escolher. Logo na primeira fui acolhido pelo Beethoven, personagem curioso que em nada lembrava o grande compositor. Eu o conhecia principalmente como corintiano e jogador de basquete do clube. Apesar de gorducho, ele entrava na equipe principal em alguns quartos de jogo.

Lembrando, quem sabe, das numeradas do Pacaembu e de nossos encontros na quadra de basquete do Parque São Jorge, Beethoven me convidou a compartilhar sua cela individual, com duas camas, rádio e outros confortos. Tratou de me convencer, inutilmente, de que estava sendo processado por "subversão". Eu sabia que ele se metera numa atrapalhada de escrituras imobiliárias e caíra nas malhas do art. 171 do Código Penal. Por um momento, fui atraído pela oferta sedutora, mas resolvi dar uma espiada nas outras celas, de onde me chamavam. Celas apinhadas e sem nenhum conforto, em suma, as celas dos presos políticos. Aí encontrei Rolando Roque da Silva, editor da Difusão Europeia do Livro, a quem conhecia como membro do Partido Socialista. Rolando e outros companheiros praticamente vetaram a oferta de Beethoven e insistiram que eu ficasse com eles, pois éramos presos com afinidades políticas. Apesar da troca muito inconveniente, por causa das instalações e das afinidades corintianas com o Beethoven, achei melhor recusar seu convite, sem pretender julgá-lo.

Na cela apertada, havia nos fundos uma cloaca, sem separação do local onde ficavam os presos. Para manter um mínimo de dignidade, eles tinham improvisado uma cortina protetora, feita de pano. O ruído do apito dos trens da Sorocabana e a fumaça preta vomitada por eles entravam por uma janela minúscula, combinando um intermitente grito de angústia com poluição.

Quase todos os presos eram membros do partidão: Pedro Iovine, presidente do sindicato dos bancários; Armando Piani, também bancário; João Belline Burza, conhecido psiquiatra; Mario Schenberg, físico famoso e professor da USP. A exceção era o moderado Rolando, que tinha apenas amizades no partidão e publicava um ou outro poema no semanário *Novos Rumos*.

Quem passou longo tempo na cadeia sabe muito melhor do que eu, dada a brevidade da minha experiência, como o comportamento das pessoas muda quando são encerradas num espaço exíguo, forçadas a um contato contínuo. De saída, devo dizer que a turma do partidão se comportou decentemente e não me discriminou como "um agente do imperialismo".

No dia seguinte à minha prisão, era dia de visitas. Todos puderam falar com os parentes, menos eu. Na volta, me contaram que algumas pessoas tinham vindo me ver, mas foram informadas de que eu estava isolado por causa da gravidade do caso. Sadismo, tentativa de extrair alguma vantagem? Não sei. O fato é que Cynira e Mary tinham se movimentado para ir ao DOPS, Mary sempre bem-vestida, e Cynira nesse caso também, pois fora comprar um conjunto — cujas cores nunca esqueceu —, na suposição inútil, mas comovente, de passar uma boa impressão.

Fiquei muito assustado com a fantasia acerca de meu caso e quem me socorreu foi o Rolando, sempre aparentando muita paciência. Ele me ofereceu Anafranil, um tranquilizante de última geração naquela época, que passou a dividir comigo. Lendo, nos dias de hoje, uma entrevista com um psiquiatra, soube que o Anafranil ainda está em uso, embora seja tido como ultrapassado.

Outra pessoa muito solidária foi o psiquiatra Belline Burza. Eu o considerava um dogmático stalinista, mas na verdade ele era um encantado, acima de tudo, com a União Soviética. Convidado todas as noites para interrogatórios-conversas com o delegado Apolônio, regressava de madrugada, cheio de orgulho. O delegado, tido como intelectual, queria entender as reviravoltas ocorridas na União Soviética após as denúncias de Kruschev, a quem Burza apoiava. Nessas longas saídas noturnas, Burza me emprestou uma peça preciosa, a cama de que ele dispunha, evitando que eu dormisse no chão, como acontecia com os recém-chegados.

Pedro Iovine era o mais conversador entre os presos. Recordava histórias de lutas dos bancários, da viagem que havia feito com os companheiros do partidão para participar do famoso comício da Central, canto de cisne do governo Jango. Contava essas façanhas de coração leve: "Paciência, agora é a vez da reação, mas nós demos um bom susto nos caras". E eu — pensava —, que não tinha dado nem um sustinho em ninguém, estava ali tomando um belo susto...

Quem não gostava das histórias de Iovine e estava sempre mal-humorado era Mario Schenberg, que chegava a provocar a ironia dos companheiros de cela "por não se misturar com eles". O físico famoso recebia jornais todos os dias e os empilhava junto à cama, irritando-se quando alguém tocava naqueles exemplares. Mas é preciso reconhecer que não posso falar de cátedra: não sei como me comportaria se estivesse no lugar de Schenberg, relativamente idoso e preso por meses a fio.

As relações entre presos e carcereiros, no porão, não eram nada boas. Volta e meia eles nos ameaçavam com a notícia nunca confirmada de que iríamos ser transferidos para o velho presídio do Hipódromo e misturados aos presos comuns. Em compensação, havia um delegado, o dr. Ruy que descia às celas para conversar animadamente com a turma do partidão. Nessas ocasiões, todos recordavam como ele tinha organizado, com eficiência, a segurança do astronauta russo Gagarin, quando este visitou São Paulo.

Creio que no quarto dia da minha detenção a cela se abriu e um carcereiro me ordenou: "Pegue suas coisas e vamos pra cima". Os companheiros manifestaram uma sincera alegria, antevendo minha saída, embora eu suspeitasse que iria ser transferido. Levado à presença do delegado Buonchristiano, ele me olhou e proferiu uma frase ao mesmo tempo confortante e misteriosa: "Você vai ser solto em consideração à Viação Cometa!".

Saí pela porta do DOPS de cobertor e travesseiro nas mãos, diante dos passantes, que me deitavam um olhar espantado, de esguelha. Na calçada, estava o José Ramos Brito, que me recebeu com um abraço e decifrou a charada. O Brito era colega do Manuel e, portanto, também meu vizinho de escritório. Quando soube pelo Manuel do pito que ele levara do delegado Buonchristiano e da minha prisão, foi falar com um dos diretores da Viação Cometa, de quem era advogado. O diretor entrou em contato com Buonchristiano e solicitou que minha prisão fosse relaxada. O delegado fez prevalecer a tradicional troca de favores, pois a Viação Cometa era pródiga em fornecer passagens de ônibus a agentes de polícia. Por aí se vê que nem sempre devemos criticar o dito "É dando que se recebe".

Mas eu ainda não havia pago todos os meus pecados. Uma das últimas iniciativas dos trotskistas antes do golpe de 1964 consistira em aproximar-se dos "grupos dos onze" que Leonel Brizola tratava de organizar, reunindo civis e militares. Ao que me parece, meu amigo Thomas Maack era um dos elos desses contatos. Elementos da segurança do Exército invadiram sua casa, na rua Caio Prado. Um dos militares vislumbrou, triunfalmente, uma granada em sua mesa de escritório, mas logo veio a decepção: o explosivo não passava de uma inofensiva relíquia da revolução de 1932. Mas numa minuciosa revista foi encontrada, no fundo de uma caixa de vitrola, uma caderneta contendo uma relação de nomes úteis, entre os quais constava o meu.

Ignorando esse achado, pois Thomas estava preso, ao largo de Santos, no navio *Raul Soares*, recebi uma intimação para comparecer ao quartel do Exército, em Quitaúna, nas imediações de Osasco. Vesti meu melhor terno — um risca de giz azul —, apertei o nó da gravata (eu tinha evitado os tons de vermelho) e fui no meu Fusca, sozinho, a caminho do desconhecido. Recebido no quartel por um ordenança, ele me encaminhou ao coronel Alvim, encarregado de um ipm (Inquérito Policial Militar) cujo alvo principal era a infiltração comunista no Exército e as relações entre militares e trotskistas. O coronel me fez uma série de perguntas sobre gente do Exército, de quem eu nunca ouvira falar. Usou de alguns truques óbvios, como o da aparição de um tenente na sala informando-o, em voz alta, que a mulher do sargento "X" reconhecera que ele havia sido "comunizado" por outro sargento da corporação. Isso na expectativa de que eu denotasse algum sinal de interesse. Além disso, me fez uma pergunta para a qual eu teria uma longa, complexa e incompleta resposta, não fosse aquele um momento tenso: "Me diga uma coisa, por que tantos judeus se metem na subversão?". Finalmente, o coronel me disse que eu seria testemunha no ipm e me deixaria livre, embora pudesse me prender para melhores averiguações. Fez isso para demonstrar que a Revolução (com "r" maiúsculo, pois o estou citando) não era atrabiliária e sabia agir com discernimento.

Mas ele não cumpriu a promessa e me indiciou, obrigando-me, depois de denunciado, a comparecer a algumas audiências na Justiça Militar, acompanhado do advogado Mário Simas. Eu era o único réu solto e tratava de não trocar olhares com os réus militares, devidamente escoltados, para que não fosse o temível juiz-auditor, José Tinoco Barreto, extrair daí alguma conclusão desfavorável. Entre os presos, se não estou enganado, encontrava-se o sargento Onofre Pinto, que reconheci anos depois, em uma fotografia, quando em 1969 foi libertado com outros prisioneiros que participaram do sequestro do embaixador americano Charles Elbrick no Rio de Janeiro. Exilados, Onofre e um grupo de companheiros da Vangarda Popular Revolucionária, a vpr, tentaram regressar ao país pela fronteira argentina, mas foram presos numa emboscada, torturados e mortos.

Quanto a mim, personagem muito menor, livrei-me do processo com uma ordem de *habeas corpus* emanada do Superior Tribunal Federal — essa garantia constitucional ainda não fora suspensa —, sustentado pelo professor José Frederico Marques.

Entre 1964 e 1968, o regime militar, sem dúvida autoritário e responsável por muitas violências, ainda assim manteve-se dentro de certos limites. As grandes mobilizações estudantis foram reprimidas, mas não sufocadas. Na USP, estudantes e parte dos professores mesclavam atos e discursos radicais nas reuniões realizadas no conjunto residencial para os alunos da universidade, o Crusp, tendo como objetivo uma reforma universitária tanto nos métodos de ensino quanto na maior representação dos estudantes nos colegiados da USP. Na aparência os estudantes exibiam uma face radical meio ingênua, uma brincadeira feita de discursos anunciando a aurora de novos tempos: construíram barricadas para identificar quem ia à noite às reuniões do Crusp e chegaram a queimar um carro do DOPS, pondo em fuga os tiras. Tudo depois se tornaria dramático, pois vários daqueles jovens, após o Ato Institucional nº 5 (AI-5), iriam seguir para o exílio ou entrar na aventura da luta armada, que levou muitos deles à tortura e à morte.

Em 1968, que em dezembro foi desembocar no AI-5, eu estava terminando de escrever *A revolução de 1930* e começara a dar algumas aulas no curso de história — que eu havia concluído — na condição de instrutor voluntário. Estava à espera de surgir uma vaga para poder me licenciar da Consultoria Jurídica da USP e seguir a carreira docente, coisa que, a rigor, nunca aconteceu. Participei lateralmente das assembleias paritárias de professores, alunos e funcionários (estes quase nunca apareciam) e de umas aulas que, não sei explicar por quê, eram chamadas de aulas-piloto.

Mas eu tinha cadeira cativa na investigação que os militares realizaram na universidade após o AI-5. Quem me deu notícia da inesperada luz dos refletores repressivos focada em mim foi o reitor Hélio Lourenço de Oliveira, pessoa da melhor qualidade como docente e como administrador, expurgado logo em seguida pelo regime militar. Editado o AI-5, o professor Hélio Lourenço fora convocado por uma patente militar, junto com vários diretores das faculdades, para uma reunião acerca de como deveriam agir diante da "subversão avassaladora" no âmbito da universidade. Para exemplificar, essa patente militar referiu-se à minha pessoa como elemento bem conhecido e da maior periculosidade. Quem era o homem? É fácil adivinhar: o coronel Alvim, de quem eu escapara por pouco e que agora vinha disposto a me enquadrar.

Contra a realidade dos fatos, o Departamento de História veio a ser um dos núcleos preferidos da investigação militar. Alguns alunos e professores chegaram a ser acusados de atividades terroristas. Não se tratava de uma fantasia que brotara da cabeça de algum membro do Exército, mas de acusações feitas por membros do corpo docente, reproduzindo, lamentavelmente, o que ocorrera na Faculdade de Medicina em 1964. Para ficar num pequeno exemplo, lembro-me de uma provocação ocorrida durante o vestibular de 1969, em que eu estava numa sala cheia de alunos, junto com um professor já falecido. A certa altura, ele se virou para mim e falou em voz bem alta: "Por que você não aproveita e faz uma palestra sobre o Vietnã?".

No início de 1969, recebi uma intimação para depor no IPM instalado no prédio do Crusp. A situação era bem diferente de 1964. Passei um bom tempo pensando se era melhor tratar de sair do país ou correr o risco de ser preso e torturado. Agora parece exagero, mas, nas circunstâncias da época, eu não tinha ideia do conteúdo das acusações, e após o AI-5 o regime militar fizera da tortura um instrumento corriqueiro de investigação.

Acabei optando por me apresentar. Não me lembro de ter falado com o coronel Alvim, e sim com um major de nome Haroldo, que me interrogou longamente, sem maiores pressões, sobre as atividades subversivas no Departamento de História. Eu não tinha nada a dizer sobre as supostas atividades e falei alguma coisa, quando o major quis saber o conteúdo das aulas de História do Brasil. Ele ficou muito interessado pelo tema do tenentismo e da revolução de 1930. Finalmente, li o depoimento antes de assinar e verifiquei que, por engano, eu havia falado da revolta do Forte de Copacabana "durante o governo de Arthur Bernardes". Pedi a retificação daquela frase e, diante da resistência do major em corrigir uma insignificância, insisti, pois o erro depunha contra meus conhecimentos históricos. E lá ficou para a posteridade, um "em tempo", no qual foi consignado o nome de Epitácio Pessoa em lugar de Arthur Bernardes. A acusação contra mim tinha tão pouco fundamento que não cheguei a ser denunciado na auditoria militar.

Só voltei a ter contato com os órgãos e personagens da repressão num incidente ocorrido em 1971. Tudo se deu inesperadamente num sábado de sol, à tarde, quando uma amiga das vizinhanças, professora universitária, veio a minha casa pedindo abrigo, pois estava sendo procurada pelos militares da Operação Bandeirantes — a já citada Oban — por ter acolhido uma integrante da luta armada. Pouco depois de ela entrar em casa, parou à minha porta uma perua c-14, marca registrada da repressão, e dela saltou um tipo façanhudo, indagando se a professora estava escondida em minha casa. "Não", respondi. Ele titubeou e se foi. Minutos depois, retornou, a cara congestionada de fúria. Me deu uma coronhada no estômago e me levou. Coisas de um regime de exceção: de uma ora para outra, passei da tranquilidade de uma tarde ensolarada ao fundo de uma c-14, atirado ao chão. Nos bancos da perua, iam presos a vizinha, detida quando caminhava pela rua, pois a meu conselho saíra de minha casa, e também seu marido.

A c-14 ultrapassou automóveis e sinais de trânsito como se fossem objetos incômodos ou barreiras destinadas apenas ao comum dos mortais. A amiga professora atreveu-se a perguntar: "Para onde vocês estão nos levando?". O motorista da perua, chamado pelos colegas de Marechal, respondeu num tom de humor sinistro: "Vamos visitar Papai Noel".

Papai Noel se transformara num pesadelo, num punhado de militares e investigadores na sede da Oban, na rua Tutoia. Vi cenas que preferia nunca ter visto e escapei da tortura por pouco. Sentado num banco, no pátio que ficava nos fundos do prédio, por várias horas vi presos sem a possibilidade de se locomover serem arrastados por militares, sob a chacota de outros, que diziam coisas como "Deixa cair, não se perde nada, você virou enfermeiro?". Um dos detidos sentados no banco, professor da Unicamp, me sussurrou a certa altura: "Nosso caso é o da mulher grávida", frase que naquele momento de tensão me pareceu uma mensagem em código. Só depois vim a saber que a moça procurada estava grávida.

Em situações difíceis surgem, às vezes, momentos de alívio. Um militar cochichou para outro, a curta distância de onde eu estava: "Está aí um advogado da turma do DOPS perguntando por esse cara". "Que gozado, é mesmo?" Entendi na hora. Coisas do Brasil, mesmo de um Brasil como aquele. Meu primo Vidal era vizinho e amigo de um advogado que fora ou ainda era, na ocasião, advogado de delegados e policiais do DOPS.

Afinal, fui intimado a subir ao segundo andar do prédio, pelos degraus de uma escada estreita. Passei pela porta da sala onde estava instalada a "cadeira do dragão", em que havia um aviso de gênero "Não entre sem ordem superior". Mais adiante, ao entrar em outra sala, dei de frente com um amigo, o arquiteto Rodrigo Lefèvre, conduzido pelos braços por dois indivíduos, como se levassem um boneco de borracha. Rodrigo, que após a tortura tornara-se um depoente "confiável", declarou me conhecer há anos e garantiu que eu era completamente estranho ao caso. Anos mais tarde, minha família e a do Rodrigo encontraram-se na França para comemorar a passagem do ano. Sentados no chão coberto de neve, debaixo de um arbusto, nas montanhas próximas a Grenoble, ele relembrou rapidamente aquele pesadelo. Disse que seus torturadores, antes de fazer a acareação, insistiram com ele que só teria a ganhar se me apontasse como "elemento integrante dos grupos terroristas". Uma razão a mais para lamentar, profundamente, a morte prematura de Rodrigo, num acidente de carro, na África, onde estava a serviço de uma empresa de engenharia.

O episódio da Oban foi horrível, mas breve. Fui libertado à noite, enquanto o casal de amigos que havia originado minha prisão ficaria preso por várias semanas, nas circunstâncias que se pode imaginar. Andei uns poucos passos, atravessei os muros da delegacia e me vi na rua em busca de um táxi. Essa era a distância física, mas não a real, que separava o mundo de horrores do mundo cotidiano, rotineiro e banal, e de uma banalidade que naquele momento me pareceu preciosa. Por desafogo ou quem sabe para acentuar aquela diferença, vim conversando com o taxista que me levou para casa sobre o trânsito, o tempo, futebol. Ao chegar, fui recebido por alguns amigos, entre eles Fernando Henrique Cardoso e Pedro Paulo Poppovic, recrutados pela Cynira, na tentativa de pensarem em conjunto e tentarem fazer alguma coisa para me libertar.

A partir de 1969, o clima familiar foi afetado pela ditadura. Volta e meia apareciam amigos em nossa casa — lembro-me bem de Leôncio Martins Rodrigues — para anunciar que alguém de nossas relações fora preso ou estava desaparecido. Aliás, nem era preciso anunciar, pois os semblantes já diziam tudo. O pior foi que Sérgio e Carlos, por volta dos dez anos de idade, foram muito atingidos por esse ambiente pesado. Eles formaram do mundo uma visão maniqueísta, em que de um lado ficavam os bons, os "co" (comunistas) e, de outro, os maus, ou pelo menos gente não muito confiável. Quando chegava uma pessoa que eles não conheciam, meus filhos faziam um nítido C com os dedos da mão. Uma vez, quando fizeram o gesto, respondi sem rodeios: "Podem falar livremente. Ele não é comunista, mas é boa gente". "Ele" era o Fernando Henrique.

Cynira e eu percebemos que o clima de ansiedade e de medo e a politização prematura não faziam nada bem a nossos filhos. Sérgio, em particular, dera para fechar obsessivamente portas e janelas ao cair da noite. Era preciso fazer alguma coisa, e o futebol nos pareceu, com razão, uma via para diversificar os interesses dos meninos. Ambos já tinham obtido autorização paterna para torcer pelo Palmeiras, em anos em que o Corinthians era um desastre, e tratamos de estimular neles a paixão futebolística. Os dois se tornaram torcedores fanáticos, indo aos jogos do alviverde vestidos com a camisa do clube, empunhando bandeiras. Formaram um grupo de palmeirenses, entre os quais me lembro do German, um menino argentino muito sensível, que morreu prematuramente em um desastre de carro.

Não se pense, porém, que o interesse pela política e pelos temas sociais desapareceu de nossa casa. À medida que os meninos cresciam e a atmosfera política do Brasil se desanuviava, as discussões se tornaram bem menos carregadas de ansiedade. O maniqueísmo, ao qual também eu não era imune, foi cedendo terreno a um pensamento matizado. Nessa época de passagem para a democratização, lembro-me de um curioso confronto entre o arquiteto Sérgio Ferro — responsável pelo projeto da casa da nossa família — e meus filhos, nos primeiros tempos pós-anistia.

Os meninos mostraram-se entusiasmados com Fernando Gabeira, que, de volta ao Rio de Janeiro, sem abandonar a política tratava de revolucionar os costumes ao se exibir com uma tanga cor-de-rosa nas areias de Copacabana. Sérgio Ferro censurou esse comportamento, para ele frívolo, e lembrou os torturados e mortos pela ditadura militar. Os meninos, com a fúria de seus dezoito anos, replicaram algo como: "A gente não está nem aí para esses caras de quem você fala". O arquiteto percebeu que era melhor assumir o papel de adulto e tratou, prudentemente, de mudar de assunto. Ele nunca mais nos visitou, mas seria temerário dizer que a razão do sumiço fosse essa, mesmo porque foi visível seu desagrado ao constatar alterações na casa.

13. Historiador de domingo

Falo agora sobre minha atividade intelectual, não sem antes lembrar o caminho que percorri desde os dissabores de 1964. Consegui manter minhas atividades como procurador do Estado na Consultoria Jurídica da Reitoria da USP, sobretudo pela infatigável defesa que Fábio Prado fez de minha permanência, insistindo junto aos sucessivos reitores e ao personagem do Serviço Nacional de Informações, o SNI, instalado na reitoria, que eu não tinha nenhuma atividade militante e era um servidor técnico de grande qualidade, do qual a USP não poderia abrir mão. Essa última observação era uma generosa arma utilizada pelo Fábio em minha defesa.

Tenho uma grande dívida para com a Cynira na escolha de um caminho intelectual, pois foi ela quem, pouco depois do nosso casamento, me incentivou a tomar a decisão de fazer o curso de história da Faculdade de Filosofia da USP em 1962. Por que história e não ciências sociais, na época um curso charmoso, com um punhado de alunos que pretendiam entender melhor o Brasil, para poder mudá-lo de forma radical? Por duas razões. Em primeiro lugar, porque eu gostava de história desde os tempos do antigo ginásio, e meu conhecimento de sociologia era escasso e recente. Depois, porque eu desejava experimentar isso de forma anônima, sem compromissos, o que seria impossível se eu optasse pelo curso de ciências sociais, onde lecionavam vários amigos meus.

Conversei com Fernando Novais, um dos melhores professores do Departamento de História, e ele me deu uma visão bem realista do que eu poderia esperar: um curso fraco, mas, apesar disso, um instrumento que me possibilitaria sistematizar meu interesse por essa área de conhecimento. De fato, salvo honrosas exceções, o curso, para dizer o mínimo, era mesmo fraco. Certo professor dizia, por exemplo, que a História do Brasil só podia ser estudada até o fim do século XIX, pois daí para a frente tratava-se de política. Outro cismava com a palavra "latifúndio", segundo ele um conceito importado da sociologia, estranho à história. Vale dizer que as tentativas de alguns alunos, entre os quais eu me incluía, para melhorar determinadas disciplinas fracassaram lamentavelmente, por obra da corrente majoritária: "É melhor vocês pararem com isso", diziam as coleguinhas, "porque Fulano e Beltrano não criam problema, eles passam todo mundo; isso de pressionar só vai servir para nos criar problemas".

Mesmo assim, alguns professores se destacavam. Entre eles, Fernando Novaes, Emília Viotti da Costa, Joaquim Barradas de Carvalho e o então jovem Carlos Guilherme Mota. Com seu curso de Introdução aos Estudos Históricos, ministrado no primeiro ano, Emília foi responsável por eu não ter abandonado história. Detenho-me um pouco mais em Barradas porque sua carreira tem um colorido especial.

Português exilado em Paris por ter participado de atividades políticas como membro do PC português, Barradas era um comunista sentimental, de alma social-democrata, cujo sentimentalismo o levava a pintar Álvaro Cunhal com as cores de um herói. Cunhal, secretário-geral do Partido Comunista Português — respeitável pelos tormentos que passou no regime salazarista —, era, não obstante, um dos mais empedernidos chefes stalinistas da Europa ocidental.

Pesquisador por muitos anos do CNRS (Centre National de la Recherche Scientifique), Barradas decidiu aceitar um convite para vir ao Brasil como contratado do Departamento de História, junto com sua mulher, Margarida, também historiadora. Veio atraído pelo contexto político do governo João Goulart e seu *front populaire*, como gostava de dizer, recordando a aliança de esquerda que governou a França entre 1936 e 1937. No navio, que trazia o casal e seus móveis, Barradas ouviu a notícia do golpe militar. Poucos dias depois de sua chegada ao Brasil, ironicamente foi convidado para um jantar na casa de um professor reacionário, onde havia também outros convidados, todos cantando loas à revolução que salvara o país do comunismo. O recém-chegado, apesar de toda sua gentileza, não pôde deixar de dizer melancolicamente: "Foi por causa dessas coisas elogiadas pelo senhores que eu saí de Portugal para o exílio". A euforia era tão grande que ninguém lhe fez caso.

Barradas não tinha experiência como professor. Era fundamentalmente um pesquisador, grande especialista na história da cultura portuguesa, concentrando-se na época dos descobrimentos. Foi esse o tema a que se dedicou no curso de história ibérica. Suas primeiras aulas causaram estranheza à maioria daqueles alunos incapazes de engolir generalidades, quanto mais um curso monográfico, lançado de surpresa, sem maiores explicações. Com o tempo, acostumaram-se a Barradas e adaptaram-se a seu nível, muito superior a muitos de seus colegas.

Ele e a família foram morar próximo à minha casa e assim

nos encontrávamos nos fins de semana. Encantado com as fofocas universitárias, chegava à minha casa com uma invariável pergunta: "Ó Boris Fausto, novidades?". Quase sempre a parcimônia da resposta o frustrava. Entre seus hábitos mais curiosos estava o gosto pelo uísque Drury's, produzido no Brasil. Tão rara era essa preferência que a Drury's, com quem ele mantinha contato, segundo se conta, presenteou-o com uma caixa da bebida antes de ele regressar a Portugal.

De fato, após a Revolução dos Cravos de 25 de abril de 1974, quando militares derrubaram o que restava do salazarismo, Barradas e Margarida, acompanhados dos filhos, regressaram à mãe pátria. Ao visitá-los em Portugal, senti a frustração de Barradas. Sua expectativa de receber uma posição de relevo na universidade lusa, como bem merecia, não se realizou. Foi barrado (sem trocadilho) por gente mais jovem e pelos inevitáveis arrivistas. Penava para manter-se na universidade, dando aulas não só em Lisboa como na ilha da Madeira, onde ia semanalmente. Acabou morrendo algum tempo depois, o que me deixou muito triste e ao mesmo tempo surpreso, porque, conhecendo os rijos e idosos pais de Barradas, me parecia que ele estava muito distante da morte.

Alguém que conheceu o Departamento de História da USP nos anos 1960 poderia estar pensando no meu incrível esquecimento ao não incluir o nome de Sérgio Buarque de Holanda na lista dos melhores professores. Sérgio, como se sabe, foi um grande historiador, um dos maiores da historiografia brasileira. Mas, como professor, preferia contar anedotas históricas sobre dom João VI, o conde dos Arcos, a imperatriz Leopoldina a dar um curso de história em sentido estrito. Desse modo, concentrou-se na orientação dos melhores alunos e alunas da pós-graduação, alguns dos quais produziram excelentes trabalhos.

O professor Sérgio Buarque de Holanda, em sua biblioteca

O início da minha atividade como um historiador de domingo deu-se em 1969, com a publicação de *A revolução de 1930 — História e historiografia*, pela editora Brasiliense. A expressão "historiador de domingo" precisa ser explicada. Se não estou enganado, ela foi utilizada para designar alguns historiadores franceses que eram profissionais de outras áreas. Até certo ponto, essa metáfora vale também para o meu caso. Escrevi meus livros ao longo das brechas que conseguia abrir no tempo, fosse ou não domingo, com um misto de teimosia e prazer.

Voltando a *A revolução de 1930*, para que se tenha ideia do ambiente em que vivíamos em 1970, lembro do livro ter sido recusado por outro editor, sob a alegação de que os tempos eram difíceis e que o texto poderia ser considerado subversivo. Nunca ninguém, pelo que eu saiba, pensou isso. Apenas (como utilizei o texto para obter o grau de doutor) o coronel Alvim, na sua ignorância da legislação, disse ao professor Eurípides Simões de Paula, diretor da Faculdade de Filosofia Ciências e Letras, que ele e outros professores tinham urdido um esquema para que eu recebesse o título de doutor e lograsse minha estabilidade como docente.

A revolução de 1930 teve inspiração política, ecoando minha insatisfação com a ideologia do PCB, que, em meio aos zigue-zagues, via na burguesia nacional, ou industrial, numa designação menos política, uma aliada indispensável da classe trabalhadora no caminho de uma transformação social. Quem, com maior clareza, adotava essa perspectiva no plano histórico era Nelson Werneck Sodré, encarando o episódio revolucionário de 1930 como um momento crucial da ascensão da burguesia ao poder.

Quis escrever uma monografia detalhada sobre 1930, mas logo senti os limites que a profissão de advogado me impunha. Era impossível afastar-me de meu cargo para pesquisar longamente em locais como o Rio de Janeiro e o Rio Grande do Sul. Mais ainda porque minha relativa condição de pai militante — eu não trocava fraldas nem fazia comidinhas, como muitos pais de hoje — me levava a permanecer em São Paulo. A opção viável, então, foi escrever um pequeno texto interpretativo, tratando de destruir, com o poder de fogo advindo da lembrança das lutas políticas, a interpretação do episódio de 1930 como a chegada de uma nova classe ao poder.

Foi ouvindo o intelectual marxista inglês Perry Anderson discorrer sobre a década de 1920 no Brasil, em palestras proferidas na surdina numa sala da Faculdade de Filosofia, que me convenci da possibilidade de lidar com personagens da trama revolucionária de 1930 e não apenas me ater a uma análise estrutural. A fala de Perry não desdenhava a ação dos atores, sem deixar entretanto de considerar o quadro estrutural. Essa perspectiva parece banal nos dias de hoje, mas na época vivíamos os tempos do império da sociologia, pelo menos de uma sociologia que, em busca das grandes generalizações e da totalidade, encarava com desprezo as "minúcias" do processo histórico. O pequeno livro teve um êxito inesperado e continua circulando até hoje. Tenho para com esse filho primevo uma relação ambígua. Embora ele seja um marco inaugural, que só me traz boas lembranças, me sinto meio frustrado quando alguém me diz: "Boris Fausto? Ah, sei. O senhor é aquele que escreveu *A revolução de 1930*". Penso logo nos livros que vieram depois, aparentemente desconhecidos de quem costuma me fazer a pergunta.

Não gosto de reescrever livros, pois eles são por natureza datados, fruto da sensibilidade do autor num determinado momento, do gosto por certos temas, da conjuntura específica em que se vive. Por isso nunca quis tocar em *A revolução de 1930*, mas, se o fizesse, estenderia bem mais o exame do quadro sociopolítico do Rio Grande do Sul e de Minas Gerais, trataria de dar maior complexidade à crítica do papel da burguesia nacional, sem alterar, porém, o núcleo básico da argumentação.

A partir de 1971, comecei minhas primeiras viagens à Europa, com mais de quarenta anos. Uma carta de recomendação de Fernando Henrique facilitou a obtenção de um convite para que em 1971 eu desse um curso no St. Antony's College, da Universidade de Oxford. Ele me disse estar certo de que, com o meu temperamento, eu iria gostar muito da permanência em Oxford, um lugar com um ritmo de vida lento demais para o seu gosto. Cheguei a Londres no meio da madrugada, encantado com o *fog* e o jorro das luzes amarelas que se derramavam como mel do alto dos postes.

Apesar da hora, tive o desplante de telefonar para a casa de Sérgio e Clotilde, que moravam em Londres e iriam me acomodar por uns dias. Tomei um táxi, o percurso era distante e o motorista, ao entrar no bairro dos meus amigos, se perdeu. Estávamos num bairro típico da velha classe média londrina, de casas muito semelhantes e sem grades, com parte dos tijolinhos à vista e outros recobertos pela hera, e um pequeno gramado na frente. Como localizar a casa certa nesse emaranhado de curvas fechadas, nesse labirinto de ruas que recusava perguntas? Entendendo com dificuldade o *cockney* do motorista, percebi que íamos colher a informação na polícia. Ir à polícia e ser atendido por um rosado e amável policial, que nos indicou, num mapa às suas costas, o caminho a tomar, me pareceu coisa de um país de sonhos. A polícia nos prestava um serviço, algo que para o motorista era inteiramente natural, mas para mim uma situação muito estranha.

Foi na Inglaterra que aprendi, em parte, nas discussões acadêmicas e políticas, a respeitar a opinião alheia e a admitir a possibilidade de estar equivocado. Foi, porém, um processo incompleto, pois de vez em quando a irritação, traduzida em palavras, me assalta diante de uma afirmação com a qual estou inteiramente em desacordo. Mas percorri um caminho positivo, deixando para trás os tempos das verdades absolutas, das certezas inquestionáveis, marcas de um temperamento que encontrou um canal no radicalismo trotskista.

Me encantei com a atmosfera cultural de Oxford, onde a concorrência desenfreada, típica do padrão americano, ainda não se instalara (se é que um dia se instalou). Se essa linha mais solta possibilitou a redação de teses sólidas, permitiu também a permanência na universidade, por muitos anos, de professores que pouco ou nada produziram, sem a ameaça de desligamento — um fantasma das universidades americanas para quem não obteve *tenure*, ou seja estabilidade. Tanto quanto com a atmosfera cultural, ou quem sabe mais, me encantei com a paisagem da cidade, com sua arquitetura, os monumentos, os colégios, os imensos parques forrados de gramados intensamente verdes. Oxford

Exterior do Magdalen College, fundado em 1758. Oxford, Inglaterra

ainda não adquirira ares de cidade cosmopolita como acontece nos dias atuais, ao proliferarem os cursos de línguas, que atraem muitos jovens. O centro da cidade, chamado de Carfax, lembrava o de uma cidade interiorana, com suas calçadas largas, ausência de aglomeração, lojas pouco sofisticadas, das quais me recordo da Marks & Spencer, onde comprei um gorro de lã roxa de várias tonalidades, que até hoje conservo como um talismã. Estou convencido de que, enquanto o gorro existir, a hipótese da minha morte está excluída, associação confortante, mas capaz de me levar ao desespero cada vez que não o encontro.

Os gramados de Oxford suscitaram em mim uma reflexão patriótica nesse ano de 1971, quando o Brasil conquistara recentemente o tricampeonato mundial de futebol. Como éramos bons, tínhamos chegado a três títulos a partir das peladas em campinhos de várzea! Quanto a meus filhos, que me acompanharam com Cynira nessa primeira viagem, a reflexão não tinha muito espaço e era substituída pelo desejo. Os dois garotinhos, com uma bola debaixo do braço, tentavam jogar nos parques, naquela vastidão maravilhosa de verde, mas eram impedidos implacavelmente pelos guardas, sempre vigilantes, atrás das árvores. Conseguiam bater bola apenas por alguns minutos, mas pelo menos faziam um bom exercício, pois iam de parque em parque, todos próximos uns dos outros.

A primeira pessoa que encontrei na chegada a Oxford, tão logo me acomodei e saí à rua, foi Malcolm Deas, pessoa tão sensível quanto exótica, especialista em história da Colômbia no século XIX. Nosso primeiro encontro foi preocupante porque ele falava um inglês de aristocrata, como se tivesse uma batata quente na boca. Não entendi patavina e imaginei que todos falassem daquele jeito. Nos meses de inverno, Malcolm se vestia com um casaco de peles que lhe escorria pelo corpo e que tinha, bordado no bolso interno, o nome de seu avô e a data funesta em que este mandara confeccionar o casaco: 1929. Malcolm tornou-se meu amigo, e me lembro da encantadora cantina italiana a que íamos algumas vezes, não só pela comida mas porque podíamos nos emocionar — um sentimento pouco digno de ser extravasado em Oxford — com as óperas italianas que davam sabor especial às massas.

Outro aspecto da cidade que me encantava era o comportamento dos professores, variando entre a simplicidade e a pompa. Muitos chegavam aos *colleges* de bicicleta, ao mesmo tempo que, em certas noites, podiam ser vistos com suas becas tradicionais nas cerimônias solenes.

A *high table* não chegava a ser uma cerimônia solene, com exceção de certas ocasiões especiais, quando os homens usavam *black tie* ou beca e as mulheres, vestido longo. Em regra, trata-se de um jantar realizado uma vez por semana — como é comum nas universidades tradicionais da Inglaterra —, que reúne professores e convidados de fora em torno de uma longa mesa, posta na grande sala de refeições, sobre um estrado. Essa posição não é fortuita, pois marca uma diferença hierárquica: a *high table* não se refere tanto a uma posição espacial, e sim a essa diferença. Os alunos também podem jantar na sala de refeições, mas em posição inferior, em mesinhas para quatro pessoas, pelo que me lembro, e são servidos com uma comida comum.

Nas vezes em que estive no St. Antony's, a presença dos professores à *high table* não era obrigatória, mas as ausências eram notadas. Na manhã do dia do jantar, uma lista com o nome dos professores era afixada num quadro de avisos, para que nós assinalássemos um *in* ou um *out*. O jantar coletivo me incomodava, mas eu tratava de intercalar os *in* e *out*, para não dar na vista. Até que eu gostava do ritual do início da refeição, quando o *warden* (expressão algo mais solene do que "diretor") do colégio, Raymond Carr, especialista em história da Espanha, se levantava, dava algumas batidas com um martelinho para pedir silêncio e proferia, mecanicamente, algumas palavras em latim. Mas depois era preciso jantar e ao mesmo tempo conversar com uma pessoa desconhecida, geralmente sobre coisas sem a menor graça, o que para mim — e ainda mais numa língua estrangeira — sempre foi um suplício. Ao final da *high table*, muitos participantes seguiam para uma pequena sala atapetada, onde passavam a fumar charutos, acompanhados de vinho do Porto. Sem desdenhar da qualidade do vinho, eu passava rapidamente pelo local, bebericava alguma coisa, até que a fumaça dos charutos enevoasse o ambiente e irritasse minha garganta.

Havia gente que ia à *high table* com o propósito de comer bem. Na realidade, só se comia bem em termos comparativos, porque a comida do St. Antony's, com o devido respeito, era medíocre, embora atraísse gente de outros *colleges*. Compreendi a razão disso quando um historiador amigo me convidou para almoçar no Nuffield College. Lá se comia sentado num longo estrado, sem encosto, em torno de uma mesa comprida, uma refeição que educadamente tratei de tragar, impressionado com o fato de que, para aqueles ingleses, tudo parecia normal.

O grupo de alunos latino-americanos de pós-graduação formou uma turma especial em outras viagens que fiz a Oxford após o golpe de Pinochet em 1973 e a implantação das ditaduras militares na Argentina, no Brasil e no Uruguai. Tínhamos em comum a dificuldade de nos expressar em inglês e, mais do que isso, a sensação de que éramos diferentes daqueles plácidos professores ingleses, pelo menos na aparência. Nós nos identificávamos pela semelhança da língua, pelo clima cultural de nossos países ou, quase todos, pela traumática e terrível experiência de termos vivido os regimes ditatoriais.

As falhas de comunicação eram um tema de autogozação constante. Me lembro de um rapaz venezuelano, o Vasquez, que nos contou uma historieta de seus primeiros tempos no St. Antony's. O almoço era servido pelo sistema de bandejão por copeiros do colégio postados atrás de um balcão. Eles enchiam os pratos de acordo com os pedidos de cada um. Vasquez olhou relutante para os caldeirões e as panelas de comida e pediu *soap*. Um dos copeiros não perdeu a grande oportunidade. Virou as costas e trouxe para o perplexo aluno um pedaço de sabão. Nunca mais Vasquez esqueceu a pronúncia de *soup*, nem que *soap* e *soup* designam coisas bem diferentes.

Eu me sentia voltando aos meus tempos de juventude no meio daquela turma bem mais moça que eu, despindo-me da condição de *senior member* do St. Antony's. No fim do almoço, gostávamos de nos reunir na ampla sala de estar do colégio e, se discutíamos política, evitando o tom depressivo, falávamos também de muitas coisas que, de vez em quando, provocavam uma explosão de riso. Os acadêmicos ingleses mais próximos a nós apelavam para que evitássemos as chacrinhas e davam o exemplo de gente do leste europeu, do Oriente Médio, mais integrada ao *mainstream*. Nós nos esforçávamos nesse sentido, mas como eram tentativas artificiais acabávamos reincidindo nas delícias da vida em pequeno grupo.

Na estada de 1975, aos domingos — depois que Cynira e meus filhos voltaram para o Brasil — eu ia com a turma almoçar em algum restaurante ou então na casa de um de nossos amigos. A comida era ótima, comandada pelo *chef* Ciro Flamarion Cardoso, professor de história da Universidade Federal do Rio de Janeiro, que, além disso, ainda embalava a turma no teclado de um piano.

Dentre os poucos brasileiros residentes em Oxford, destaco a figura de Fernando Gasparian, com quem tive contato nos tempos da política estudantil, na qual ele se envolvera com gosto e paixão. Personificação do burguês nacional, a ponto de seus amigos dizerem que Fernando Gasparian representava e sintetizava essa categoria social, ele fora atingido pelo golpe de 1964, que cortara os créditos de sua indústria têxtil. Por volta de 1970, decidira passar uma temporada em Londres e em Oxford com a família, convidado na qualidade de ex-presidente da Confederação Nacional da Indústria. Ficamos amigos, jantávamos juntos uma vez ou outra nos bons restaurantes de Carfax (eles existiam, sim!) e tínhamos o costume de observar o estilo dos personagens do mundo oxfordiano. Um deles era o porteiro do St. Antony's, um homem muito bem-composto, de olhar vigilante mas maneiras afáveis, que, estivesse ou não fumando, nunca largava o cachimbo pendente no canto da boca. Gasparian dizia que, pela conversa e pela pinta, se o homem emigrasse para o Brasil, seria certamente nomeado ministro.

Mr. Gaspárian, como era chamado pelos ingleses, não se tornou famoso apenas por ser um mão-aberta, a ponto de financiar a reforma do pequeno apartamento onde estava instalado, como consta de uma homenagem formal pela doação, gravada na parede de um dos cômodos. Sua fama adveio também de um ponto de vista defendido com insistência. Estávamos nos anos do "milagre brasileiro", sob o comando do general Médici. As taxas anuais de crescimento do PIB chegavam a 12% e, na Bolsa de Valores, os índices subiam. Pois nesse clima Gasparian anunciou que a bolsa iria despencar, em meio ao ceticismo geral. Por isso, quando nos últimos meses de outubro de 1971 a profecia foi se concretizando, o ceticismo se transformou em admiração. Nunca lhe disse que sua expectativa, para mim, era catastrófica. Cynira tinha recebido do pai ações da Vale do Rio Doce que, quando no pico, chegaram a valer o preço de um apartamento médio. Quando falava em vender as ações, os supostos *experts* me diziam: "Para quê? Segure essa mina de ouro". As minas da Vale não eram de ouro e o valor delas caiu significativamente enquanto estive em Oxford. Como se vê, a estada saiu caro, mas não me queixo.

Por todas essas razões, o prestígio de Gasparian perdurou no tempo. Mais tarde, quando voltei a Oxford, ao cumprimentar um professor de quem me lembrava, ele me disse, com franqueza, que não sabia quem eu era. Mencionei o período em que estivera no St. Antony's e, de repente, o homem abriu um sorriso: "*Ah! You were here during Mr. Gaspárian times*".

A última lembrança nítida que tenho de Gasparian nos tempos de Oxford é de uma conversa travada à noite na *buttery*, um local onde se servia *fast food*, na linguagem de hoje. Ele me disse que iria regressar ao Brasil, onde pretendia publicar uma revista de oposição. Cético, ponderei que a tentativa seria admirável, mas que a tal revista possivelmente não passaria do primeiro número. Passou e, enfrentando a censura e as intimidações, a revista *Opinião* constituiu-se num marco, numa das referências culturais dos anos de regime militar.

Do ponto de vista institucional, fiquei ligado em Oxford ao Centre of Latin American Studies, localizado numa casa bem próxima ao prédio do St. Antony's. Na primeira viagem de 1971, minhas obrigações consistiram em dar uma palestra numa série sobre temas da América Latina; ministrar um curso de pós-graduação sobre História do Brasil e participar de atividades de orientação. O trabalho não era excessivo e o salário tampouco.

Para correr um mínimo de risco, preparei a palestra inicial e escrevi todas as aulas no Brasil, traduzidas com perfeição por Robert Slenes, hoje professor da Unicamp, e sua mulher. Nem assim me livrei de problemas. Perante um bom número de ouvintes, li corretamente um texto sobre a interpretação do episódio revolucionário de 1930, mas me compliquei com reparos e observações logo após a palestra. A economista Rosemary Thorpe, de fala agitada e muito rápida, acompanhada de outra pessoa, fez objeções à minha tese da inexistência de conexão entre o surgimento de uma burguesia nacional e a revolução de 1930. Eu me perdi ao tentar entendê-la e, ao mesmo tempo, concatenar uma resposta. Depois, um peruano me perguntou se era possível comparar o movimento tenentista com movimentos militares ocorridos no Peru na mesma época. Como eu não sabia quase nada da história peruana, recorri à verdade, que é o melhor recurso nessas situações. Disse não poder comparar porque desconhecia um dos termos da comparação.

Apesar dos tropeços da estreia, me firmei intelectualmente e fui chamado a participar de discussões toda vez que o assunto se referia à América Latina, e sobretudo ao Brasil. Tratei de me pôr em dia, tanto quanto possível, com nossa história colonial e a do século XIX, mas tive de me recusar a ser debatedor do *paper* do antropólogo inglês Peter Rivière, que fazia pesquisas de campo no Brasil, em regiões desconhecidas pela maioria dos brasileiros. Expliquei, sem o ter convencido muito, que eu nem sequer conhecia o tal Porto de Galinhas, mencionado no título do trabalho. Minha ignorância não é digna de estranheza. Estávamos nos anos 1970 e as praias pernambucanas ainda eram desconhecidas no Sudeste.

Das viagens à Inglaterra, volto aos livros: *Trabalho urbano e conflito social*, publicado em 1975. Escrito anos depois do golpe de 1964, em sua base estava uma pergunta: por que a classe operária fora incapaz de se opor à ação dos militares? Pergunta que hoje soa ingênua, mas que na época fazia sentido. Com esse tipo de preocupação, o sociólogo Francisco Weffort formou um grupo no Centro Brasileiro de Análise e Planejamento (Cebrap), de que faziam parte, entre outros, Fábio Munhoz e Régis de Castro Andrade, ambos precocemente falecidos, para estudar os movimentos sociais da classe trabalhadora. Juntei-me ao grupo e, quando decidimos recortar o tema em dois grandes períodos históricos, preferi o mais antigo, entre 1880 e 1920.

Em boa parte, a documentação foi obtida no arquivo de publicações organizado, laboriosamente, por Edgard Leuenroth, jornalista, publicitário e, acima de tudo, anarquista, cuja convicção as decepções da realidade não conseguiram abalar. Eu o conhecia dos tempos da militância e meu pedido de ingresso em seu arquivo foi recebido com frieza. Afinal de contas, ele deve ter pensado, como confiar no que vai escrever esse rapaz, com um passado recente trotskista — um estatista consumado, portanto —, apesar da coincidência de nossas críticas ao PCB?

Quem me abriu as portas para o arquivo foi Hermínio Sacchetta, pessoa em quem Leuenroth confiava. Sacchetta fora membro do "pessegueiro", como nós chamávamos o partidão. Rompera com o partido em 1937, inconformado com certas práticas e com o apoio à candidatura de José Américo nas frustradas eleições de 1938, suprimidas pelo golpe do Estado Novo, em 1937. Depois da ruptura, Sacchetta aderiu ao trotskismo e se transformou em "traidor da classe operária e agente do imperialismo". Foi assim tratado, sob o nome de Sáquila, no livro de Jorge Amado *Subterrâneos da liberdade*, que o autor posteriormente renegou. Sacchetta afastou-se do trotskismo, fundou mais um minúsculo agrupamento — a Liga Comunista Internacionalista — que fazia críticas a Trotsky e revalorizava a figura de Rosa Luxemburgo. Sempre agitado, corajoso como poucos, foi responsável pela divulgação, num dos jornais dos Diários Associados, de um comunicado dos sequestradores do embaixador americano Charles Elbrick, em 1969, denunciando as violências do regime militar.

O arquivo — hoje na Unicamp — ficava numa das ruas do Brás, no andar de cima de um sobrado antigo a que se chegava por uma escada de madeira, carcomida em vários pontos. Tudo estava bem organizado, de forma artesanal. Jamais consegui obter a chave do local e sempre que precisava ir até lá eu tinha de marcar hora com um filho de Leuenroth, se não estou enganado, para que ele abrisse e fechasse a casa.

Soube por essa pessoa que, surpreendentemente, trabalhara no arquivo o historiador norte-americano John W. F. Dulles, filho do secretário de Estado John Foster Dulles, um dos mais intransigentes personagens da Guerra Fria. Ignoro por quais artes o mencionado historiador, que em 1973 publicou um minucioso estudo chamado *Anarchists and Communists in Brazil* conseguiu ter acesso ao arquivo. Possivelmente, a categoria "agente do imperialismo" não penetrara na cabeça dos anarquistas. Seja como for, lembro-me de que meu acompanhante elogiou a persistência do americano: "Um pesquisador infatigável: trabalhava horas e horas sem ir ao banheiro".

Um dos arguidores da minha tese de livre-docência, o saudoso professor Cândido Procópio de Camargo, fez uma ponderação que bem sintetizou a mudança de enfoque de minha pesquisa para escrever *Trabalho urbano e conflito social*, ao dizer que eu começara na história e terminara na antropologia.

De fato, as razões pelas quais fracassaram as lutas da classe trabalhadora do período com o qual eu lidava logo se tornaram uma questão secundária. A pesquisa confirmara a tese contrária à versão de uma Idade de Ouro perdida do movimento operário, construída a partir da tradição anarquista. Nesse sentido, um livro premonitório foi o de Leôncio Martins Rodrigues, *Conflito industrial e sindicalismo no Brasil*, publicado em 1966.

Me voltei para outros aspectos das organizações anarquistas e do movimento operário daquela época, influenciado pelo livro de E. P. Thompson, *A formação da classe operária inglesa* (1963), cujo foco se concentra na cultura da classe operária inglesa. Embora nunca tenha havido cultura operária com letras maiúsculas no Brasil, tratei de explorar os aspectos culturais e ideológicos do anarquismo, além de me interessar pelo "sindicalismo amarelo", próximo ao Estado, concentrado no Rio de Janeiro. O teatro, as festas, o discurso puritano dos anarquistas ao condenarem os bailes e o futebol, foram temas que falaram mais à minha sensibilidade.

Os livros que escrevi daí para a frente não tiveram inspiração política. Fui em busca de novos assuntos no começo dos anos 1980, época em que o tema da classe trabalhadora já encontrara seu nicho na historiografia brasileira. Optei pelo crime e dessa opção resultou o livro *Crime e quotidiano* (1984), baseado essencialmente em processos julgados pelo Tribunal do Júri de São Paulo entre 1880 e 1924. Graças à generosa colaboração de um velho amigo dos tempos de faculdade, o desembargador Fábio Moretzsohn de Castro, obtive uma carta do presidente do Tribunal de Justiça autorizando-me a pesquisar no arquivo judiciário da Vila Leopoldina. Entre amável e irônico, o presidente do Tribunal me disse: "Se o senhor gosta de poeira, não posso impedi-

Fachada do Palácio da Justiça, na praça Clóvis Bevilacqua, onde estava localizado o Tribunal do Júri

-lo de ter esse prazer". E me deu uma carta de recomendação, dessas que abrem qualquer porta. A carta me ajudou muito. Vez por outra, quando já era familiar no arquivo, onde trabalhei por mais de um ano, seu Benedito, funcionário responsável pelo local, expressava sua admiração: "Mas aquela carta, doutor, que carta!".

Bons tempos de poeira espessa boiando no ar, da tentativa de organizar uma desordem generalizada, de manipulação dos processos, de onde saltavam, escritos à mão ou datilografados — quando o uso da máquina de escrever tinha se generalizado —, carimbos, despachos, laudos periciais, fotografias surpreendentes e assustadoras, imagens que me seguiam longe do arquivo e impregnavam meu cotidiano. Nos almoços em casa, recém-chegado do arquivo, narrava episódios dos processos diante do olhar paciente de Cynira.

Os solícitos funcionários não podiam entender meu esforço

O antigo prédio do "Wilson Center", ostentando sua torre de marfim. Washington, anos 1980

para detectar regularidades, construir quadros estatísticos, embora sem desprezar algumas histórias de vida. Eles me interrompiam para dizer com alegre ansiedade que tinham descoberto um processo precioso, de Amleto Gino Meneghetti, o "Ladrão dos Ladrões", ou de Miguel Trad, autor do primeiro crime da mala. Eu mal sabia que, de algum modo, eles despertavam em mim a tentação de me concentrar num único e relevante crime, como aconteceu anos depois, quando escrevi *O crime do restaurante chinês.*

Com a pesquisa em andamento, em 1980 resolvi me inscrever em uma seleção para ser *fellow* do Woodrow Wilson International Center for Scholars, sediado em Washington. O Wilson Center é uma organização criada pelo Congresso americano para reunir e aproximar acadêmicos e políticos, ou agentes públicos, provenientes de todo o mundo. Os *fellows* recebem uma sala para trabalhar, dispõem de todas as facilidades de acesso às bibliotecas

253

da cidade e têm como obrigação apresentar um *paper* sobre seu trabalho. Minha ideia era ter uma experiência mais prolongada no exterior. Fiz um projeto bem cuidado e substantivo sobre a pesquisa e fui escolhido para uma permanência na instituição por cerca de um ano.

Antes, porém, eu precisava obter um *waiver* para entrar nos Estados Unidos, como já me acontecera em viagens anteriores. A história dos *waivers* no consulado americano de São Paulo vale a pena ser contada, pelas peripécias que eu e outras pessoas enfrentamos naquele ambiente burocrático e nada amistoso. Começo explicando o que é o *waiver* — uma viagem concedida em caráter excepcional a alguém em princípio proibido de entrar nos Estados Unidos. Eu precisava preencher, como os demais interessados, um formulário, no qual me chocava contra uma pergunta: "Você é ou já foi membro de um partido comunista ou de uma organização ligada ao partido?". Sempre respondi "não", o que era literalmente verdade, mas nunca pude convencer o funcionário ou funcionária do consulado da negativa. Meus discursos na praça da Sé, como já disse, tinham passado despercebidos do DOPS, mas não escapara aos agentes da CIA lotados no consulado, que incluíram meu nome numa *black list*. Interrogado por um dos agentes, que me estendeu a mão com relutância, fiquei sabendo que meu maior pecado fora conclamar a organização de uma brigada de brasileiros para ir defender Cuba no desastrado episódio de abril de 1961, quando o país foi invadido. Seja porque minhas palavras soassem mais como uma bravata, seja porque eu era convidado por instituições respeitáveis, o fato é que sempre obtive o *waiver*, mas pelo preço de um inevitável aborrecimento, que podia durar muitas horas.

Resolvi ir para Washington uns dois meses antes da família, para providenciar apartamento e me aclimatar lá. Quando contei meus planos ao Haroldo de Campos, ele, que conhecia bem a capital americana, disse preocupar-se com minha ida porque a cidade não era fácil e os arranjos sempre penosos. Ele tinha toda razão, mas eu via na ida para o Wilson Center uma réplica dos anos no St. Antony's College.

Nos meus preparativos, contei com a colaboração de um excelente amigo, o então jornalista Paulo Sotero, correspondente da revista *IstoÉ* em Washington. Paulo dava os primeiros passos na carreira e ainda tinha dificuldades em marcar entrevistas com figurões da capital americana. O Brasil despertava pouco interesse, e além disso o nome da revista era uma pedra no sapato. Paulo dizia o nome em português para os possíveis entrevistados, que naturalmente nada entendiam e ele então se resignava a traduzir: "That's it". Depois, por muitos anos, foi correspondente do *Estado de S. Paulo* e responsável por cuidadosas e pertinentes análises sobre a política americana. Saiu do jornal para se tornar diretor do Instituto Brasil do Wilson Center.

Comecei a estada em Washington com o pé tão errado, que tanto pode ter sido o direito como o esquerdo. Aluguei um pequeno apartamento a preço conveniente na região central da cidade — uma escolha equivocada; eu deveria ter ido para um hotel. Nos sábados à noite, meu vizinho do andar de cima convidava amigas e amigos para ruidosas festinhas e eu sofria para conciliar o sono em meio à música estridente, o vozerio e as gargalhadas. Se estivesse em São Paulo, iria reclamar na portaria. Lá, achei melhor me resignar, seguindo um ditado de inspiração rural, politicamente incorreto, que meu cunhado José gostava de citar: "Touro em pasto alheio vira vaca".

Um belo dia, ao tentar entrar no apartamento no começo da noite, não consegui colocar a chave no buraco da fechadura após muitas e muitas tentativas. Depois de descartar minha inabilidade, imaginei que alguma coisa tenebrosa havia ocorrido no interior do apartamento, quem sabe fosse me deparar com uma cena de filme americano, com um morto ensanguentado estendido no chão. Havia ocorrido, sim, alguma coisa, e bastante constrangedora, mas o episódio policial era só produto da minha fantasia. Eu pensava que deveria pagar o aluguel num acerto de contas final, ou algo por aí, quando na verdade o acerto era semanal. Então, sem ter sido avisado do atraso, o administrador do prédio mandou trocar as fechaduras da porta, para forçar o pagamento. Fiz um escândalo, citei minhas credenciais de *fellow* do Wilson Center, mas o homem nem se abalou. Paguei a dívida, acrescida das despesas com a troca da fechadura, e tratei de sair daquele local com a maior brevidade.

Quem me ajudou a quebrar a solidão em Washington foi Paulo Sotero e sua notável mulher, Heloisa, que me convidavam para ir à casa deles nos fins de semana ou para sair com eles e os filhos, então pequenos, e comermos enormes hambúrgueres em algum Burguer King ou em casas semelhantes. Meu irmão Nelson, professor de medicina na Brown University, em Providence, também vinha constantemente me dar apoio, sobretudo depois que a minha família chegou do Brasil.

Em 1980, o prédio do Wilson Center localizava-se no meio do *mall*, a imponente área delimitada num extremo pelo Capitólio e, no outro, pelo monumento dedicado a George Washington. O destaque do prédio austero era uma torre a que se chegava por vários lances de escada ou por elevador. Quem teve o merecido privilégio de ocupar os aposentos do alto da torre — uma sala e um banheiro, com uma linda vista para o *mall* — foi Mario Vargas Llosa, que se encerrava por muitas horas naquela "torre de marfim", como ele ironicamente dizia, para escrever seu romance inspirado no episódio de Canudos, *A guerra do fim do mundo*.

Quanto a mim, recebi uma mesa de trabalho numa espécie de corredor de passagem, que desembocava no amplo escritório de um amável congressista de cabelos brancos, a quem meus filhos se dirigiam com espantosa familiaridade: "*Hey, Charles*". Fazia frio e a calefação do prédio despejava ondas de calor que me provocavam náuseas. Tive ímpetos de voltar para casa, com saudade do meu escritório amplo, envidraçado e silencioso. Além disso, me senti um estranho no ninho, pois percebi que um tema localizado de história social não poderia despertar interesse naquele centro de estudos em que predominavam questões estratégicas e as relações internacionais.

A vida em Washington mudou até certo ponto com a chegada da minha família e nossa instalação num confortável apartamento de frente para um parque (com árvores infelizmente desgalhadas, pois era inverno). Meus filhos aproveitaram muito a estada e inscreveram-se numa escola de inglês frequentada por alunos de várias nacionalidades.

A principal façanha de meus filhos consistia em dirigir o carro que eu havia comprado. Sérgio fizera dezoito anos, tinha tirado carteira de motorista e se destacava tanto por seu arrojo como por sua inabilidade no volante. Quando Cynira estava a bordo, fechava os olhos para não ver as travessias de sinal vermelho, as mudanças abruptas de faixa. Não sei explicar como o carro nunca foi multado, e minha última imagem das façanhas de Sérgio acabou sendo positiva. Acompanhado apenas do irmão, ele foi de Washington a Providence, passando ao largo da intricada rede de estradas em torno de Nova York. Cynira e eu ficamos em Washington contando as horas, meio arrependidos de termos concordado com a aventura, até que o telefone soou anunciando a chegada à casa do tio Nelson.

Tivemos bons momentos em Washington, como aconteceu no White Christmas, festejado na casa de Heloisa e Paulo Sotero. Paulo vestiu-se de Papai Noel, rimos e bebemos, e depois fomos brincar na neve rala junto com os vizinhos. De fato, neve no Natal acontecia raramente na cidade e quando os flocos começavam a cair as pessoas achavam que era um sinal de boa sorte.

Também no Wilson Center aconteciam de vez em quando coisas engraçadas. Lembro de um jantar festivo, com muitos convidados, em homenagem a uma figura do *establishment* de Washington. Sentado a uma mesa com quatro pessoas, eu começava a jantar, quando uma das funcionárias da organização veio nos dizer afobada, em meio-tom, que tinha ocorrido um erro de cálculo na quantidade de comida, assim ela nos pedia, em nome dos diretores, que comêssemos com muita moderação. Achei estranho, mas me dispus a beliscar apenas umas poucas coisas. Mas Peter Hakim — que mais tarde ocuparia postos importantes no mundo acadêmico da cidade — indignou-se e protestou de forma original. Colocou em seu prato uma montanha de agrião e, quando foram servi-lo com pratos mais substanciais, limitou-se a dizer: "*Thank you, this is my choice*", apontando para a montanha com um sorriso levemente irônico.

Na verdade, minha permanência no Wilson Center teve duas fases. A primeira foi marcada pelo que se chama de "choque cultural", pelo pouco interesse despertado pela minha temática e pelo formalismo da instituição. Na segunda, passei a ver tudo com outros olhos, pois vim a conhecer dois acadêmicos que, também como eu, davam a impressão de ter caído de paraquedas no Wilson Center. Um deles era Charles (Chuck) Bergquist, filho de pai sueco, moreno, com uma aparência que nada lembra a dos suecos, pelo menos tal como os conhecemos. Ele pesquisava sobre o movimento operário na América Latina e sua história de vida era original, pois tivera várias profissões inusitadas, entre elas motorista de ambulância. Só o relato de suas façanhas no comando da ambulância dava vertigens.

O outro, a quem Chuck chamava ironicamente de liberal, era Herbert Klein, especialista em história da Bolívia e escravidão nas Américas, com incursões significativas pela história do Brasil. Baixinho, elétrico, apelidado de *rabbit* pelos meus filhos, Klein desmontava a solenidade do Wilson Center, assim como destrói até hoje a *finesse* de um restaurante francês com suas gargalhas que brotam do fundo do peito. Mantive laços de amizade com Klein pela vida afora, mas nunca mais vi Chuck Bergquist. Klein me contou que depois de Chuck ter se transferido para uma faculdade em Seattle também não teve mais contato com ele. Duas hipóteses: ou está preparando um daqueles livros tidos como definitivos, ou aborreceu-se das lidas acadêmicas. Estaria de volta, agora por prazer, ao volante de uma ambulância, rasgando avenidas?

No que se refere às minhas pesquisas sobre o crime e a criminalidade, os meses passados em Washington serviram para que eu conhecesse monografias de autores americanos que, de certo modo, completaram minhas leituras de textos dos franceses e ingleses. Ao mesmo tempo, porém, essas leituras talvez tenham me feito perder alguma coisa, em virtude de seu enfoque nitidamente empirista.

De fato, quando relembro o volume da pesquisa e seu resultado quantitativo relativamente magro, vejo que poderia ter explorado aquele imenso material de forma mais ampla e mesmo com maior profundidade. O receio de repetir banalidades genéricas sobre crime e sistema social talvez tenha me levado a uma excessiva prudência na formulação de conclusões gerais. Mas gosto do livro *Crime e cotidiano: A criminalidade em São Paulo entre 1880-1924*, que recebeu várias resenhas favoráveis, com destaque para a do sociólogo Sérgio Adorno, especialista em estudos sobre a violência. Quem leu o texto antes de ele ser publicado foi o antropólogo inglês Peter Fry, naturalizado brasileiro. Ele fez elogios e disse que ia ser um *best-seller*, prognóstico que não se confirmou. Editado pela Brasiliense, o livro vendeu razoavelmente e depois recebeu uma nova edição, bem bonita, da Editora da Universidade de São Paulo (Edusp).

Aproveito a menção à Edusp para falar alguma coisa sobre *História do Brasil*, que gerou um filhote menor, *A história concisa do Brasil*. Foi um dos poucos livros que escrevi sob encomenda, nesse caso para a USP, na gestão do reitor Roberto Leal Lobo. A ideia do reitor e de seu grupo de assessores era produzir, em várias áreas do conhecimento, textos para os ingressantes na universidade, como uma espécie de modelo a ser seguido.

O trabalho me lembrou o de um cirurgião manejando seu bisturi, pois tratava-se de sintetizar, em cerca de quinhentas páginas, os quase quinhentos anos da história do país. Era preciso recortar muito, o que me dava ao mesmo tempo angústia e a sensação de estar investido de um grande poder, tantas eram as alternativas possíveis. Hoje, eu faria um ou outro recorte diferente, introduziria a temática cultural, mas o certo é que o texto e seu filhote tiveram um grande êxito de público, ultrapassando os objetivos de alcançar apenas os alunos das universidades. Isso se deve — me parece — à narrativa fluente, à escolha de grandes eixos e, sobretudo, à discussão da historiografia. Espero que essa discussão tenha contribuído para mostrar ao leitor que não existe uma única versão da história, pois, se ela se faz com documentos, também se constrói, se desconstrói e se reconstrói por meio do olhar do historiador, do clima cultural de sua época e da descoberta de novas fontes.

Esse foi o livro que marcou minha passagem da pré-história tecnológica para a história. Foi a última vez que escrevi um manuscrito no sentido literal do termo, e jurei que nunca mais escreveria textos extensos rasgando páginas, colando aqui e ali trechos de novas redações. Em resumo, era preciso enfrentar o computador.

Por muitos anos, acalentei a ideia de escrever sobre meus

antepassados. Judeu asquenaze pelo lado paterno e sefardi pelo materno, fui imbuído da cultura sefardi através dos parentes de minha mãe e aprendi de ouvido algo do ladino, que ressoava em casa nas conversas e nas exclamações de espanto ou nas pragas rogadas contra alguém. Comecei a escrever *Negócios e ócios* em 1996, procurando conhecer melhor a história dos sefardis "turquinos", expulsos da Espanha em 1492 pelos reis Fernando e Isabel, e acolhidos, em seguida, pelos sultãos otomanos.

A história dos sefardis me serviu como um grande pano de fundo da história de minha família desde os últimos anos do século XIX até a emigração para o Brasil, em 1924. Introduzir-me na história — com meu nascimento em 1930 —, foi como nascer de novo, recordando a vida familiar agora com a minha presença, a vivência nas ruas, nos bares e confeitarias, nas casas da São Paulo dos anos 1930 e 1940, até o ingresso na Faculdade de Direito em 1949. Estaquei aí e só agora, passados muitos anos, como disse na introdução, reincido no memorialismo.

Nunca tinha escrito um livro em parceria com alguém até propor ao historiador argentino Fernando Devoto, especialista na história da imigração em massa para seu país, um trabalho comparativo entre a história da Argentina e a do Brasil. Foi um casamento difícil, pois, se eu não tinha a experiência de escrever em colaboração, o mesmo acontecia com ele. Tanto mais que decidimos escrever sem atribuir capítulos a um ou a outro, num esforço de produzir, realmente, um trabalho comum.

Divergimos em muitos pontos em nossas longas conversas em Buenos Aires e em São Paulo, até que chegamos a um acordo. Quando houvesse diferença de interpretação de temas sobre a Argentina, prevaleceria a interpretação de Devoto, e vice-versa quando se tratasse do Brasil. Mesmo assim, sobraram muitos temas em que a história dos dois países se cruzavam e sobre os quais acabamos nos entendendo, não sem esforço. Um exemplo: ao narrar a Guerra do Paraguai, tratei de enfatizar o conflito, visto por nós, brasileiros, como crucial para a história do Segundo Reinado e para a formação do Exército nacional. Devoto considerou o episódio relativamente secundário do ponto de vista argentino, e tivemos de encontrar um meio-termo. Revendo essa experiência, em poucas palavras sinto que ela valeu a pena pelo processo de elaboração e pelo resultado, que se concretizou no livro *Brasil e Argentina: um ensaio de história comparada* (Editora 34, 2004).

O Getúlio Vargas que surgiu à minha frente não era o mesmo da memória dos bancos escolares, no tempo do Estado Novo, e sim produto de uma encomenda feita por Lilia Schwarcz e Elio Gaspari para a coleção "Perfis", editada pela Companhia das Letras e por eles organizada. Ao escrever o texto "Getúlio Vargas: o poder e o sorriso", em 2006, fui tomado pelas sensações que quase sempre tenho quando trato desse personagem. De um lado, sobretudo ao ler seu Diário, admiro o estadista em busca de realizar o que entendia ser o interesse nacional, desprezando as fatuidades, as celebrações vazias, os interesses mesquinhos. De outro lado, odeio seu desprezo pela democracia, a inclinação ao autoritarismo, que se consubstanciou nos anos politicamente tenebrosos do Estado Novo, cuja justificativa pelos ganhos econômicos e sociais nunca me convenceu. Tive a satisfação de discutir a fundo o texto original com os dois organizadores, que não economizaram observações críticas. Foi a primeira vez que isso me aconteceu, embora eu sempre desejasse uma interlocução produtiva. A experiência me valeu muito e creio que resultou num texto final mais bem elaborado.

Prefiro não falar sobre meu último livro, *O crime do restaurante chinês*, porque sua motivação, seu método e seu estilo narrativo foram suficientemente discutidos no próprio livro e nas muitas resenhas escritas sobre ele. Anoto apenas minha grande satisfação com a recepção dos leitores, sobre a qual tinha muitas dúvidas. Mudar de rumo em meus trabalhos e ser aprovado pelo público foi uma injeção de ânimo para quem se atirou a novos caminhos em idade provecta.

Por último, uma palavra sobre os artigos de jornal que venho escrevendo há mais de vinte anos sem interrupção, em especial na *Folha de S.Paulo*. Uma seleção desses artigos foi publicada em 2005 pela generosa iniciativa de Helena Gasparian, resultando no livro *Memória e história*, da editora Graal. Convivo com os jornais desde criança, quando fui os olhos de meu avô que se tornara cego. Me interesso pelo destino deles, não acho graça nas notícias da internet que prescindem do papel. Nas esquinas da cidade, com o carro parado por força do trânsito ou de um sinal fechado, ironizo o trabalho difícil das moças que entregam jornais gratuitos, dizendo baixinho para quem estiver a meu lado: "Olha o ataque das inimigas da imprensa livre". Afora isso, escrever para os jornais nos ensina muita coisa. O articulista dispõe de um espaço limitado e isso o obriga a evitar circunlóquios. Hoje, quando passo os olhos em certas teses universitárias, fico com a impressão de que elas poderiam ser escritas num número bem menor de páginas, sem perder substância.

Seja como for, escrever, com bons ou maus resultados, sempre foi minha opção preferencial. Tive poucos bloqueios de escrita ao longo dos anos, e a página em branco do papel, ou a página virtual do computador, é quase sempre um desafio que enfrento com prazer. Como gosto de solidão, em doses não exageradas, uma coisa casa com a outra.

Depois de me aposentar na Consultoria Jurídica da USP, dediquei cerca de dez anos ao ensino na universidade, no curso de ciências sociais da Faculdade de Filosofia, Letras e Ciências Humanas, ou FFLCH. Não creio que tenha sido mau professor, no que diz respeito a preleções e comunicação com a classe. Mas, por falta de vocação, ou por individualismo, nunca me dediquei a formar e orientar alunos, tarefa importante a que muitos se dedicam com real entusiasmo. Talvez um breve encontro com uma jovem, no interior de um banco, esclareça o que quero dizer. Não me lembrava dela quando me interpelou: "Fui sua aluna, o senhor não lembra? Pois eu me lembro de suas aulas, que eram ótimas". Quando lhe perguntei, animado, qual o tema das aulas, ela respondeu com naturalidade, como se eu lhe exigisse uma memória prodigiosa: "Ah, isso eu não sei...".

O convívio institucional com os professores me fez ver a preciosidade dos anos passados na reitoria. Tive o privilégio de conviver com Haroldo de Campos, escritor deslocado no mundo dos pareceres jurídicos, os quais, não obstante, ele redigia com perfeição. Tão logo dávamos a tarefa por terminada, passávamos a falar de assuntos literários, se ele não mergulhasse no preparo minucioso de suas aulas, ministradas num curso de pós-graduação da PUC. Haroldo me indicou muitas leituras, especialmente de escritores cubanos como Cabrera Infante e Lezama Lima. Pena que Fábio Prado, dirigindo os trabalhos numa sala coletiva, de seu estratégico periscópio, sentia-se incomodado com a conversa em pleno expediente. Ele cortava nosso diálogo, a pretexto de discutir um parecer ou pedir opinião sobre uma consulta. Mas quem poderia se queixar de um chefe que criou um ambiente de solidariedade sem paralelo entre os colegas de trabalho, ao menos na minha experiência?

14. A República de Ibiúna. Notas sobre uma geração

Não participei como protagonista dos acontecimentos do país nos últimos trinta anos. Participei deles como cidadão, um cidadão torcedor. Uma decisão minha e de Cynira, que proporcionou contatos, reforço dos laços de amizade e discussões tão proveitosas, foi a de alugar e depois comprar uma casa em Ibiúna. Lá estreitei laços com Ruth e Fernando Henrique Cardoso, com gente que eu conhecia desde os tempos da Faculdade de Direito e fiz novos amigos. Eu conhecia Fernando Henrique dos tempos da efêmera *Revista de Novíssimos*, publicada, entre outros, pelos irmãos Augusto e Haroldo de Campos, a caminho do concretismo. Meus poemas eram superiores aos do ilustre presidente, como atestaram os elogios, infelizmente apenas verbais, do romancista então muito conhecido José Geraldo Vieira e dos irmãos Campos. Mas Fernando Henrique se desforrou, pois, se não chegou a ser poeta, tornou-se a figura mais brilhante da minha geração.

Quanto a Ruth, vim a conhecer de perto a firmeza de suas

ideias, a fala suave mas determinada, as boas maneiras, no melhor sentido do termo — fala e maneiras que são um traço de toda uma geração de jovens que frequentaram colégios católicos como o Sion e o Des Oiseaux. Além de muitos encontros na vida privada, tive a honra de participar do Conselho da Comunidade Solidária, por ela dirigido com entusiasmo e competência.

Ibiúna propiciou também o contato com o mundo caipira que, embora em desagregação, ainda conserva alguns de seus traços. O enorme município — na zona rural chega ao município de Itanhaém — ficou à margem do *boom* cafeeiro do fim do século XIX e das primeiras décadas do século XX, que transformou a fisionomia do estado de São Paulo. Daí a predominância de uma população cafusa, às vezes com a presença de pessoas de cor branca, descendentes dos emigrantes italianos para uma cidade vizinha — São Roque —, onde muitos se tornaram produtores de vinho. Caipiras desconfiados, mas que quando passam a confiar em alguém confiam de verdade, tementes do demônio, a ponto de não pronunciar seu nome, crentes na existência de almas penadas. Gente simples, que gosta de dar seu voto a um candidato sem soberba, desses que atravessam a rua para abraçar o eleitor. Há também gradações sociais entre caipiras e não caipiras, pois, por exemplo, caipiras falam "calipe" e não "eucalipto". Os mais velhos utilizam palavras que caíram em desuso no português, como acontece quando dizem: "Fulano é andejo", ou seja, anda de um lugar para outro, não para em lugar algum.

Uma peculiaridade de Ibiúna é a forte presença da imigração japonesa, visível em toda parte. Além dos traços físicos, lá estão as imensas parabólicas, vendidas nas lojas com o promissor anúncio: "Pega Japão"; ou ainda a fartura colorida de frutas e verduras nas quitandas. Apesar do crescimento dos casamentos interétnicos, da passagem de gerações, os "nativos" ainda encaram os "japoneses" com marcas especiais, positivas ou negativas.

O estereótipo mais comum é o do japonês trabalhador e incansável e, ao mesmo tempo, fominha. Como me disse um velho habitante de Ibiúna, não sem ressentimento: "Japonês é assim: venha a nós o vosso reino e para vós nada".

A presença do japonês mudou também a noção de mundo de muitos antigos ibiunenses. Eles sabem localizar o Japão melhor do que os Estados Unidos porque alguns nisseis e sanseis foram trabalhar lá. A maioria costuma retornar ao Brasil, mas um ou outro lá ficou e envia algum dinheiro à família. Desse modo, a avenida Paulista, em São Paulo, é bem conhecida em Ibiúna por ser a sede local de um banco japonês.

No interior da colônia, muito se transformou desde os tempos da imigração. Os mais velhos, dedicados ao cultivo da terra, nem sempre veem com olhares favoráveis as escolhas dos descendentes. Um velho plantador de morangos, famoso pela qualidade de seus produtos, pequenos e muito doces, que contrasta com a maioria dos grandes e insípidos morangos de hoje, carregados de pesticidas, me respondeu, melancólico, quando elogiei a qualidade de sua produção: "Isso vai acabar quando eu morrer; filho ainda ajuda um pouco, mas neto fez arquitetura".

Infelizmente, a chamada República de Ibiúna se dissolveu por força dos fatos. Muitos de seus integrantes foram para Brasília como colaboradores do governo Fernando Henrique, para não mais voltar a seus pequenos sítios, ou voltar raramente. Cynira e eu comentávamos que, findos os dois mandatos, Ruth e Fernando Henrique não retornariam à casa simples, próxima ao nosso "lago de Como" (a represa de Itupararanga), como gostávamos de dizer. Mas Ruth desmentiu essa perspectiva, e garantiu que, tão logo deixasse Brasília, iria frequentar Ibiúna nos fins de semana, promessa cumprida mas infelizmente cortada por sua morte repentina.

A partir da visão ibiunense, relembro alguns acontecimentos vividos nas últimas décadas. O grande momento da luta pela redemocratização do país, como se sabe, foi a campanha das eleições diretas para a presidência da República, que começou com um pequeno comício organizado pelo PT em dezembro de 1983. Bem maior foi o comício da praça da Sé em janeiro do ano seguinte, tendo à frente o PMDB e, em especial, o governador de São Paulo, Franco Montoro, que incentivou a ida das pessoas ao ato, ao liberar as passagens nos meios de transporte.

Quando Cynira e eu fomos ao comício, ficamos impressionados com a multidão vibrante concentrada ali; havia tanta gente, que só nos restou ficar no fundo da praça. Além disso, depois de tantos anos de desconfiança e temor diante de homens fardados, naquele dia éramos acolhidos com sorrisos pelos homens da Polícia Militar.

Mas essa multidão foi uma pequena mancha se comparada às manifestações seguintes, que culminaram com a presença de quase 2 milhões de pessoas no vale do Anhangabaú. Sentamos num dos barrancos gramados do vale, no meio de uma multidão unida pelo mesmo entusiasmo, embora nem sempre caminhando na mesma direção. Por exemplo, quando Osmar Santos — o locutor das diretas — anunciou a palavra de Tancredo Neves, um homem à minha direita gritou: "Esse não é de confiança", e logo alguém respondeu: "Unidade, companheiro, unidade", uma fala de militante do PCB.

A mobilização popular encantou a opinião pública, como um alto exemplo de politização das massas, embora houvesse muito de ilusório nas esperanças depositadas nas Diretas-já. Muitos esperavam que a eleição direta do presidente da República levasse o país a uma maior igualdade social, ao fim da inflação, além de introduzir um regime garantidor de direitos, entre eles o da liberdade de expressão.

À euforia, seguiu-se a frustração, decorrente da recusa das

Praça da Sé, São Paulo. Comício por eleições diretas para a presidência da República, 1984

diretas pelo Congresso, ao não se alcançar maioria qualificada. Depois, veio a morte de Tancredo Neves, cujo prestígio crescera, mesmo como candidato em eleições indiretas. Os desencontros de informação, os sofrimentos de Tancredo foram acompanhados hora a hora pela televisão e o triste final transformou o ambiente de festa daqueles anos numa atmosfera de luto.

Antes disso, quando o MDB se transformou em PMDB em janeiro de 1980 e sua ala esquerda se separou para formar o PT, continuei simpatizante do PMDB, para onde confluíra a oposição, em todos os seus matizes, durante o regime militar. Nunca tive inclinação pelo PT porque, embora estivesse convencido de que fosse o partido da ética na política — de ilusões também se vive —, não concordava com suas posições sectárias, como se revelou, entre outros exemplos, na eleição de Tancredo Neves pelo Colégio Eleitoral, em quem os representantes do partido se recusaram a votar, e no episódio da negativa em aprovar o texto da Constituição de 1988. Além disso, eu tinha boas razões para acreditar que as diferentes correntes no interior do PT, com raras exceções, tinham um compromisso meramente tático, naquela altura, com o regime democrático.

Mas no curso de alguns anos o PMDB entrou numa descendente da qual nunca mais saiu, ou, visto de outra forma, transformou-se num grande partido cujas diferentes facções, afora alguns resistentes, passaram a visar apenas as benesses do poder. Das desilusões com o PMDB, como é sabido, nasceu a proposta de criação do PSDB, tendo à frente lideranças como Franco Montoro, Mario Covas e Fernando Henrique Cardoso. Não cabe aqui narrar a história do partido, mas não posso deixar de dizer que, se ele não representou uma completa decepção, pois reuniu, como ainda reúne, nomes muito respeitáveis, deixou de cumprir as expectativas de seus fundadores. De um lado, o ideário da social-democracia diluiu-se ao longo dos anos, nisso tendo incidência os problemas de ordem socioeconômica não só do Brasil como de países da Europa ocidental. Mais ainda: contando com o apoio de um amplo setor da classe média, o partido não conseguiu implantar raízes nos setores populares. Há até quem se pergunte, para além dos problemas do PSDB e de outras organizações, se a época dos grandes partidos fundados em ideias não será coisa do passado, impossível de repetir-se em nossos dias.

Não desejo analisar em profundidade os fatos e processos históricos que marcaram minha geração. É trabalho de maior fôlego, que escapa aos limites da memória. Prefiro lembrar como a autointitulada vanguarda do meu tempo, na qual me incluo, viveu a segunda metade do século XX e os primeiros anos deste século, e apreendeu a realidade social e política, principalmente no plano das ideologias.

Na área internacional, a partir de 1945, vivemos um breve período de confraternização, mais aparente do que real, entre as potências vencedoras do nazifascismo. Mas, em menos de dois anos, por volta de 1947, a Guerra Fria entre os Estados Unidos e a União Soviética instalou-se claramente, levando o mundo, quase sempre, a opções maniqueístas por uma das forças em conflito. No interior da "vanguarda", um traço ligava as diferentes tendências, fossem elas comunistas, nacionalistas de corte radical ou trotskistas: a crença na inevitabilidade e nas benesses da revolução. Essa crença nasceu de uma leitura das contradições do regime capitalista, a caminho do Apocalipse — a crise final do capitalismo, se quiserem —, em que a classe operária, a aliança operária e camponesa, ou ainda essas duas classes mais a burguesia nacional, conforme as variações do espectro ideológico, seriam os agentes portadores da história.

A visão parecia confirmada pelo processo histórico, entendido mais ou menos assim. Em 1789, a Revolução Francesa abrira a era revolucionária — ninguém lembrava a Revolução Inglesa de meados do século XVII — ao conduzir a burguesia ao poder. Vitória instável, pois o episódio fora acompanhado da erupção das massas, cuja presença na arena social e política jamais desapareceria — nas revoluções de 1848 em vários países da Europa ocidental ou na Comuna de Paris em 1871.

Na série de episódios revolucionários, cada acontecimento do passado continha referências e lições para o futuro, por seu simbolismo, suas virtualidades e fraquezas. A Comuna de Paris foi sempre lembrada como exemplo das possibilidades de revolta do proletariado urbano, mas sofreu críticas por seu "espontaneísmo" e pela incapacidade de os revoltosos construírem um partido de classe.

Até 1917, a Revolução Francesa foi o grande modelo de referência revolucionária e gerou profundas identificações sociopolíticas e simbólicas. Os nomes das facções preponderantes naquela época — girondinos de um lado, jacobinos de outro — percorreram o tempo, aplicados a outras situações históricas. Se os moderados girondinos foram desprestigiados, o jacobinismo ganhou vulto por associar-se à ideia de revolução e por seu conteúdo nacional-popular autoritário. Toussaint Louverture, líder da revolta de escravos que emancipou o Haiti da França nos primeiros anos do século XIX, foi chamado de Jacobino negro. Também foi chamada de jacobina a tendência mais radical dos combatentes pela unificação italiana. No nosso modesto caso, ficou conhecido como jacobino o movimento nacionalista e xenófobo que agitou o Rio de Janeiro em fins do século XIX, tendo como alvo principal a colônia portuguesa.

A "Marselhesa" embalou as greves, os movimentos sociais, as revoluções, antes de ser substituída pelos acordes da "Internacional". No contexto revolucionário que, na Rússia ganhou contornos nítidos após a revolução de 1905, referências e alusões à Revolução Francesa foram recorrentes. Depois da revolução de 1917, na década de 1920, quando, com a emergência do stalinismo, Trotsky tratou de entender os rumos inesperados dos acontecimentos, referiu-se à "reação termidoriana", ou seja, ao período posterior à queda dos jacobinos.

No mundo da academia, no Brasil e fora dele, a Revolução Francesa tinha um lugar central e quase exclusivo ao se estudar a história do mundo contemporâneo. Nos primeiros anos da década de 1960, quando frequentei o curso de história da Faculdade de Filosofia, uma das poucas coisas atraentes ali era o vivo debate historiográfico acerca da revolução, personificado, principalmente, pelos integrantes da cadeira de História Moderna e Contemporânea: o professor catedrático Eduardo D'Oliveira França e seus sagazes "tenentes", Fernando Novais e Carlos Guilherme Mota. Não sei bem qual era a interpretação do professor França, mas acredito que simpatizasse com a figura de Danton e os girondinos, por ser um coerente liberal conservador. Os assistentes assumiam a versão jacobina da revolução, e seu ícone era Robespierre, o incorruptível.

O então prestigioso Partido Comunista Francês referendara essa linha, dando-lhe maior legitimidade. Um historiador comunista muito representativo foi Albert Soboul, autor de vários livros sobre a Revolução Francesa, que veio várias vezes ao Brasil, e aqui fez boas relações. Era uma figura simpática de camponês vermelhão, pescoço grosso, na aparência um típico representante da pequena-burguesia rural. Lembro-me de que ele surpreendeu, a mim e a Cynira, quando, antes de um jantar que lhe oferecemos, ergueu a taça de vinho e saudou, solenemente: "*À la prospérité de cette maison!*".

O interesse pela Revolução Francesa tinha como contrapartida o desinteresse de professores e alunos pela Revolução

Americana (1776), embora por razões distintas. Os professores de história da América nem sequer sabiam inglês e se dedicavam aos temas da época colonial no mundo ibérico. Quanto aos alunos, quando afloravam questões sobre o modelo da República, da competência legislativa do governo central e dos Estados, da separação de poderes, do papel exercido pela Corte Suprema, elas eram vistas como filigranas da superestrutura de um país imperialista. Com isso, o processo de construção de instituições democráticas, tema hoje tão presente e tão importante, era simplesmente ignorado.

A mitologia da Revolução de Outubro, superposta à da Revolução Francesa, estava gravada em nossas mentes: heroísmo das massas, a figura insignificante de Kerensky, a visão estratégica dos líderes bolcheviques, em contraste com a fraqueza dos mencheviques, o couraçado *Aurora*, a tomada do Palácio de Inverno. Essas cenas se materializaram no filme censurado *Outubro*, de Eisenstein (1927) — em que, entre outras coisas, a imagem de Trotsky desapareceu dos acontecimentos.

Mas nos países da Europa ocidental após a Revolução Russa não se seguiu a vitória do movimento comunista. Em poucos anos, em meio à crise do pós-guerra, tentativas de tomada do poder fracassaram na Alemanha, na Hungria, enquanto a Itália dos comitês de fábrica e das greves nos grandes centros urbanos desembocou no golpe fascista de 1922.

A "pátria do socialismo", na verdade pontilhada de horrores, deu origem a uma ilusão de proporções mundiais, alcançando não só o Ocidente como o leste da Ásia e parte das regiões islâmicas. Um dos fatores que explicam essa ilusão encontra-se na crença no caminho revolucionário para se alcançarem múltiplos objetivos: o fim do colonialismo, das iniquidades sociais, o triunfo do socialismo. Ao mesmo tempo, a difusão do credo só se tornou possível pela existência de uma férrea correia de transmissão, ou seja, os partidos comunistas fiéis a Moscou, que souberam atrair e organizar militantes, ofuscados pelas glórias da União Soviética e pelas façanhas sobre-humanas de Stálin.

Depois da Segunda Guerra Mundial, uma nova fase revolucionária se abriu com a Revolução Chinesa, a Revolução Cubana, a vietnamita. Essas revoluções deram no que deram. Hoje, excetuados certos círculos renitentes, ditos de esquerda, sabemos o que foi a China de Mao Tsé-tung e sucessores e o que é a China de hoje — uma forma de capitalismo de Estado em incrível desenvolvimento, mas certamente não no rumo do socialismo. Sabemos também o que é Cuba, ilusão dos trópicos, cujos avanços sociais serviram para justificar as arbitrariedades de um regime ditatorial, amordaçador das liberdades públicas, cujo alvo repressivo se estendeu aos comportamentos sexuais divergentes.

Diante de nossos olhos, ocorreu uma profunda transformação histórica: a era das revoluções parece ter esgotado suas possibilidades — é sempre bom ser prudente nas previsões —, dando lugar à revalorização da democracia. Democracia de origem liberal, mas cuja definição e alcance se ampliaram para além das eleições, da liberdade de expressão, para abranger também objetivos de proteção social, de segurança dos cidadãos, da defesa do meio ambiente e do clima etc., a serem alcançados pela ação do Estado e da sociedade organizada.

Como a "vanguarda" da minha geração reagiu a tudo isso? Houve quem se tornasse cético e lamentasse as ilusões perdidas, a opacidade de uma época em que éramos, presumivelmente, portadores da história, em que sabíamos onde estava o mal e onde estava o bem. Houve quem se aferrasse ao stalinismo com a fé inabalável dos crentes; houve quem continuasse a acreditar na revolução, depurada dos erros evidenciados pela história, como se estivéssemos apenas diante de uma correção de rumos. E houve quem tratasse de rever posições, assumindo integralmente a perspectiva de uma democracia substantiva.

Eu me incluo entre os desta última opção. A partir de meados da década de 1970, minha convicção democrática foi se tornando cada vez mais sólida. Posso dizer então que há cerca de 35 anos firmei essa convicção. A perspectiva democrática é algo que não se limita ao espaço público, por maior que seja sua importância, pois abrange características pessoais difíceis de alcançar. Passar da intolerância a ter o ouvido aberto para as opiniões divergentes, combater a dialética amigo/inimigo, acreditar que nenhum avanço social, maior ou menor, justifica a supressão das liberdades não são coisas que se possam interiorizar da noite para o dia, pois constituem, ao contrário, um processo em contínua elaboração.

Não sinto decepção pelas ideias passadas nem as repudio como um absurdo. Elas refletiram o clima de uma época, os sonhos de pessoas empenhadas em mudar o mundo, por mais que estivessem equivocadas. Ressalvando a constatação de que as sucessivas gerações vivem a ideologia de seu tempo, creio haver razões para um cauteloso otimismo. Não falo de um progresso necessário e inevitável, pois o destino do mundo continua incerto e sempre sujeito a avanços, fracassos e misérias; falo de uma maior consciência dos problemas deste mundo, mesmo porque, do outro, não trato.

Estou convencido de ter hoje convicções menos utópicas, menos ambiciosas, mais realistas. A pretensão de conhecer as leis da história, a crença na luta política frontal deram lugar, até certo ponto, ao respeito pelas opiniões divergentes e a algum ceticismo acerca da maneira de ver os acontecimentos, sem relativizar a importância dos princípios básicos da democracia.

Revejo a expressão "menos utópicas" e me pergunto se não é, afinal de contas, uma grande utopia esperar que as sociedades alcancem níveis materiais de vida decentes, sejam menos desiguais e que as pessoas possam desenvolver seus talentos sem sofrer as pressões cotidianas de uma vida penosa.

Das utopias passadas, restou falar de uma que não me diz respeito especificamente, mas tem a ver com a minha identidade: o sonho que embalou muitos jovens judeus da minha geração para realizar a *aliah*, a emigração para o Estado de Israel depois da independência, em 1948. O grande objetivo era integrar-se nos *kibutz*, experimento comunitário socialista que, além de pretender inaugurar relações humanas igualitárias, propunha-se a desmentir a imagem do "judeu argentário" e fisicamente doentio. Como disse o historiador inglês Tony Judt num trecho de suas memórias, o *kibutz* encarnava o "judaísmo musculoso", em seu aspecto mais sedutor: saúde, exercício, produtividade, propósitos coletivos, autossuficiência. Ao mesmo tempo, exibia um orgulhoso separatismo com relação não só aos árabes como aos judeus comuns, que revelava os limites de uma ideologia rígida da maioria de seus membros.*

No âmbito brasileiro, eu e meu irmão Ruy tivemos contato com o movimento sionista de esquerda através de um colega de escola do Ruy, o sociólogo Gabriel Bolaffi, que militava no Dror — uma organização juvenil que preparava seus quadros para empreender a *aliah*. Penso que nesse caso posso falar tanto por mim quanto por meu irmão, pois, sem negar a importância da instituição do Estado de Israel, éramos firmemente internacionalistas para ingressar num movimento no qual o nacionalismo figurava como elemento da maior importância. Não que faltas-

---

* "Three Memoirs", *The New York Review of Books*, 2010, p. 11-2 a 24-2.

sem seduções nesse sentido. Da minha parte, não me impressionei com argumentos nem com o exclusivismo de certas atitudes, talvez ocasionais, mas que me deixaram má impressão. Dou um exemplo que chega a ser cômico. Certa vez, Bolaffi, que sempre chamamos de Gabi, convidou a mim e ao Ruy a uma reunião, se não estou enganado no bairro do Bom Retiro. Chegando ao local, subimos a longa escada de um sobrado, seguidos por um vira-lata magro, farejando, quem sabe, a possibilidade de encontrar comida. Assim que entramos, o Gabi foi recebido pelo jovem que dirigia a reunião, de cujo nome não me lembro. Lembro-me, em compensação, de suas palavras de censura: "Gabi, você chega atrasado e ainda por cima traz cachorros e outros?".

Mas minha distância do movimento sionista está longe de eliminar a pergunta: o que é o judaísmo? O que é ser judeu, uma questão que intelectuais de diferentes origens vêm tentando responder ao longo do tempo. Na minha memória, retive apenas a figura do judeu não judeu, elaborada por Isaac Deutscher, com a qual ele se identificava e que se encontra em seu livro *O judeu não judeu e outros ensaios*, publicado no Brasil em 1970. Quando eu estava terminando este livro de memórias, o sociólogo Bernardo Sorj publicou *Judaísmo para todos*, cuja qualidade incrementou meu interesse pelo tema. Sorj afirma que "o judaísmo é um sentimento, uma experiência emocional de identificação com um universo psicológico e cultural que foge às definições, mas dentro do qual se incluem todos aqueles que, de uma forma ou de outra, sentem-se identificados com ele. Isso é assim porque o judaísmo moderno se fragmentou e todos os fragmentos fazem parte do judaísmo". A partir desse ponto de vista, incluiu entre os fragmentos do judaísmo o judeu agnóstico, ou mesmo ateu, definindo-o como judeu secular.

Num debate sobre o livro, com a presença do autor, discordei dessa "definição que foge às definições", por entender que a crença na religião judaica, a observação maior ou menor de seus preceitos, admitidas as variadas formas dessa fé, são elementos intrínsecos do "ser judeu". Fiquei surpreso com as muitas reações contrárias ao meu ponto de vista, cuja discussão não cabe prolongar nestas linhas. Da minha parte, continuo achando, em meio às dúvidas, que há uma linha talvez tênue de separação entre o ser judeu enquanto tal e a figura do judeu secular cuja identificação cultural com o judaísmo exclui o universo religioso.

Não me reconheço culturalmente apenas como judeu, mas como um compósito de duas culturas, a judaica e a brasileira. Desde criança me identifiquei com esta última, quem sabe como estratégia inconsciente de sobrevivência, num meio em que, de uma forma ou de outra, ressoava o preconceito antissemita. O fato é que assumi com prazer a brasilidade, não a patriotada, embora o hino e a bandeira nacional, associados a determinadas cerimônias, me provoquem emoção. A identificação com a cultura brasileira, entre outros pontos, passa pelo gosto do manejo da língua, pelo prazer com sua literatura, futebol, música popular, que comecei a ouvir na voz dos cantores do rádio e das empregadas de minha casa.

Mas a esses elementos de identificação se incorporam outros, que fazem parte da cultura judaica. Se disse não ter me entusiasmado pelo movimento sionista, nem por isso deixo de ter um interesse específico pelo Estado de Israel. Não chego, porém, ao ponto de um intelectual judeu de São Paulo, que me convidou para um almoço tipicamente judaico e me perguntou a certa altura, numa referência aos governos israelenses de direita: "Você não tem vergonha de como os palestinos estão sendo tratados em Israel?". A pergunta me causou estranheza, embora compreendesse o sentimento do meu anfitrião. Respondi que condenava a política israelense, mas não sentia vergonha nenhuma, como não me passaria pela cabeça sentir vergonha pelo que fez o regime militar no Brasil.

Minha identificação com a cultura judaica é muito particular, pois, como tratei de mostrar em *Negócios e ócios*, refere-se a um grupo específico: o dos sefardis, forçados a emigrar da Espanha em fins do século xvi, e que se espalharam pelo Mediterrâneo. A identificação se particulariza ainda mais porque ela é especialmente forte com relação aos judeus sefardis que emigraram para a Turquia — caso da minha família materna —, os "turquinos", como eles mesmos se denominam. Além do interesse histórico, conheço muitos de seus provérbios, muitos personagens, adoro os pratos da culinária e tenho até, por tabela, um interesse específico pelo Império Otomano e pela Turquia moderna. Acima de tudo, me encanto com o ladino — a "língua florida" que combina o espanhol do século xvi com outros idiomas. Eu o incluo entre as línguas que falo, para surpresa de muitos, mas isso é só uma meia-verdade, pois não o domino completamente.

15. Um tango argentino

À medida que envelhecemos, ouvimos dos mais jovens uma frase consoladora: a idade da gente se mede pelo modo como se vive a vida. Há uma parte de verdade nessa frase, mas só uma parte. É possível sentir-se jovem de mente, apesar da passagem do tempo e, embora tendamos a esquecer uma ou outra coisa devido à idade e à inevitável "queima" de neurônios, muitas vezes atribuímos à idade aquilo que de algum modo acontece em qualquer fase da vida. Já o corpo declina irremediavelmente, para uns mais, para outros menos depressa e acaba também por influir no pensamento.

Com que idade ficamos velhos? Pergunta relativa, que tanto tem a ver com a história pessoal quanto com a história em sentido amplo. Não penso ser necessário elaborar aqui o que é sabido: ao longo dos anos, tem ocorrido uma progressiva extensão da fase da juventude e do limite inicial do que se costuma chamar de idade avançada. Onde esta última se fixaria nos dias de hoje? Uma referência respeitável é a do notável pensador italiano

Norberto Bobbio, contida em seu livro *De Senectude*. Segundo Bobbio, oitenta anos são um prazo fatal, instaurador da velhice. Momento, segundo ele, em que a leitura começa a se tornar mais difícil, em que a memória falha, em que atravessar a rua se converte numa aventura.

Por alguns anos, usei essa cronologia de Bobbio como um recurso protetor para amenizar, ao menos, a contagem dos anos. Mas agora, próximo da data-limite, começo a perder o escudo. Trato de arranjar outro, porém pouco ou nada consegui. Um recurso precário é o de evitar contagens. Ler com indiferença anúncios de produtos que prometem manter a juventude, lançando ao consumidor perguntas do gênero: "Como você estará daqui a vinte anos?". Ou, pior ainda, ler que daqui a 25, trinta ou cinquenta anos estará resolvido o enigma desta ou daquela doença, sendo naturalmente o câncer o vilão maior a ser derrotado. Na história pessoal da velhice, um dos elementos mais reveladores consiste na avaliação do outro. Como realmente nos encaram, além do bem-intencionado mas deprimente "Você está ótimo, para a sua idade"? No meu caso, uma das primeiras experiências negativas se deu quando fui ao cinema e pedi pela primeira vez meia-entrada, logo após ter completado sessenta anos. Perguntei à jovem enjaulada na bilheteria se ela queria ver meu documento. "Não precisa", foi a inescapável resposta.

Nas questões acerca da precariedade da existência, um dos meus autores prediletos é Elias Canetti. O grande escritor sefardi búlgaro, falecido em 1994, deixou páginas onde diz enfrentar a morte como uma inimiga odiosa, disposto a prosseguir na luta a cada minuto, a cada dia, a cada ano, embora sabendo que a morte afinal triunfaria. Já que vai mesmo triunfar, que ao menos, quem sabe, nos conceda uma graça, como solicitou o cineasta espanhol Luis Buñuel em sua autobiografia, *Meu último suspiro*: "Gostaria de poder me levantar dos mortos a cada dez anos, ir até uma banca e comprar alguns jornais; voltaria ao cemitério e leria sobre os desastres do mundo, antes de voltar a adormecer, sereno".

Não sei se haverá jornais ao longo do tempo, nem que coisas agradáveis ou terríveis eles estarão publicando, caso ainda existam. Mas minha esperança é mais ambiciosa. Quem sabe num desses despertares seja possível driblar a morte e ressurgir neste mundo, cheio de vida, alto, louro, dançando com uma bela jovem um tango argentino?

Agradecimentos

Agradeço a José Serra e a Jacques Marcovitch, pela insistência, ao longo de muitos anos, para que eu escrevesse o segundo volume de minhas memórias, sem que, obviamente, eles tenham qualquer responsabilidade pelo resultado. Agradeço também a Carlos Fausto, Lilia Schwarcz e Marta Garcia pelas minuciosas observações feitas em uma primeira versão do texto. Por fim, vai meu agradecimento à colaboração de Nina Ranieri, Sérgio Fausto e Pedro Paulo Poppovic.

Créditos das imagens

MIOLO

pp. 15, 36, 51 e 58: Folhapress
p. 19: © Edu Simões/ Cadernos de Literatura Brasileira/ Acervo Instituto Moreira Salles
p. 23: Cortesia da Profª Drª Marly A. Cardone. Instituto Brasileiro de Direito Social Cesarino Júnior
p. 25: Sérgio Berezovsky/ Editora Abril/ DEDOC
p. 29: Foto Acervo OAB-SP
p. 37: Laércio/ Acervo UH/ Folhapress
p. 40: José Medeiros/ Acervo Instituto Moreira Salles
p. 57: Ywane Yamazaki/ Agência Estado
pp. 80, 175 e 233: Renato Parada
p. 83: © ANSA/ Corbis (DC)/ LatinStock
pp. 85 e 253: © Bettmann/ Corbis (DC)/ LatinStock
p. 88: Carlos Namba/ Editora Abril/ DEDOC
pp. 89, 153, 157, 168, 170, 179 e 181: Arquivo pessoal
p. 107: © Caroline Penn/ Corbis (DC)/ LatinStock
p. 137: © Dean Conger/ Corbis (DC)/ LatinStock
pp. 142 e 242: Album/ AKG-Images/ LatinStock
p. 148: Cortesia do Museu Municipal de Catanduva
p. 220: Arnaldo Fiaschi/ Agência Estado
p. 238: Arquivo pessoal da família Buarque de Holanda
p. 252: Adriana Vichi
p. 269: Luiz Carlos Murauskas/ Folhapress

CADERNO DE FOTOS

Fotos 1-14, 16 e 17: Arquivo pessoal
Foto 15: Irmo Celso/ Veja
Fotos 18, 19, 20: Renato Parada
Foto 21: Lee Swain
Foto 22: VOLPI © Imaginação. Foto de Renato Parada.

1ª EDIÇÃO [2010] 1 reimpressão

ESTA OBRA FOI COMPOSTA POR 2 ESTÚDIO GRÁFICO
EM MINION E IMPRESSA PELA GRÁFICA BARTIRA
EM OFSETE SOBRE PAPEL PÓLEN SOFT DA SUZANO PAPEL E CELULOSE
PARA A EDITORA SCHWARCZ EM JANEIRO DE 2011